文鮮明先生の日本語による

御言集

1

日本歴史編纂委員会

発刊の辞

日本統一教会創立四十三周年を記念して、真の御父様の日本語による御言集が出版されることを心からお慶び申しあげます。

今日までに、韓国歴史編纂委員会を中心として、すでに「文鮮明先生マルスム選集」が三百十数巻以上出版されており、真の御父母様の生涯路程における血と汗と涙の結実である御言が、韓国および全世界へ伝播されています。

日本においては、韓国で出版された御言集を翻訳した書籍が数多くありますが、それ以外にも、真の御父様が直接日本語で語ってくださった貴重な御言があります。それらの御言が、日本歴史編纂委員会によって正式に編集され、「文鮮明先生の日本語による御言集」として発刊される運びとなったことは、母の国日本にとってまことに喜ばしいことです。

真の御父様は、日本留学時代から今日に至るまで、日本と日本食口たちを特に記憶され、愛してくださっています。そのことは、韓国語が世界の共通語になることを宣布された後においても、さまざまな集会で多くの時間を割いて日本語で御言を語ってくださるお姿を拝見してもよく分かります。そして、このたび出版される「御言集」を拝読すればするほどに、神様と真の御父母様がいかに日本を愛し、多くの期待と願いをかけておられるかということを実感することができました。

その中には韓国の食口たちも知らない御言が多く含まれています。今回出版される御言集を皮切りに、それに続いて出版される日本語による御言集を通して、日本にかけられた大きな使命を悟り、御旨に対する決意をさらに固められる貴重なきっかけになることを確信するものです。

今や天地父母統一安着生活圏時代を迎えました。この時代は、地上と天上で、天地父母様に心情的にも実体的にも侍りながら生活をする時代圏です。これから出版されていく日本語による御言集を読まれることを通して、母の国日本がより一層信仰の火を燃やし、忠孝の情に燃えて責任を果たすことによって、全人類が天地父母様に侍りながら生活できる安着時代を迎えることができるよう心から祈るものです。

二〇〇二年十月二日　日本統一教会創立四十三周年記念日

全国祝福家庭総連合会総会長　劉大行

発刊によせて

一九八一年十一月一日、文鮮明先生の指示のもとに、世界各国に歴史編纂委員会が設置され、特に韓国においては、文先生が今日まで世界中で語られた御言を集め、三百数十巻にわたる「文鮮明先生マルスム選集」を発刊してまいりました。その中で日本語で語られた御言は、「日本語による御言集」として、日本歴史編纂委員会が責任を持って歴史に残す必要があり、その準備をしてまいりました。

一九八〇年二月に日本語による「御言集」第一巻を発刊したことがありますが、これは録音テープがまだ入手できず、過去の機関誌などに掲載された御言を編集し直したものでした。その後、日本歴史編纂委員会が発足し、録音テープが収拾されてきたため、テープからもう一度聞き直し、過去において公開されなかった御言も含めて、御言集を正式に出版し直す必要がありました。そのための準備期間を経る中で、一九九九年五月二十九日、新体制のもとで歴史編纂委員会が再編成され、二〇〇〇年二月の「日本統一運動史」出版に続き、ここに日本統一教会創立四十三周年記念にあたって、一九六五年一月二十八日に文先生が御来日されて以来、日本語で語られた御言を、韓国やアメリカなどで語られた御言も含め、「御言集」として順次発刊する運びとなりました。

新千年紀としての二十一世紀に入り、神様王権即位式、天地父母統一安着が宣布され、さらに天地父母統一安着生活圏宣布式がなされて、訓読会がますます重要なものとなってまいりました。文先生は、訓読会の意義について、今まで様々な角度から語ってこられました。

「あなたたちには、すべて教えて上げました。…それを聞き流して、腐った御言にしてすべて埋めてしまい、四十年間、そこに突っ込んでおいたというのです。訓読会をしていなければ、どうなるところだったのですか?」(二〇〇一年十月三日)。

「毎日のように霊的な呼吸をしなければなりません。御飯《ごはん》を食べるのと同じように、御言に接していなければなりません」(一九九二年二月九日)。

「私が一番嫌なことは何かというと、歳が四十、五十、六十になると、自分の巣を作り、自分なりの観を持つようになることです。これはいけません。それで自分の観をもって評価しようとするのです。先生の御言の全体を消化して、霊界に行って評価しなければなりません。先生の思想圏内に世俗の思想が入ってしまうことを嫌います」(一九九二年二月九日)。

「『訓読会』をすれば、その心情の世界に通じるので、ひとりでに涙が流れ、自分でも知らないうちに首が締《し》めつけられるのです。『訓読会』には、そのような力があるのです。…先生が、死ぬか生きるかという境地で語った御言なのです。殺されて、いつ倒れるかわからないのです。ですから、御言をすべて語っておかなければなりません。御言が残っていれば、その御言は世の中にはない御言であり、天の御言であるがゆえに、霊界ではその御言を中心として、どこであっても復活の役事を起こすことができるのです。どれほど深刻な事実であるのかということを知らなければなりません。…先生が話した原理の内容を中心として、それを利用しようとしなければなりません。霊界がそれを喜ぶのです。霊界の先生の位置を越えて、自分たちが何か付け足すことができ、代身することのできる言葉がどこにあるのですか?」(一九九九年四月十六日)。

「霊界が深刻な立場で先生の御言を聞き、同調した霊的基準があります。御言の対象的な立場に立てば、数十年前に語られた霊的な世界が皆さんを協助できる因縁が連結されるということを知らなければなりません」(一九九八年三月二十八日)。

特に日本に向けて語られた御言には、日本に対する神の愛や願い、その使命と役割、克服しなければならない課題など、日本人として理解しなければならない御言が多く含まれています。

「日本がエバ国家であるために…そこ(「原理講論」)に書かれていない秘密的な内容を全部話しました。日本の女性に先に教えました。韓国の協会長も幹部たちも皆知りません」(一九九五年一月一日)。

歴史に永遠に残る聖典としてこの「御言集」を通して、御旨成就に携《たずさ》わる聖徒たちに、さらには全人類に、天の御意と原則と伝統が正確かつ深く理解され、実践されることにより、天宙平和統一国(天一国)がこの天地に一日も早く実現化されんことを心からお祈り致します。

二〇〇二年十月二日　日本統一教会創立四十三周年記念日

世界基督教統一神霊協会会長　小山田秀生

編集にあたって

本書を編集するにあたって、次のような方針を採用した。

一、御言を文章化するにあたり、録音テープが存在するものは、より正確さを期するため、すでに文章化されている原稿および出版物によるのではなく、改めて録音テープからディクテーション（素書き）して文章化する。また録音状態が悪くて文章化しにくい箇所は、断片的な御言をもとに日本歴史編纂委員会で編集する。

二、録音テープは存在しないが、ディクテーションが存在する御言および当時の機関誌に掲載された御言、また録音テープもディクテーションも存在せず、当時の報告書の中で御言の要約が記されているものは、それを「資料」として掲載する。

三、御言の表題は、文鮮明先生が直接設定されたものだけを採用し、かつて機関誌に掲載されたとき、編集部で独自に付けた表題は改める。なお本文中に付ける小見出しについては、「文鮮明先生マルスム選集」の先例に従って、日本歴史編纂委員会で付けることにする。

四、語られた御言の中で、日本語として不適切な言葉遣いおよび文脈などについては、手を加えて訂正する。それ以外の文鮮明先生の独特な日本語での表現、言いまわし、語り口調などについてはできるだけ残すことにする。

日本歴史編纂委員会

目　次

発刊の辞 …… 3
発刊によせて …… 5
編集にあたって …… 8
一、『神の目的と我々の目的』　一九六五年一月二十八日　本部教会 …… 11
二、統一旗授与式での御言　一九六五年一月二十九日　本部教会 …… 51
三、統一旗授与式後の和動会および御言　一九六五年一月二十九日　本部教会 …… 57
四、本部教会での御言　一九六五年一月三十日　本部教会 …… 141
五、『イエス様の最期と我々の覚悟』　一九六五年一月三十一日　本部教会 …… 189
六、本部教会での夜の御言　一九六五年一月三十一日　本部教会 …… 251
七、『神とサタンの境に立っている我々の責任』　一九六五年二月一日　名古屋教会 …… 267
八、名古屋教会和動会での御言　一九六五年二月一日　名古屋教会 …… 293
九、名古屋教会出発前の御言　一九六五年二月二日　名古屋教会 …… 331
資料一、「御言集」揮毫 …… 344
資料二、日本における聖地決定の巡回日程と地図 …… 345
付録、真の御父様が愛唱された歌 …… 346

「心の自由天地」
「新アリラン」
「風は海から」
「旅の朝霧」
「大韓八景」

「洛東江」
「勘太郎月夜唄」
「波止場気質」
「支那の夜」
「中原天地」

一、『神の目的と我々の目的』

一九六五年一月二十八日
本部教会（東京都渋谷区南平台）

（祈祷）

天の父よ、あなたの御旨を、永遠なる御理想を立たせ、その御計画を成就せんがために、すべての万物を創造なさったことを我々は知っております。愛の世界を、また自由と平和の世界を神は理想の目的として、我々人類の始祖を造ったということを思う時に、結果の世界、悪の悲惨なる世界を造られたる現状を見る時に、何とお詫《わ》び申し上げるか、わからないのでございます。

どうか、あなたにおきましては、この御理想をいつの日か勝利の的《まと》として、願い願い通して来たということを考える時に、我々先祖はその間あなたに対して背き、願いの一片も果たすことができない、惨《みじ》めなる先祖を持ったことを、我々は心痛く思うのでございます。どうか、許し、愛の心を持って、憐れみの心情を引き継ぎながら、我々の人類の後をたどって来たということは、これ神におきまして、あってはならない悲惨なことであります。これみんな、この末の世におきまして我々一人を迎えんがために、神はこれまでの御苦労をなさったということは、本当に申し訳ないことでございます。

あなたの願いたる世界は、あなたの心情を分け、その心情を中心として、あなたは我々の父であり、我々はあなたの子女であるという栄光のその世界は、我々には今、見い出すことができません。それがために、あなたにおきましては、その理想を目的として、長き長き六千年の歴史をたどって来たということを、茨《いばら》の道をたどって来たあなたに対して、本当に申しわけございません。

その心情を知り、その事情を知り、その希望を知って、その願いを知って、本当に一人の親族も迎えることのできなかったあなたでございます。一つの家庭に、あるいは一つの氏族におきまして、あるいは一つの民族におきまして、あるいは一つの国家におきまして、この地上全体の世界におきまして、あなたを迎え得る本当の民、あなたが願いたる真の人、真の家庭、真の民族、国家、世界がなかったということの悲惨なることを、我々は心痛く、痛感しながら、今こそ我々、この地上に立って少なき者でありますけれども、小さき者でありますけれども、あなたが迎え得る、御理想にかない得る、そういう一人として呼びかけてくださったあなたに対して心より感謝致します。

この地上におきまして、あなたにおきましては、ほんの、あなたが住み得る一つの一片の地もなかったのでございます。一つの住まいもなかったのでございます。そなたの懐《ふところ》に抱いて、本当に心情を傾けて、永遠にあなたと共に心情の世界を、心情の生活を成し得る者は、あなたである、あなたの家庭である、あなたの氏族である、あなたの民族である、あなたの国民であるという、そういう人類は今までなかったのでございます。本当に悲惨なる復帰路程を、あなた一人で抱えて、今までこの悲惨なる人類を何遍も裁き、裁いて、それを打たなきゃならない悲惨なる我々の人類を今まで引きずりながら、あるいは守りながら、勝利の一日をたどって来たあなたに対して、本当に感謝申し上げます。

今日、こちらの所に参りました。あなたの許したるここに集まった食口《シック》たちは、あなたの心情を通して集い来た子女でございます。日本の一億国民の中から選ばれ、召したこの食口たちを、どうか永遠の愛の心情の懐に抱いて、この罪悪の世界を力強く勝利として、生涯の勝利を先に立たせることができますように、この時間、力を注いでください。天の愛を注いでくださいませ。天の心情につながして、そうして我一人立って、この地を、あなたの懐《ふところ》に復帰させることができますよう、一層誓うこの時間となるように御恵みくださらんことを心よりお祈り申し上げます。どうか、今後の時間を授かって、勝利の時間ができるように御導いてくださらんことを、心からお祈り申し上げます。

この日本の統一教会におきまして、会長を中心としたる八カ地区に、永遠なる神の御恵みが共にあり、そうして地方に分かれておる食口《シック》たちを永遠にお守りくださらんことを、真にお祈り申し上げます。全体の動きをあなたの御声にかなうように御導いてくださらんことを、真の親の御名を通してお祈り申し上げます。アーメン。

今から二十一年前、二十一年前になりますね。二十一年前に使った言葉ですからね、なかなか出ないんですよ。あるいはどうしても聞きにくいところがあるかもしれませんが、よろしくお願いします。心から本当は皆さんをお待ちしていました。しかし飛行機に乗って来れば一時間半ぐらいで着くことができますが、いろいろな事情に縛られておる関係上、この期間というと、その距離というものは、五年、五年が過ぎるような、そういう遠い所であるということを飛行機の中で考えて来ました。日本に来られたら、何を申しましょうか。これを思う時に、まず先生が来られるということを皆さんは心一杯で、あるいは歓迎の念で迎えたと思います。しかし緊張したその態度をこの時間皆解いて、自由自在な平凡なその心の態勢をとりまして、今後の時間を過ごしていただければ良いと思います。

真の御父様を最初にお迎えした渋谷区南平台旧本部教会
（1964年11月１日～1967年12月20日）

神の目的と我々の目的

話の題目というと、こういう題目に対してちょっと話しましょう。「神の目的と我々の目的」、こういう題目になると思いますが。我々が、この地上に生まれるその日から自分自身は知らないけれども、一つの目的を持って生まれて来たということは否定することはできません。我々自己自身がその目的があると同じように、あるいは民族なら民族、あるいは人類なら人類、すべてのものが目的を持って動くということは、これもまた否定することはできません。そういうふうに考えれば神御自身におきましても、すべての万物を創造する時に、その創造した物がそういう目的を持っておるならば、創造主たる天の父におきましても、その目的があったということは、当然なのであります。そういう目的ということは、それは創造理想の目的であり、万物の最高の願いの目的であり、あるいは人間にとりましてはなくてはならない最上の目的に違いないということは申すまでもありません。だから個人にとりましては、個人を中心とした目的、家庭においては家庭を中心としたる目的、民族、国家あるいは世界、全体の目的があるに違いないということは、我々ははっきりわかりました。

そうするというと、何かしら我々の心の深い所には願いをかなえた全体の目的を、今まで個人においても、あるいは歴史の聖人、あるいは賢者、預言者、すべての人がその心情の、心の深く願ったその目的を探って来ましたけれども、今までその目的がかなったということは、この歴史上ではありません。それがために、人間の世界には願いの環境には包まれておるけれども、目的の世界に立って生活をしておるという人は、一人もいないわけであります。そういうふうに言うと、神御自身におきましても、人間がそういう立場に立っておるから、人間を中心として摂理しておる神御自身におきましても、その目的の地、あるいは世界を成して、生活を、あるいは栄光の宝座におるということができない。だから神は人間に対して一つの目的を催促する。あるいは人間、善なる人間におきましても、自分の子女に向かっても、あるいはその時代に向かってもその善なる目的を探さなければならないという立場で教えて来たということは当然なのでありますが、神が願い、人間自身が、賢者たちが願ったその目的はかなっていないため、神もまた願いの目的を持たなければならない。人間自身におきましても願いの目的を持たなければならない。そういう立場に立っておる。

だから願いのかなったその目的の個人と、目的の家庭と、あるいは氏族、あるいは民族、国家、世界を、神は未だに待って、蕩滅原理を通して復帰という悲惨なる歴史の路程を進ませて来ておるということを、我々は切々に考えなければなりません。そうするということ、いかにしてもこの目的を達成しなければならない。いかなる犠牲を払ってもこの目的を成就しなければならない。その御旨は神御自身におきましてもあると同時に、我々個々人におきましても、同じ責任である。人間がそういう責任に立っておるというと、人間のために造られた万物もそういう責任に立っておるということを思う時に、天と地と神と我々人間とすべてが合体《がったい》化して一つになって、この願いの目的の世界をいかに果たし得るかということが、我々の当面している重大な問題であります。

因縁と関係と願い

すべての存在が存在するには因縁を持たなければならない。神は我々に対して御自身の父としての、我々は真の子女としての、本来は持たなければならない創造の理想である神を中心とした肉と血が、すなわち血統が一つになって出発できなかったために、神と我々におきましては、血統的ないわゆる心情を中心とした血統的な一体化を結び得ることができなかったということは、これは堕落の根本であるということは皆さんが知っている。それがためにその目的を果たさんがために、我々は何かしら心の深い所には、自分が明かし得ることのできない、何かの因縁におきまして自分の良心は、ある大なる目的の世界に向かって我々を刺激し、あるいは我々を、その追い出して行くということを感じることが往々にあるということは否定することができません。だから我々におきましては、真なる神と一体となるその因縁を、堕落のために目的を完成する第一の条件として結ばなければ、神の目的とは関係を結ぶことができない。真なる因縁、その因縁というのは個人自身の願いであり、すべての人類におきましても、同等なる願いである。特に統一教会の食口《シック》たちにおきましては、これはもっともな願いである。目的を愛し、目的の世界を心より深く慕うというその立場に立って考えてみる時に、その目的よりもまず我々自身におきまして、内心におきましても、肉身におきましても、本当の因縁に対して神と我は、いかなるサタンの力が強かろうとも、これを打ち切ることができない。我信じる、我やっておる。神に対して向かうその一身のすべてを、サタンはどういうふうにすることもできない。そういう因縁を、不変なる絶対的なる因縁の位置に立っておるというならば、この目的の世界を造る時に、神は不変なる因縁を基準として造ったのでありますから、その目的が残っており、その因縁が残っておるならば、いつかは真なる因縁を慕って、「道《どう》」の道を、あるいは信仰の道をたどる者に対しては、いつかは天宙の大因におさめられて、目的の因縁の所に立たなければ、それは自然の法則みたいに、いつかはその因縁と目的の地に立つということが事実であるから、歴史は自然と時世が過ぎるに従って一つの世界に向かうということは、事実なのであります。だから、絶対なる目的を中心として、この天宙を造った神におきまして、始まった因縁ということも、絶対なる目的を支えるその因縁を立たせておるから、その因縁を慕う者に対しては、いつかその絶対的なる目的の道に立たせ得るそういう基準があるから、それを歴史を通してつながせるために宗教というその団体といいましょうか、宗教という名の存在を立たせて、今まで神は遠い所におきまして何かの因縁を中心として我々を導いて来たのであります。だから、その目的観念を充実せしめ、または完成せしめるには、第一に聖なる神の御旨に立ち得るということが、これが重大な要件であります。

それから親子の因縁を中心として子供として生まれたその人は、これは何が否定しても否定できない親子の因縁があるということはもちろんであります。親子として生まれたならば、そこには兄弟があるに違いない。縦的には親子、横的には兄弟。この兄弟という、これは生活舞台、環境におきまして兄なら兄、弟なら弟、姉なら姉、妹なら妹、そこには父母を中心とした兄弟関係をもって一つの家庭を造っております。だから人間のもとにおきまして存在し得るものには、その人間だけでなく、また関係という、横的関係ということが必要なのであります。だから目的をかなえ得る所まで行くには、因縁をあるいは関係を結んで、その生活環境の上に立って、そればかりでなく、また願いという要件を立たせなければならない。だから存在するすべてのものは目的観の世界におるんであって、その存在すること自体は、そのうちには因縁と関係と願いをもって何かしら動く、その状態におきまして、あるいは授受作用をするすべてのものにおきましても、その立場において、現われてはいないけれども、内部におきましては、こういうような三つの要件を伴って目的のある方向に向かって進むということが、我々の生活において我々の生涯の道において、自然の現象として現われて来ることを我々は往々に体験することができます。だからこの目的の世界を神は成就せんがために、不変なる因縁と不変なる関係と不変なる願い、そういう立場に立って我々人間を探して来たことを我々は忘れてはなりません。

心情・事情・願いと独立性・融合性・統一性

すべての存在がそういう立場に立っておると同時に、人間におきましてはある一個人に対して問うならば、「あなたは何を一番願うか」というと、それにはだいたいの人は親に似た子、親子として心情の問題を誰もが願うということは事実なのであります。それから心情を基準として、生活舞台におきましては事情ということが、環境舞台におきまして関係を結ぶ、生活舞台におきまして事情ということが、我々人間におきましては、これまた日常生活におきまして体験する重大な問題であります。それからまた、その人に対してまた問うならば、「あなたは何を願うか」、第一に心情、第二に事情、第三に願いである、あるいは希望である。それをもっと対象的に言えば、人間の個性を分析すれば、独立性があり、それは融合性があり、あるいは統一性がある。自分一個を貴い所の位置に立たせようというと、その独立性、これはいずこから発したかというと、これは心情関係、もっと進んで言うと、因縁の関係から、絶対なる神の理想を代表したその因縁に対して絶対なる相対の位置におる自己ということを、十分知らないながら心に感じるその本性が、その属性が、いわゆる独立性、そして縦的なその独立性をもって、横的においてはいわゆる融合する、ある完全なるものがおれば、善なるものがおれば善なるものに対して我慕う、あるいは対応するということ、そういう我々の属性があるということは否定することができません。だから完全なる因縁、完全なる関係、完全なる願い、神より始まったそのすべての要件を、完全に我々個人におきまして、心情において、あるいは事情において、あるいは願いにおきまして、あるいは希望におきまして、これを体験し得るならば、そこにおきましては自然と絶対なる独立性、絶対なる融合性、絶対なる統一性ということが誰もが願うところなのであります。

そうするというと、神の目的は一つ、その因縁は一つ、その関係も一つ、その願いも一つ、この基台におきまして、初めである我々の人間の始祖が、不変なるその因縁を中心とした、不変なる心情と不変なる事情と、不変なる願いを持っておったならば、それを基準として我々自身においては、その不変なる独立性、不変なる融合性、不変なる統一性は、何一つ外部から妨げられず、自由の関係においても、いかなるところにおいても、主張し得るところであったんですが、堕落のために我々の因縁も関係も願いも心情も事情も、あるいは希望も我々の主張する独立性も融合性も統一性も、皆不完全なる位置に堕ちたということになる。それで神自身におきまして、絶対的な独立性、絶対的な融合性、絶対的な統一性によって一つの目的をいつまでも達し得るその中心の存在は神である。それは申すまでもない。それだから、その心情におきましても、事情におきましても、願いにおきましても、その御自身におきましての、この要件すべては、万物すべてが共に持つべきところでありまして、我々は、堕落の後孫になっておりますから、みんな失ってしまった。

神の願う基準まで至らなかった先人たち

心情、事情、願い、我々のその生活の基台を環境あるいは社会を考えてみるとき、我々が今侍《はべ》り得るその父母に対して、あるいは生活している兄弟に対して、あるいは社会、国家、あるいはこの世界に対してみても、今まで我々が結んでいるその事情とか心情とか願いというのは、これは本来の真なるそのものではない。汚れておる。これは一度、終末におきまして裁かれなければならないものである。人間がそういう立場に立っておるのは、真なる因縁の関係を願い、こういう出発を持った人間ですから、いかに独立性を主張しても、融合性、統一性があったとしても、それはこのサタンの世界におきましての性質であって、神を中心とした属性ではありません。それはもちろんながら、我々の先祖、あるいは預言者、賢人、義人たちがこの世に来て、「神はおる、人間は善の道をたどって善なる生涯を送らなければならない。そして善なる人類共同の平和の世界を造らなければならない」ということを主張したけれども、根本的な出発起源を立たせて、打ち明けて、その根源を、間違った所を直すという、あるいはこれを再建する、そういう立場に立って考えた我々の善なる先祖はおりません。ついて来る、あるいはたどってくる歴史のその過程におきまして、その中におきましての善を、その中におきまして、その現状より少しばかりのそういう善に向かい合えば、それで満足し得るようなその歴史の先祖でありました。

神はそれを願っておりましたか。もっともっともっともっと、善なる根源の目的にかなう、目的を支持し得る、その善なる因縁とか関係とか願いを、神は歴史を通して今まで探し求め、そしてある時におきましては善なる神の因縁に立ち得るその人を迎えて、善なる関係に向かって造って、そして善なる願いを通しての目的の世界、目的観念を立たせようというその切々なる心を今まで抱いて来たんですが、我々の先祖たちはそれを全然知らなかった。一つの目的の不変な基準を、その因縁によって、歴史過程において時が過ぎ、時世が過ぎるに従って、すべての人類社会を、神は苦労と共に悲惨な道をたどりながら、それを浄化してこられた。それに対して、あるところには神が守るところの因縁の深い所をたどる人もいたけれども、しかし人間は因縁だけでは全部ではない。それにはまた因縁を中心として、生活舞台の関係の世界を結ぶには関係を造らなければならない。その善なる因縁の一点をたどったその人を中心として、社会あるいは世界に対して善なる関係を結び得るその使命を持つ者が歴史的賢人聖人たちであるにもかかわらず、大概の人は因縁の所に携《たずさ》わって、社会に対して関係を結ぶことができず、そして、その現状の生活舞台におきまして善なる目的を達成し得る強烈なる願いを持つことができなくて、今までの宗教家は皆社会を逃避して、山やあるい

本部教会に到着された真の御父様
（1965年１月28日）

は人間のいない所をたどって今まで生活をしてきました。しかしそういう生活態度では、この全体的目的の中心である創造理想の目的を完成することはできないということは当然なのであります。だから因縁に立って生活関係を、これをぬいて、そして自分の行動によって願いをかなえる、そうして目的観念を自分の生活事情の価値として立たせて、不変なる勝利者として生きなければならないのが、今までの神が願う宗教家であり、神が地上に送られた賢人であるにもかかわらず、今までの我々の先祖には、そういう神が願うその基点において生活して行った人がいないということは、今まで神がいかなる悲しみ、いかなる苦労をしたかということを、その事態を中心としても考えることができます。

神が求めた人間

だから、今こういう世界の終末の先端に立って、罪悪の洪水に囲まれて流れておる世界の運勢を、自分一個人が立ち塞《ふさ》いで、神が聖なる人間を中心として造った因縁を中心として、善なる関係を持って、いかなる悪がそれを打ちあっても破り得ないその願いと目的を、この生活圏内に引き込むことができるようなそういう人を、今まで神は歴史を通して探し求めて来たということを、皆は考えなければなりません。ここにおいて訴える先生におきましても、現世におきまして勝利者となる宗教家、堕落生活に対して闘って勝利を得ると共に、その願いの観念を、最高の目的をこの生活舞台に引き入れて、そこにおいて自分の独立性と融合性と統一性を神の身代わりの相対として立たし得るその一個人というものを、未だに求めているということは言うまでもありません。

だから我々は、この現世は一旦本当の因縁と本当の関係と本当の願う所に立っておらないということをはっきり心の中に分別して、神を中心とした真なる関係を自分を中心として結ばなければならない。真なる願いを、我によって目的の方向を決めなければならない。こういう人間が神は必要なのであります。その立場に立って、こういう不変なる立場に立てば、自然と体験し得るのは、神の願いは何であるか。神の中には願いがあるということを思えば、願いの中には神の最高の目的がいつも中心の力として我を刺激するということを体験し得る。そういう体験をする生活舞台に立って横的関係を結ぼうとすれば、そこにおいて真なる神の事情が何であるかということを体験する。それを体験してみれば、そこにおいて露知らず、深い神の心情の因縁をたどる。今までのキリスト教におきましては茫然《ぼうぜん》たる地上天国、茫然たる霊的天国を教えてきましたけれど、神が今までの教えを通して願うところが、霊的天国ではない。我々生活中の天国である。その天国の中におきましても、神の願いをかなえた立場に立って、自分の価値が神の相対の価値となると共に、神の願いにかなった自分自体となることはもちろん、神の事情と心情を自分自身におきまして体験し得るそういう人、これが六千年長い歴史を通して神が今まで求めて来た本当の子女なのであります。

信仰者の苦難の道

そういうふうに考えれば、今現世の周囲を見れば、その周囲は神が楽しむ周囲ではない。その世界は神が願っている世界ではない。いずれ歴史は過ぎて行かなければならない。真の願いに反発する、正面的に衝突し得るこの世界である。この世界に神を招き得る生活の舞台を造ろうとすれば、外的におきましては、善なる天の力による勇気を持って、善を保護するがために闘わなければならない。いわゆる天に対しての勇士とならなければならない。そういう生活をしなければならないということになるのであります。

ここにおきまして、その反応が少なければ少ないほど、外的苦痛とか、外的反発力は反比例するのであります。それがためにその中にあって生活する真の神を愛する人がいれば、その人がその生活を維持して行くには、その外的な各条件を活力にして、そして生活の内におきまして、神を招き得る立場に立つということはなかなか難しいことである。一層神を招き得る、その神に対しては永遠に侍《はべ》ることができるというその立場を保つというのは、それは不可能に近い。外的悪条件に対抗して闘っておる善なる人がおれば、その生活圏内には、一時、神自身におきまして接することができるけれども、生涯圏内には立ち入ることはできない。一日の生活圏内には神が接することができるけれども、何十年の生涯圏内には接することができない。これが神の悩みであり、我々の信仰生活をしている人々の悩みである。そういう環境を避けることができない。だから未だ悪の現状に現世に住んでいる我々統一教会にとりましても、こういう関係を超越して、これからまた逃げ去って行ってはいけない。我々の力を合わせて、この関係を、この版図を広げなくてはならない。我々の担《にな》う当面の責任である。その立場におきまして、一人として神を招き得る自由なる環境を持たないそれ自身におきまして、家庭をそういうふうに造っていない立場にあって、あるいは自分の同族、あるいは氏族、部族、あるいは国民に対してそういう環境を造っていない真っ只中において、少ないその版図に立っておる信者におきましては、願う希望が大きければ大きいほど、そこには二重三重の苦痛を体験する。だから真に神に対して忠孝の道を正して、我々の後孫にそれを遺言《ゆいごん》として授けるには、まだまだそういうつらい戦いを経るという、残しているという立場で、あるいは意見するやら、あるいは子供を泣かして行かなければならない、そういう歴史を今まで反復してきた。

今日までの神の摂理と人類の対応

それで、現世におけるそういう現状に立っているその愛する子女たちを保護するために、神は天から地上に向かって人間が闘い得るすべての条件を責任持って、我々に対しましては、九十五パーセントの責任をもって、地上に対してきた。そういう歴史を今までズーッとたどってきた。そうしてある環境を造って、神を信じ得るその数をふやして、そこに立って神が成されれば、それに服従する群れの数を造って行く。それを中心の心情の部分からではなく、外的部分から始めた。

だから我々の復帰路程を考えれば、旧約時代におきましては、祭物、供え物を捧げてそうして、外的条件を神の前に立たせて、我々がそこに接するという約束の条件を基《もとい》として、長き四千年の歴史を過ごした。イエス様が来られては、この外的条件を後にして、内的条件を立たせて、神に捧げようとしたのがイエス様の願いでありますけれども、イエス様の内的あるいは外的な捧げなければならない重大な条件を神に捧げることができるように、その時代の第一イスラエル民族、あるいはユダヤ教が服従しなかったために、つらい十字架上で血を流したということを我々は知っております。

外的条件を神は開拓しながら、今まで闘って来た。だからこの今の世界におきましては、二大陣営におきまして、二つの主義を中心として、一つの目的の世界に今超えんとするその関門に立っておるというのは、遠からずその目的の世界が、我々の地上にたどって来るというのを暗示するのであります。そういう関係が世界的に造られて、その目的の世界に遠からずして超えて行くということの現世を考えてみるときに、我知らず、神はこういう世界的な環境を造らんがために、今まで遠いつらい茨《いばら》の道をたどって来たということは、我々は原理を通してよくわかるのであります。

本当は、これは二千年前にイエス様を通してその時代におきまして、ユダヤ教の信者とイスラエル民族が合体《がったい》して一致して、イエス様と内外共に、神に捧げ得る立場に立って、そうして外的サタンの世界に対していかなる苦痛があっても、いかなる悲惨なる立場に立っても、それを乗り越え、神の本来の因縁と関係と願いを通した立場にイエス様を中心として立ったならば、その時代からそのままイエスの理想の圏内に入ることができた。しかしその内的環境を守ってくれる真なる一人が、真なる一つの家庭が、一つの民族が、一つの部族が、一つの国民がなかったために、イエス様は内的問題を収拾するその責任を果たすべきでありましたけれども、外的責任を、第二の責任をまず果たすために闘って、そして勝利の基点を立てたのが、霊的救いであります。

しかし、今まで第二イスラエル民族を中心としたキリスト教が、個人におきましても、あるいは家庭におきまして、あるいは民族におきまして、あるいは一つの国において、内的外的環境を造った基盤をもって、約束した再臨の主を迎えようとする内的基盤があれば、神はその一事を中心として、世界的な勝利の天国、あるいは勝利の目的の世界をそこから始めようとしたのが、今まで霊的摂理を通してきた目的なのであります。しかし現世におきまして、数多くのクリスチャンがいる。その十億近いクリスチャンにおきまして、真なる内外共の勝利の基盤を造って、神の絶対なる目的に向かうその願いを、その関係、その因縁をもって、本当に神の願いに立って、そして神の事情と心情とにかなうそういう生活をしている真のクリスチャンがいるかというと、いない。

統一教会の立場

だからこの悪の世界に対抗して立っている、神が求めている人がいないこの世界におきまして、本当の真なる神の子女として立ち得るならば、現世におきましては、宇宙的な十字架を前にして進まなければならないということになる。外的世界すべてが、心情にかなった生活をする個人あるいは家庭、あるいは団体を迎えるならば問題ないのでありますけれども、迎えないで反発して背くという立場に立つというと、今一つの世界に近寄っている現世すべてが、我々に向かう最後のサタンにならざるを得ない。

日本における食口《シック》たちは、日本の一億の人民を愛する、あるいは日本の地を愛するという心情以上の心を持って、神の目的を愛し、神の願いを愛し、神の愛の要求するその関係を愛し、その因縁を愛する。神が日本を任せ得るその真なる個人は誰であるか。問題はそこなのであります。その家庭はどこにあるか。あるいはその団体はいずこにありや。こういう重大な要件を前にして集まったのがこの統一教会である。

ここに集まっている我々はみんな青年である。心臓の鼓動《こどう》は時間を間違えず動いている。その恵沢において我々は考える。そして我々は活動する。我々は未来を持って動いている。これは真なる願いであり真なる動きであり、真なる動脈の鼓動を聞きながら自分が存在しているということを忘れてはなりません。一億の運命を担《にな》う日本にいる食口たちは、こういう立場に立っている。我々は何も臆するものがありません。他に愛すべきものがありません。何一つこれ以上の価値あるものがあるということもありません。なぜならば因縁自体が、関係自体が、願い自体が、目的自体が神のものであるからです。

神が願う世界的革命

ここにおいて世界的な革命という命題が言われておる。世界的な革命。今までの歴史過程におきましては、宗教の改革はありました。政治の改革はありました。あるいはある地方を転換し得る革命はありました。しかしそれ自体がいくら革命をし、いくら変化をもたらしたとしても、その圏内の変化であり、その圏内の革命である。その圏内を打破して圏内を超え得る革命はいずこにありや。世界的な変化をもたらし、神自身が我々の地上にたどり得る、神直接立って、中心に立って、その革命とその変化を、変革を指導し得る、そういう世界的な動きは地上にありましたか。今までありません。

神があれば、一つの時におきまして、一つの環境におきまして、いわゆる一つの地点におきまして、

歓迎会にて（1965年１月28日）

ある勝利の一人を立たせてこういう神の目的にかなうその全体の心情を負って、世界的な革命をし得る一人を探し求めた。これを知らなければなりません。ここに立って話している先生も、我知らずそういう所を神に導かれてきました。真理の世界は生死の境に立って、死ぬか生きるかというその立場におきまして、自分自身が何か方法を通して、その場その場を超えることができないすべての人類を目の前に見ながら、この世界を打開し得る、そういう勝利者が出なければ、神の目的とする天国は、地上に生まれ得ない。そういう目的に向かって出発するというのは、思えば簡単でありますけれども、実際にはそれは容易ならぬことであります。

神が干渉できない人間の責任分担

ある時、先生は神に祈りました。「善なる神の目的、善なる神の人格、その目的にかなうその人格、神の心情を中心として生活する場において、神の事情を中心として、万物を抱き得る真なる神の求める創造本然のその人は、いずこにありますか？」。「おりません」。「過去におりましたか？」。「おりません」。「現在におりますか？」。「おりません」。「未来におるでしょうか？」。「私は知らない」。神自身も知らない。責任分担の五パーセントを残しておる。この悲惨なる復帰の歴史は神自身ながら、いかなる力をもって、いかなる権力をもっても、どうにもこうにもすることができない。引っ掛かりに掛かっておる。その基点に対して、神がいかにその涙を流しても、どうすることもできない。この重大なるその基点を解決し得るのは、人がしなければならない。君たちはその堕落論におきまして学んだ通りに、人間に責任がある。

今まで神は全能なる神ゆえ、その神が果たそうとすれば果たし得ないことはないという考えを持った信者は多いけれども、神におきましてどうにもこうにもすることができないところがあるということを悟れる人がない。それで神御自身におきまして、悲しみの境地に陥ったその瞬間の体験というものは、表現できません。その悲しみの境地、その悲惨なる境地、そういう境地を超えなければならない。そういう境地を超えなければ、その生死の国境と言いますか、この城壁を越えることができない。

それで今まで先生は、個人的な城壁、家庭的な城壁、あるいは民族、国家、世界的城壁をいかにして打開するか、これを生涯の目的として今戦っておる最中なのであります。今私は、四十五を過ぎておりますけれども、神を愛する観念におきましては青年たちに負けたくない。どうか、日本における青年たち、我々は真なる一つの基点を造りましょう。

統一食口《シック》に願うこと

統一教会の君たちは数が少なければ少ないほど、一億国民に対しての反比例した苦痛の道を行くことになる。十字架をあなたたちの肩に負わせざるを得ない、そういう状況になる。そういう立場になるんだから、今日皆様に会いまして、先生として皆様の御苦労を誉《ほ》め称《たた》え、そうして涙ながら、「これでいい」と誉めたいんだけれども、まだまだ駄目である。これが先生として困ったところである。戦って疲れている皆さんの前に、また行かなければならない我々としては世界的なそのサタンの城壁がある。これを覆《くつがえ》すには、我々の血と我々の肉で覆えさなければならない。君たちに対して、「十字架を負え！」。「死の所へ行け！」。「前に塞《ふさ》がっておる城壁にぶち当たれ！」。神はそういう勇士を願っている。そういう兄弟を。そういう決意でもって、打たれても打たれても変わらない。そこで残れ。死んじゃだめだ。もしその心情を授けられる人がいなければ、石碑《せきひ》、あるいはこの地に遺言《ゆいごん》を残して我は行く。アベルの血が天に訴えて、我々の血が日本の地におきまして訴えるところが一カ所でもあれば、ここにおいては天から見れば瑞光《ずいこう》が来たのである。その光は天に向かった光でありますけれども、それは角度を変えて、それは垂直に光ったその光が、あるいは四十度、あるいは三十度、あるいは十度、あるいは世界に更に下に向かって、その光を地上に落とそうとする立場に立っている神であるということを、よく君たちは知らなければなりません。

我々は行きましょう。我々はわからなければならない。六千年の敵である、我々の人類の敵であるこのサタンを、この力を込めたこの手でもって、首を締《し》め、「おいサタン、死ね！」、そういう条件がない。我々の今まで闘ってきた過去の生活、神に対しての忠孝、自分たちが残してきた功績を、万物あるいはすべてのものが、それを公認している。その公認の価値をいかにサタンでも讒訴《ざんそ》することができない立場に立って戦うという一人がいれば、神は日本にそういう人が一人いれば、日本を捨ててもその人を選ぶ。世界にそういう人が一人でもおれば、その一人を神は選ぶ。世界を捨ててもその一人が必要である。日本を通してアメリカまで先生は行くんですが、この日本の地に足を踏み出す時、心から先生は祈っていた。「神の心情にかなった、真をもってこの先生を迎える人がいれば、その迎える心情を神は記憶してください」。しかしまだまだ行かなければならない十字架の道を残している。この残しておる十字架の渦中におきまして、我を本当に迎えて行くその食口たちの迎える心は、まだ足らない。この地上に神御自身が希望を持って造ろうとした理想天国、地上天国を建設せんがために神の御旨が成るまで行くには、峠もありましょう。茨《いばら》の道もありましょう。あるいは断崖もありましょう。あるいは自分自体を一つの砲弾として打ち込む。砲弾は一度飛んで敵中に落ちれば破壊して、その存在を二度と得られない。しかし、我が行った後に誰かその心情を引き継いで、神の勝利の世界を造ってくれるような人を造って行くその人があれば、その人は人生生涯におきまして勝利者だということを、我々は考えなければなりません。我々は、あるいは別れるその度ごとに、君は神の目的にかなう、神の目的のその真っ只中に立っているか。自分の生活、自分自身を分解すれば、そこには神の願いしかありません。神と結んだ関係しかありません。因縁しかありません。神に対する最初の希望と神に対しての事情と心情しかありません。神を中心とした独立性と融合性と統一性しかありません。そういう人間になれば、この人は世界をリードするだろう。

ここに立っている先生は何を持っているか。あなたたちに対して語る何も持っていない。ただ持っているというのは不足だ、不足である。深い心情に接すれば接するほど、頭を下げて神の前に立つことができない。引き受けなければならない神の御苦労に対して、責任を果たすには、いかにすべきかという心情、それが必要である。神の力、神の御恩におきまして求められた一人一人の兄弟たちは、神の目的のために生かしめられた兄弟である。これは天宙の天運のすべてにつながって結ばれた因縁である。関係である。希望の実体である。その価値を認め、それは貴いものであるということを考える人があれば、その人は神に近い人である。我個人の感情でもって、「誰はどうである。誰とは和合することができない何ものかがある。あの兄弟の性質はこうである。だから、我とは関係することができない」。そういうことを言うよりも、今まで一億の中に、小数のこの群れが、ともかくその中の一人として神を知った。いかに不足であるとしても、神を父とする同じ原理の言葉を真理として信じ、この場所で一挙手一投足を共に行動する、そのこと自体が貴い。その因縁が貴い、その関係が貴い、その願いの心が貴い。あるいはその人に対してどうにもこうにも許すことができないということになれば、もしもそういう一人一人の関係におきまして、そういうその欠点があり、そういう不足なところがあるとしても、その人が自分よりも大なる天の願いに対して涙を流せば、これは許さなければならない。一個人の罪に対しては許せない心があるけれども、その兄弟の中に自分より以上の心情を持っていることを見い出せば、条件なしに許さなければなりません。そういう生活態度が必要である。

だから、我々の因縁が貴いのである。我々の関係が貴いのである。我々の願いが貴いのでありますそれ自体が貴いところだ。その因縁は個人よりも家庭に対しての思い、家庭よりもその氏族、あるいは民族、あるいは範囲が広ければ広いほどその価値は比例する。だから大なる希望、大なる関係、大なる目的観をもって生活の態度を取って行くならば、その人に対しては我々は無条件に仕えて行く。そういう人たちは、いかなる罪悪の世界の裁きの時が来ても問題ではない。神自体がそういう生活をしている。我々自身は罪の子である。しかし我々を呼んで、召して立たした以上は、その罪よりもより大きい目的観念を持って闘って行く。だから神は許してくれる。そういう神の今までの摂理路程におきましての生活態度を、日本におられる食口《シック》たちは知らなければならない。

今後先生が、ここに幾日かとまるかもしれませんが、日本を通って行った後におきまして私が願うのは、君たちが一体となることである。貴い因縁によってこの日本の地に生まれた。先祖の善なる血統を通して、この地上に生まれさせ、我々個人が信ずるところに、同行するところに、信用するところに神の願いが果たされていくということを考えれば、口を開けて叫ばなければならない。もっともっと大きい因縁、関係そうして願いの過程におきまして、目的観に接する人々が貴く歩きながら君たちが、日本の地の開拓の先頭に立って、気落ちをしない。あるいは疲れを知らない。困難を困難と思わない。世界を救うそういう歴史的な天宙的なその革命の一員として立った者にとって、こういう十字架は問題じゃない。こういうつらさはあるべきである。それは真理の道である。またそれは、自分が行かなければならない運命の道である。そういう考えを持って行くなら、今後の日本の発展は、飛躍的な発展をすると思っております。

天宙復帰

だから結論として言いましょう。目的を前に世界の果てを超えて行く天宙復帰の勇士として、この天宙を復帰して、これを神の心情の前に捧げる人、神が本来天地を創造する時のその心情にかない得る、それ以上の価値の者として、すべての天宙、万物の前に立たせて、神が賛美し得るその一人を待っている。そこでは何を条件にして待っておるか。目的を持って待っている。その目的は、神自体、神一人では解決はできない。我々がなければならない。その神は我々の父である。

君たちは、「天宙復帰だ」。本当に考えてみたことありますか。天宙復帰、天、いかなる天、地、いかなる地、復帰、いかなる復帰、今我々のその意識におきまして感じ得るその復帰観念。それだけではありません。大宇宙を中心とした地球は、神がある因縁をもってこういう行程を回らなければならない。一度命令をすれば、無限の行程運動をしなければならない、この無限なる大宇宙を皆様の心の中で考えてみなさい。一秒間に三十万キロメートルの早さによって進む光が一年かかると、その距離をもって天文学では一光年という。そういう一光年という早い光が、六十億以上の年月をかけてもまだまだ、その光が地上に届かない。その無限なる宇宙においては、その宇宙はメチャクチャに動いているのではない。すべてが因縁のもとで無限なる関係をもって、ある大なる希望の中に一つの目的の世界を造っている。それを今も永遠に、過去においても、未来ももちろん、この大宇宙を動かす神自体を考える時、本当にその父は我々に対して父なのかと考えたことがあるか。宇宙の根本問題をもって叫ぶ時に、「おお、誰それよ。我はここにいる、真の親である」。その神に抱かれるならば、それ以上の栄光、それ以上の人間として願うところはないと考えたことがありますか、君たち。神を我々は父と言い、神は我々を愛している。

先生におきましては、あるいは牢屋に引き込まれておった。あるいは食べたい時もあったでしょう。寒い時もあったでしょう。今までズーッとこの道をたどって来ながら、そういう牢屋の生活を、この世以上の悪条件の生活をしている。そのような生活をしながら、その中において考えたのは、いかなる外的苦悩、悪条件が自分を囲んで、それが高くなれば高くなるほど、その心情は肌に迫って来る。ある時には、打たれて血を吐く。その血は神に対して背く血になってはならない。その血を流しても主を賛美し得る者である。そういう立場に立つというと、神は無いと思う前に、もう既にいる。神は無情であると考える前に、有情の神である。無力なる神であると考える前に、自分をある限界の高い所に引き寄せているということを体験する。この宇宙を動かしている神に対しての深い感謝の念によって始まっている。そういう生活が必要である。

宇宙を復帰するには、それに相対する十字架がなければならない。ここにいる、きれいな娘たちに対して、バットでもって一発すれば逃げ出す、そういう者がおるかも知れない。しかしいかにその弱い娘でありましても、その決意に固まった骨は強い。復帰の信念でもって征服せよ。そのためには考えなければならない。愛さなければならない。神はあっても、それによって生きなければならない。そして急げ！　勇気を持て！　勝利すれば、サタンが祝福をする。君たちそういうことを考えたことがありますか？　我々の統一教会の青年としては、先生の願いがそうであるから、君たちもそういう願いを持って日本の地を北海道から九州まで歩かねばならない。日本におきましては、北の島々を失った。そういうことを考えている統一教会の人たちがあれば、その一人として共産世界の本家であるクレムリンをいかに処理するか考えたことありますか？　我が統一教会は何を救って行けるかを考えなければ、関係を持つことはできない。考えなければならない。関係を結んで直接にそれに立ち向かう、そ

歓迎会にて（1965年１月28日）

の価値を認めない人によっては成就するということができない。完成することができない。完成するには考え、そして、それを愛し、それに直接ぶつかって、自分と離すことができない、自分のものであるという関係を結ばなければならない。

同じように、我々の天宙復帰、完成天宙復帰、完成天宙復帰成就という、君たちの脳裏にいつも何を考えておるか。「天宙復帰」、寝ていても寝言で言っているか、「天宙復帰」。そういう信仰態度が必要だ。普通の人が、「あれは変わっておる、頭が回っている。本当に回っている。普通の人が左に回っているのに右に回っている」と言われても考えなければいけない。そして、直接自分と関係を持たなければいけない。そこにおいて真の関係が結ばれる。そこにおいて真の因縁が出現し、真の願いは生活の価値として現われて来る。そこにおいてその目的観念は我々の心の中に定着する。

天宙復帰への道

やめましょうか。やめましょうかね。(「もっと」)。本当は、先生は日本に来てね、口を閉ざしちゃった。先生が口を開ければ、これはもう荒いんですよ。なぜ荒いか。行く道が険しい。そして、負う荷物は重い。しかし、まだ日本の力は弱い。それを、尻を叩きながらはできない。そういう者に対して、天の父は今、目の前で困っている。一歩前を進まなければすぐ死ぬ。そうしなければ殺されてしまう。だから自分も知らずに飛んで行く。烈情の激しい戦いの場面におきましては、その総司令官のような、あるいはその全責任を負っておる命令者というのは、その普通の立場では打開することができない。だからイエス様の弟子たちも、「再臨の日はいつ頃ですか」と、遠回しで聞いている。そんなことは控えるべきである。自分の責任も果たせずして、何か！　だから、聖書を読んでみればこれ上ったり下がったり、あるいは暗くなったりあるいは明るくなったり、そうなってるんですよ。だから先生もですね、あまり話すことはできない。

天宙復帰、問題じゃない。そうすれば、天宙復帰の前にかかってくる十字架が問題ではない。それをいつも考えて、関係を持って、それを希望の糧としていけば、神が呼びに来る。横道に行こうとすれば神が守ってくれる。僕《しもべ》の立場に立てば、神は力を授けてくれる。そういう生活をしておれば、何も心配ない。我々はそういう生活を、究極の道をたどって行くものである。そういう人にとりましては、知識が問題ではない。金が問題じゃない。一つの国家の主権が問題じゃない。日本の国土における一億国民が問題じゃない。それから地球星を知ってるでしょう。地球の星、これを引っ張るのはちょっとむずかしい。それで、太陽系に対して合図するような気持ちでもって天宙復帰の前に覆《おお》いかぶさって来る十字架を悠々《ゆうゆう》と背負って、未来を造るというような、そういう勇猛心が必要だ。わかりますか？　皆さん、心の中でそういう覚悟をしておりますか？（「はい」）。はい、答えは簡単です。しかし内容は複雑です。それを君たちは覚えてください。天宙復帰、それを完成すれば個人の目的も家庭の目的も、そして民族の目的も国家の目的も、世界の目的も果たす。そうすれば、神の目的も果たせる。そうすれば、我々の先祖の願いもみんな果たし得る、現世の人類のすべての希望とか何やら、すべての要件がある。そういう世界になれば、それが地上天国だ。そういう結論になる。

世界の淵《ふち》の処理

しかしここには深い淵が横たわっている。日本とか中国とかを考える時、そこには日本海がある。それが淵になっておる。日本とアメリカとでは太平洋が淵になっている。それから言語が淵になっている。親族が淵になっている。生活の環境とか歴史の文化の背景とか、みんな我々の歴史に関わっている。だからこれをいかにして処理するかという問題は大きな問題である。天国はどういう天国か。心情の世界であり、因縁の世界である。希望の世界である。死んで神と共に生き得る、永遠に生き得る心情の世界であり、事情の世界であり、希望の世界である。そして自分を中心として独立性を永遠にとらえる世界である。いかなる所に行っても融合し得る、主体となり得る世界である。そして統一性をいつも懐《ふところ》に抱いて生活をしている世界である。

それを考えれば、外的すべての要件の淵をいかにして処理するか、これが問題である。そういうことを考えてるから、日本に来て先生がこちらの言葉を使ってるよ。本当は国家的代表者が日本に来られたら、通訳を通して話す。大臣やらが韓国に来られたら、その国を代表したそういう人間であるから、その国家の威信を立たせねばならないという時には、自分の国の言葉を使う。だからそういう限界、そういう淵を埋めるには、簡単にはできない。我々の血と我々の手と我々の足と体と、ここに収まっている血と涙と汗でもって埋め込まなければならない。だから君たちは太平洋を責任持つか。あるいは日本海を責任持つか。あるいは大西洋を責任持つか。あるいは日本の文化を、あるいは日本の歴史を、現世の状態を、いかなることにもはびこっておるこのすべての限界とか淵を、どの程度の限界におきまして責任持つかという問題である。そういうふうに見るというと、今までのようにここ日本にだけおればいけないということなんですね。だから、「アメリカに行きたい」。行きたければ行かれる道はいくらでもあるよ。「ああ、南米に行きたい」。行こうとすればいくらでも行く道はある。我々の決心をもって天宙復帰の勇士として行こうとすれば、いくらでもある。

昔の話だ。申し訳ありません。ここに西川という男がおります。今から八年前にこのこと先生の所にやって来た。「君の出生地はどこか」。「本当はここであったんだけど、日本の地に親しみを持っております」と。そして「日本を愛する、いかに愛するか。神の息子として、堂々と愛すべき立場に立ち得るか？」。「はい、日本に対しては私が責任を持ちます」。西川のその言葉をいただいたんだ。その時は韓国におきましては最高の迫害の中でやっていた。先生の一生におきましては、三カ国の試練を通過しなければならない。三主権を通過して行かなければならない。それから数多くの教派から迫害を受けなければならない。異端者の親分、そういう役目が統一教会のここに立っておる先生ですよ。しかしその時、内外共の迫害が迫って来る時、先生は今後何年後の世界を考える時に、ここにおいて勇気を出して必要な判断をしながら、それで西川という者を呼び出して、「君」、「はい」、「日本に伝道に行くという、宣教師として行くという、そういう決心があるか？」。韓国に行けばね、甲寺《カブサ》という所がある。その時、全韓国において迫害が迫り迫っていたから、先生はその村に行っておったんですね。そこへ訪ねて来てそう言う。「ならば、行け！」。行くには条件無しで。心が行けば、百の心が行き、千の心が行き、万の心が先立って行けば、生きる。これが摂理だ。そういう覚悟でもって、行け！　行ける道はいくらでもある。もしも日本に直接行けなければ、あるいは香港の方から入ることができる。それができなければ、他の国からまた入る。回り回って入国できる。

ここに米国の宣教師、金永雲《キムヨンウン》先生もおるんですがね、外国伝道ということは、天にとって今から何年後の摂理を完成するには、なさねばならない。それを考える時、日本に行けば、本当に神の要求にかない得る青年たちがいるか。考えてみなさい。おりますか？（「はい」）。はい。おりますか！（「はい」）。はいですか！（「はい」）。今後の先生の計画としては、世界を救って行かねばならない。それは先生一個人の路程じゃない。それは神御自身の崇高なる道である。我々の善なる先祖がつらい立場に立って、果たせなかった願いだ。現世の人類は、みんなが道を塞《ふさ》いでしまう。そうであればここには犠牲者を出さなければならないという結論になる。何でもって、あらゆるその淵《ふち》を埋めるために、誰か逆立ちして、乗り越えなければならない。

日本食口《シック》に期待すること

今日、羽田からずっと入って来て、二十一年前の状況を考えると、道路もズーッと眺《なが》めて来た時、随分車が増えているということを感じたですね。この日本文化はどこへ行くか。日本国民の今の精神状態は、どこにとどまっておるか。日本海の表面に光る光のように、外的美を飾りつけておる。しかしその内的におきましては、いかなることが起こって来るでしょう。その文明に比例した悲惨なる罪悪がそこに潜んでいる。文明国民になればなるほど、責任が大きい。だから君たちは勇気を出して。日本は今までアジアの盟主として考えているかも知れないんだけれど、信仰におきましても、天宙復帰のその理想実現におきましても、そういう心を持ってくれるのを先生は期待する。

「先生は韓国にだけ」、そういう観念は無い。先生は、世界的、歴史的だ。日本の着物ぐらいは着ることができるよ。着物が来れば、両手でもって正装することができる。日本のすべての作法までは良くわかりませんが、もしも君たちが夕食でも出してくれれば、何の挨拶《あいさつ》もせずに隅から隅まで、両手でもって頭をこうして日本式で食べる。「先生は、こういう先生であるとは考えませんでした」。神は栄光の座に立っているのではなく、地獄に行っている。クリスチャンは誰も想像すらできません。何のことかわかりますか。私は高い所は願っていない。高い所よりも低い所に多くの人類が住んでいる。だから先生は平民主義である。また個人主義じゃない。上流主義じゃない。中間の万民主義である。わかりますか　だからあまり緊張しなくてもよろしい。

天宙復帰のこの問題を解決するには、数多くの淵《ふち》が我々の周囲に広がっている。これをいかにして埋めるか。先生は寝ても起きてもこればかり心配している。それを思う時、我には韓国にもない、日本にもない、アメリカにもない、地上の何ものもない。ただこれを成し得る、これだけが貴いんだということを考えている。だからそういう意味では、ようこそ統一教会に入って来ましたね。今までさんざん苦労してきたのに、また大先生という方が来られて、「まだまだ苦労が足らない。十字架を背負えと。ああ、つらい、つらい」。しかし、どうせ行かなければならない。君たちが行かなければ先生が行く。君たちの時代にこれを責任持たなければ、先生の子孫におきましてもやらなければならない。だから先生がもしもこういう願いを果たし得ずしてこの地上を発つという立場に立ったら、どういう遺言《ゆいごん》を残して行くか。ゲッセマネの園におきまして、イエス様が神様に訴えた言葉は、「このつらき杯《さかずき》をできるならば取り去り給え。しかし我の願う通りにせずして、神の声の通りにさせ給え」。その心情の留まる所は十字架の道である。先生は統一教会の食口《シック》たちに、こういうことは言いたくない。私はどちらかと言えば、苦労を避けさせたい。しかしこの世界は神の願う世界じゃないから、その苦労ということは生涯の最後まで残るのである。

日本には打開しなければならない多くの問題があるでしょう。それは経済の問題ではない、政治の問題でもない。それは問題ではない。日本と目的の世界は、隔《へだ》たっている。この一億を率いてこの地上に走る機関車になるその人が必要である。普通の車輌に乗っている人たちは眠っても、その機関手たちは眠ることはできない。普通の人のように座って外景を観賞することはできない。軌道を研究して、軌道を注視しなければならない。夜でも昼でも注視しながら目的地に向かって時間を合わせて進む。それは君たちの目的である。その一億の日本と天国、我々の理想、目的の世界、その間にあるその淵を他の民族の力を借りずして、自分たちの、君たちの力でもってこれを埋めてくれることを切に念願しております。先生の今日の話は、これを理解し決意してくれれば、これ以上話すことはありません。これで終わりにしましょう。

崔元福先生の挨拶（1965年１月28日）

（祈祷）

天の父よ、弱き表情を神に捧げて、限りなき叫びでもって、天はいるか、神はいるか。その時の、自分のことが思いこがれるのでございます。

神は一人を通して、全体を勝利の道に導き得るという、その決意でもって我々を選んだことを感謝しております。どうか、神御自身が願っておった心情の世界、居ても居ても、居なければならないその世界、そこに生活しても永遠に続き得るその世界。そして神は真の父であり、御旨に我はなくてはならない真の子女である。愛なる神よ、手を握り、袖《そで》に頬《ほお》をつけながら生きておった我が父よ、歴史的な悲哀なる道を歩んで来た父に対して、何も言いようがないその立場に立っておる神を、仰ぎ見るその自分が我々は欲しいのであります。

神の額《ひたい》には（汗の）しずくが、神の手には敵の弓矢の跡があり、茨《いばら》の跡がある。苦痛の道をまた行かなければならない事情が潜んでおるというような神を、我は迎えなければなりません。永遠の栄光を唱えながら、万物を命令するその神は、我々には必要でありません。愛と幸福を我々に授け得るその神は、我には必要ではありません。その神を必要とする前に、十字架上におきまして血を流しながら涙を流すその神が我々に必要であります。惨《みじ》めなるこの現世におきまして、贖《あがな》うことのできないその罪人を抱き、そして涙を流すその親が必要であります。その親を真に迎えなければ、栄光の親は栄光の父は迎えることができません。

これは、神の今まで蕩減復帰原理という惨めな名詞を立たせて行く復帰路程であるということを我々はわかりました。アダムの家庭におきましては、アベルの行く道が神の道であり、ノアにおきましては、惨めな百二十年間苦労しながら、周囲の迫害、周囲の評判、いろいろな不自然な立場に立ったノアが、心に決心したその決意を百二十年まで引き続けて行った、その心の底には神がおった立場であるということを、我々は覚えなければなりません。アブラハムの祭壇の上におきまして、神はまたそこにおり、モーセのミデヤンの荒野におきまして、神はおったという。キリストのゲッセマネの、あるいはゴルゴタへの路程におきまして、神はおった。神は、歴史上にはいつも、一時《いっとき》として栄光の神として現われたことがない。我々はこれを知らなきゃならない。現われる神は惨めな神である。十字架上をまた超えて行かなければならない。行くべき人生の最高の目的の世界を開拓しなければならない、世界的な十字架を負った開拓者であるということを考えた時に、最高の十字架におきまして両腕を持って抱く、その神に報いることのできますように、どうか日本における食口《シック》たちを導いてください。

いかなる苦労がありましても、行かなければならない我々の最上の目的地である神の創造の世界、地上天国に我々は向かって行かなければならない。自分の旦那《だんな》さんが反対しても、あるいは父母が反

知っています。敵は自分の家庭にあるという、近い所にあるという。生き、生きんとする者は死す」ということは、あなたから授かった貴重な言葉だということを我々はなければなりません。あるいは汗を流しながら、死を自分の生涯の目的として、「死のうとする者はければならない復帰の路程の中に、我々は立っております。ここには血がなければなりません。涙が対しても、兄弟がその反対しても、国家が、すべての世界の人類が反対しても、死を対峙《たいじ》して行かな

だから、蕩滅復帰の道では、十字架の道をたどって行きます。苦労の道をたどって行きます。現世を離れて、我々が持っているその事情とか心情とか、あるいは希望とか、すべてのものを後にしなければならない。そして、真っ裸に裸足《はだし》になって空《から》になって、そして目には涙を流し、額には汗を流し、心情には、神につながる血を絞《しぼ》るような痛む心を持って神に向かわなければ、神自身も問題にすることができない、歴史的な苦労の道を歩んだ神である。その神は我々の親であるということを、どうか日本の食口たちの心の中に深く感ずるように、この時間、力を授けてください。握る手を熱くして、信仰の上に信仰を注ぎ、力の上に力を注ぎ、そして希望に希望を注いで、この地上に先立って、神が信じ得る男、女になるように力をつけてください。そして、この日本を負うて太平洋を越え、あるいは南方、アジアを越えて、全人類に先立って、叫ぶことができますように。そういう人たちがここに集まっておる人たちから出ることができますように、切にお願い致します。

我々は一つの家庭に住まなければなりません。我々は一つの言葉と一つの心情を分け合いながら、神に侍《はべ》り、そして栄光を讃えながら行かなければなりません。そうするには、十字架、世界的なゴル

ゴタを超えなければなりません。それを考える時、今、出発しておるこの路程は、もっともっと大きな責任と使命があって、神はここまで送らせて来ました。まだ行かなければならない路程先を、行く先を残しております。どうか、この旅行を通してすべての心情を結び得る、夢に会う先生に直接会って、膝《ひざ》をついて頭を下げて、涙をこぼし得るこの時間を授けてくださったことを本当に感謝します。

日本には、こういう集まりは、この人たちしかないと思う時に、神よ、覚えてください。そして、最後に勝利を得るように力をつけてください。そうして、神の前にいつも勝利の勇士として立ち得ることができますように守ってください。幾日間ここにとまる時、すべてを打ち明けて、神が喜ぶ時間を過ごすことができますように御守ってくださらんことを切にお願い申し上げます。若き心の中から神を誉《ほ》め称《たた》える賛美の声が、この地から日本全国に広がることができますように。

神は真に我々を立ててくださるために、涙でもってたどって来ました。血と汗でもってたどって来ました。無条件に我々は受けましたから、無条件の涙、無条件の血と汗とを惜しまないで、前進、前進、神の目的地に先を争って走ることができますような食口《シック》たちにならしめてください。神にすべてを捧げますから守ってください。神の平和と神の希望と神の喜びと、我々の努力のもとに、あらゆる動きとして、それを受け入れてくださいますように。我々は、忍び忍んで行かなければなりません。神は我々を守ってくれなくてもいい。そして、そこにおいて、神を讃美し得ることが、凱旋《がいせん》の再建の歌を歌うことができますように、我々を御導き守ってくださることを切に祈りながら、今日のすべてのことを感謝しながら、真の親の御名を通して祈ります。アーメン。

二、統一旗授与式での御言

一九六五年一月二十九日午後七時三十分から
本部教会（東京都渋谷区南平台）

（祈祷）

天の御父様、我々は初めからあなたのものでございます。あなたが永遠なる御国において、御自身の栄光を受ける時に我々も受けなければならない者でございます。探し求めてきた子女たちをどうか、御旨にかなう完全なる者になるように祝福し給い、今までの願いを地上に成就せんがために我々をこの地から呼び出しました。愛する日本の全土を守ってくださいませ。一億人民をあなたの懐《ふところ》に抱いてください。そうして世界万民に対して果たす使命を全うし、数多くの人間より称えられる民族となるように、そうしてすべてを神から価なしに受けた真の生命の糧を価なく分けてやるような使命を全うし得るように、神御自身が力をつけてください。昨日から許された恵みを感謝いたします。大先生、大先生と心から慕った、その心情の中に神御自身がおとまりになって聖い聖殿を造り、そうして永遠なる人々の休み喜ぶ安息地が、我々の身によってなるように、神の恵みをもっともっと注いでくださることをお願い致します。許されたこの時間を感謝致します。復帰路程の茨《いばら》の道をたどって来た、誰も知らない天の秘密を我々は教えていただきました。そうして誰にも授けることのできなかった永遠なる祝福を我々に下さいましたことを真に感謝申しあげます。この時代におきまして、無限なる父を我々の直接の父として慕い給い、そうしてこの御旨を慕って永遠なる怨讐《おんしゅう》のサタンに対して闘う勝利者として、あるいは勇士として立たせてくださったことを感謝致します。御国の象徴として、ある

統一旗の説明（1965年１月29日）

いは憐れみの子女の闘いの中心の象徴として授けられます、統一を象徴した旗を今、授与するこの立場におきまして、神の篤き御恵みと共に、深い愛情と共に、永遠なる新しいこの地における約束を授ける時間になるように祝福してくださることを切にお願い申しあげます。授けるのも神御自身であり、受けるのも神の願う子女であるというその基準を絶対的基準として、この地のすべての人間に代わって受けるような、その道の開拓者として、我々を先に立たし、そうしてその使命を授けるこの重大な時間であることを我々は心から感謝しながら、この時間に参席しております。どうかすべてを守っておく導きくださることを切に切に心よりお願い申しあげます。すべてのことを真の親の御名を通してお祈り申しあげます。アーメン。

これは本当はね、横になるんですね。こうでしょ。これは天地を象徴する、天地。授受の関係、すべての宇宙はその授受の因縁でもって造られておる。それで、この中は中心を表わす。あるいは、この宇宙を例えていえば太陽を象徴する。それからすべての天宙を例えれば、神御自身を象徴する。この中心というのは、我々の理想の心情とか、すべてがここに繋《つな》がってるということですね。それから、これは何かというと、四方を象徴する。一人の存在、中心として立っていくという、その存在が立てば、自然と四方が決まらなければならない。それから、これが十二になっているんですよ。だから、四方に東西南北を中心とした、いわゆるその年月ですね、月が十二カ月ある。そうしてこれが、この授受の関係でもって回っておるというんですね。これ全体から見れば、これは船の舵ですね。だからこれは我々自身に対しては、この宇宙を運転しなければならないという。だから、この一つの中には我々の創造原理、理想のすべてが入っているということ。簡単に言えば、そうなんですね。まあ詳しく説明すれば、もっと深い意味があるんですが、そういうように考えれば大概いいわけなんです。だから、今授与された旗というものは、国家だったら国家を象徴する。今は教会なんだけど、我々の理想は教会の理想、すべての歴史の希望であり、現在の希望、あるいは未来の希望となるべき唯一の世界。そして神の心情にかなった世界。一つの世界という神の御理想の創造目的を達成している御国を象徴した旗である。だから、この旗をいつもあなたたちの心に抱いて、そうして神の心情と共に生き

統一旗（白地に赤のマーク）

る者は、すべての邪悪なるサタンの試練とか背きを退けることができる。そういう力の象徴としてこの旗が使命を果たし得ると、先生は信じております。どうか皆さんもそういうように信じて、勇気に勇気を掲《かか》げて進めば、いかなる地に行っても神がこの旗と共に、君たちと一緒に働いてくれるんじゃないかと考えております。

それからこの旗は神を象徴すると共に、あるいは先生も象徴することになるんですね。だから、この旗の下に集まった我々は一つの家庭である。一つのいわゆる兄弟である。そこには貴賤《きせん》がない。貴いとか、貧しいとか、あるいは低いとか、それがないんです。同じ釜でもって同じ飯を炊いて同じ食卓で、同じ箸《はし》と同じ匙《さじ》で同じ父母を中心として、生活し得る一つの家族なんです。我々には対立する関係にある民族や文化もないんです。我々には堕落世界の生活の習慣とか伝統とか、あるいは現在にある社会のその道徳とか、人倫の道徳とか、そういうのは我々にとっては認めることができないというんですね。今からの生活の伝統、今からの社会の道徳、それを神は慕っておる。だから、そういうように考えれば、我々に背負わされているその使命がいかに重大であるかということは、今更言わなくても君たちはよく知っていると思います。どうか日本の地を背負って、この旗を先頭にして、万民世界の果てまで進軍、進軍、進軍に勇気を重ねて最後の勝利を皆さんの手でもって、果たしてくれることを心から切に祈る次第であります。では簡単でありますが、これで終わります。

天宙復帰の責任を持つ統一教会、万歳！（「万歳！」）。万歳！（「万歳！」）。万歳！（「万歳！」）。

三、統一旗授与式後の和動会および御言

一九六五年一月二十九日から三十日午前四時まで
本部教会（東京都渋谷区南平台）

（真の御父様が愛唱された歌）

（『心の自由天地』）。
（『洛東江《ナクトンガン》』）。
（『新アリラン』）。
（『勘太郎月夜唄』）。
（『風は海から』）。
（『波止場気質《かたぎ》』）。
（『旅の朝霧』）。
（『支那の夜』）。

（巻末・付録参照）

個人完成の道

ひとつ先生として皆さんにちょっとお尋ねしたいことがあるんですがね。祈りの中で、あるいは夢の中で、先生に会ってみた人がありましたらね。（「はい」）。今の時代はですね、直接皆さんを導いてくださる時期なんですから、心情込めて祈れば教えてくれます。それは君たちの信仰程度におきまして、深いところまで教えてくれます。復帰路程におきまして個人完成の道はまず言葉を通して、そうして、サタンの世界に行って、その闘いの立場に立たないというと、天の心情はわからないということなんです。そうして最後の裁きには言葉の審判とか、あるいは人格の審判、心情の審判、三つの審判を通して、初めて完成という名前をもらえるわけなんです。そうして完成されてから祝福という問題があるわけなんです。その祝福というのは、神の血統圏に入るということになるんです。そこには色々な式があるわけなんですね。手続きがあるわけなんです。それは、天の国の国民として、入籍ということになるわけなんです。その詳しい公式的な内容は、今の原理には出ていないんですよ。今後、先生が今までズーッと闘ってきたその内情は、幾年か後に発表しようと思います。しかし、今まで先生が指導している圏内において服従して行く人たちは、自分も知らずしてその峠を越えることになるわけなんですね。だから、この復帰の路程というものがいかに難しいかというと、本当に難しいんです。

韓国での父母様の勝利圏

君たちが復帰原理を学ぶとですね、アダムの家庭におきまして、いかにして堕落の結果が起きたか、もたらされたかという問題をわかると同時に、アダムが神に対して背いたすべての罪悪を身代わりとして悔い改めなければならない。そして、ノアの時代も同じく、アブラハムの時代も同じく、そして、モーセ、イエス様の時代まで、それからイエス様がこの地上に来て逝《い》かれてから二千年の間、数多くの聖徒たちの犠牲の道を通してきたその罪まで、みんな人として悔い改めなければならないということになるんです。いわゆる歴史的蕩減を完成しなければ、時代の勝利者として立つことができない。そうしてサタンを屈伏した勝利者となってから、初めて神が望む善なる祝福を受けて、善なる先祖の立場に立つわけなんです。だから、そこには色々な複雑な儀式があるわけなんです。それはもう一言では言い表わせない。だから今まで一九六〇年から、ズーッと先生が前に立って、内的心情の世界の色々な闘いをやってきたわけなんですね。それには霊的勝利の基盤を基準として地上的勝利を立てなければならない。その勝利を得るには、安楽、やさしいところでは始めることはできない。最高の闘いの真っ只中で、統一教会のすべての運命、それから天宙復帰のすべての運命、先生としては一生の事業として復帰のこの大事業をその一点に集めて勝利の祝福を受けなければならない、そういう峠を越えなければならないことになっているんです。だから、韓国におきましても、相当の難しいところを通して、今、勝利の圏に入っておるということになっておるわけなんです。

それで韓国におきまして、一九六〇年の父母様の結婚式を中心として、韓国はその主権が変わって行く。それは確実に変わってきます。李《イ》大統領は、いわゆるアダムの勝利者である。そしてその次の民主党というのは、今その首領はね、女になっているんですよ。だから、エバの勝利者である。軍政というのは、いわゆる天使の勝利者であると。それにはみんな公式の内容が備わって、そうして自分たちは知らないけれども、天のプログラムにおいて我々の教会を中心として今まで内外共に闘ってきたわけなんです。三つのその政権のうち、我々の統一教会を歓迎した政権というのは一つもなかったんです。上からは最高の指導者から、下は惨《みじ》めなるその下級の人まで、みんな反対するという立場から始めて、今までズーッと国家の公認を得るようなその基台を造ったのは、もちろん先生の苦労したこともあるでしょう。しかし、その内面におきまして、天の父がいかに御苦労なさったかということを、君たちはその話を通してでも、その心情を発見するように努力しなければならないと先生は思っております。

それで日本の地に御言の種を蒔《ま》く時、先生は日本における食口《シック》たちは一面から見れば幸福であるということを考えていました。いくら反対するといっても民主主義、いわゆる日本の現状は、言論の自由とか、集会、結社の自由とか、自由なる社会の環境を持っている。いかに統一の原理を銀座の真っ只中で唱えても反対されることはないという現世を迎えていることは、これは幸福である。それはみんな、そういうように天から勝利の基準を造っておけば、自然とここに現われた恩恵の結果である。だから、神は一時代を先立てて、そうして地上に責任を持っておる統一教会は一段遅れた外的第二の世界なんですね。外的第二の世界においては、また一段遅れておるそれを全体として、蘇生、長成、完成の救いの圏内に、宇宙は世界はだんだん入っていくというのです。

第一次世界巡回路程の意義

それで今度の路程は、摂理上からみれば重大な意義があるわけなんですね。だから、今度ですね、先生一人で来るべきじゃなかったんですよ、本当は。本部の協会長を連れて、そうして出発しようと思ったんですがね、色々なことがあって、そうして急に二人で立ったわけなんですね。だからこちらを通して、アメリカを通して、ヨーロッパ、ドイツも今、うちの教会は国家の公認を受けておるんですからね。そこを中心として十二カ国くらい、目的があって行って来なけりゃならない。そうして、そこから条件をもって来て、韓国に帰って我々の本当の統一教会の本部を造らなければならないことになるわけなんです。そういうことをするということは、今までは天が地上に対して恵みを下さった、犠牲になってやる時期だった。しかし今からは天に返し、収穫するわけなんですね。だから先生は韓国を一つの基点として世界を回って、その相対基準を立たせて、そして引っ張って、もとの位置に結ばなければならないという重大な使命があるわけなんです。

だから、この六四年から、今年ですね、この期間は重大な時期なんです。だから共産主義であるソ連のクレムリンの中でも政権の変化とか、日本におきましても変わったでしょ。それは偶然なことではない。そして、今まで地上でその名声を高めておった人たちが先に立てない、そういう時代に入って行くというんですね。だから今年は、我々にとっては、努力すれば世界的発展を果たすことができる天運が、君たちの前に、我々統一教会にたどって来たということになるわけなんですね。

特に日本におきましては、原理上から見ればエバの国である。だから日本では天照大神《あまてらすおおみかみ》を奉った。そして、今までの日韓関係の複雑なその関係も、摂理上の、普通の人の知らない内的関係の蕩滅の条件として、今まで複雑になっているんです。しかし、日本としても将来、韓国と一体とならなければならない。そして今までの西洋文明の民主主義、いわゆるキリスト教精神を中心とした民主主義ですね。これは来たる再臨の主に対しては外的な位置である。外的完成は内的完成を土台として、神の方

歓迎会にて（1965年１月28日）

に治められなければならないということになるから、西洋文明が東洋文明に跪《ひざまず》かなければならないということになるわけなんです。それで先生として願うのは、今まで西洋文明を崇《あが》めておった我々が新しい文明をもって世界を動かす。それは地上の最後の主権であり、最後の善の世界の中心となって、神を中心として動かすということになるわけなんです。だから、これがある基台を造って社会問題になり、国家問題になり、世界問題になって、これらが完全なる基盤を造れば、いかなるものでもこれを覆《くつがえ》すことができない。だから我々はその土台を造るには汗と血と涙で造ろう。そこなんです。いかなるサタンも我々の後について来られない。「おお、サタンよ、私の後について来い！」。「ああ、私はかなわない」。逃げて行く。その位置でもって勝利の基盤が造られる。これが神の最高の願いである。なぜそういう願いをするかというと、今までサタンによって讒訴《ざんそ》されたすべてを打ち切るためである。そこには理想だけではない、神の希望がはびこっておる。そうして希望と事情とか心情問題がこの理想の中心として立っておる。この理想は、神御自身の理想ばかりじゃない。理想の主として再臨の主が立つ。だからこれを退けることができないということになるわけなのです。いわゆる完成した勝利のアダムの位置を、神の心情を中心として地上に決定した基準を復帰するわけなんです。

世界的復興計画

そうするというと、ある国家基準を通して三カ国の基準が神に繋《つな》がるようになれば、世界は一時に復帰する時代が来るに違いないということを先生は考えておるんです。だから韓国と日本と米国、これが重大な位置、天の摂理の線上に今たどって、ある中心に向かって動かなければならない。それを考えて、先生は三、四年前から米韓文化自由センターという団体を造った。そこには、現在米国を動かしているすべての人材が皆集まっておるよ。また今、韓国においては幼児舞踊団を造っておるんです。遠からずして全国に行くと思いますがね。そうして、これは米国に旋風的な問題になると思うんです。そうして、それを中心として、主として韓国の動乱の時に国連軍の十六カ国の兵隊が来て、戦死したわけなんですね。それで韓国の国際共同墓地に墓があるわけなんです。それを国家的儀式としてやるべきものを文化財団でもって、年三十万ドルくらい費やしてですね、三年間ぐらい、その戦死した遺族ですね、それを無料で招待しよう。そうして、少女舞踊団の世界巡回公演をしながら、その遺族たちを慰安する。そして韓国を中心として造った日韓文化センターと同じみたいな、各国のその文化センターを造る。そうして連帯を造る。

その対備《たいび》のために、今年、先生としては十二カ国くらいには宣教師を送らなければならない。それを考えておる。一カ国に三人としても三十六人、約四十人くらいの成約聖徒ですね、若者が必要になってくる。だから、それにはその国家の言葉が問題なんだから、米国は人種の株式会社だね。みんな集まっている。いかなる民族も集まっておる。ここから選抜すれば、たいがいの願う国家の言葉に責任を持つ人たちが選ばれると思います。そうするというと、それを中心として、その補助部隊として二人くらいつきあわせて、三人くらい、十二カ国くらいに送れば三十六人。責任地域を分担していけば、四十名くらい必要であるということになるわけなんですね。そういうようにして外的な財団を中心として動く基盤の上に宣教師を送って、それから次には国際的伝道団、いわゆる復興団ですね。それを造らなけりゃならない。そうするとその先に宣教に出て行っている人たちは一年後には、我々の復興部隊が訪問した時に、その背後のすべての問題を責任持てるような基準を立てなきゃならない。そういうふうになれば、我々の復興団はですね、国家的使節団みたいに、その権威をもって、あらゆる国家を訪問するわけなんですね。そうして、その国でもって有名な公会堂とか、そういう場所はその国の政府の力によって準備させて、そうして集めようとすれば、相当な人が集まると思うんです。その中で原理を宣布するようにする。そうすれば、これ一度、そういう問題を起こせば、世界的問題になっていくにちがいない。そういう時期が来るということは間違いない。

そういう時が来るというと、それに対して、また何をやらなきゃならないか。ここには文化宣伝として、我々は原理を中心とした映画を造らなけりゃならない。そこにはハリウッドの有名な世界的な俳優なんか動員して造る。そうして今までキリスト教徒が信じておるイエス様は、十字架で死ぬために来たんじゃない。これは人間が誤って、責任を果たせなかったんだから、死んで行った。だから、世界に広がっているすべての教会堂の十字架をみんな取ってしまうという運動をする。そこまで行けば、世界は我々の圏内に飛んで入るんですよ。こういう世界的な運動を我々は計画しなければならない。そこには色々な困難な問題が起こるでしょう。それはもちろんある。しかしそれが問題じゃないということになるわけなんです。

ただ今度、先生が日本の地に来て皆様の顔を多くながめる時、この世界の人類の先頭に立って原理を訴え、宣布する、そういう若者たちが何人くらいおるかということを今考えておるんですよ。だから、第一に自分の国家内で、自分の地域の圏内で大なる成果を残さなければ、海外に出て成功を来たらすことは難しいです。だから、この日本の地ならこの地において、うんと鍛錬して、世界をわが世界として活動して行ける、世界的人物を造ろうとするのが先生の目的なんです。どう考えますか、皆さんは？　韓国におきましてはですね、「ああ、統一教会がこういうふうに発展していけば、もう遠からずして韓国の大統領は文先生だ」、そう言っておる。しかし、韓国の大統領じゃない。そういう一カ国を目的として動いているんじゃない。世界が問題であると考えているんですね。

日本もそうですよ。統一教会がグングンと大きくなれば。今、宗教問題に対して、もう政府は頭を悩ましているでしょう。それは日本の三大苦渋《くじゅう》というのは、宗教問題が一つの問題になっている。それから共産主義がその一つになっている。そして若者のその堕落、道徳問題をいかにして収拾するかということなんです。これは統一教会の我々の原理でなければならない。先生は自信を持っているんですよ。皆さんもそうでしょう。しかし、本人が問題だ。もしも、この原理を前にして日本が先頭に立てば、世界的国家になる。それは間違いじゃない。そういうようになるんです。だから、今度、先生がアメリカに行ってその若者たちを煽動して、「君たち、日本に負けるか！」。針を刺せば、ブンブンと。彼らはノロノロしておるんだけれどね、責任感が強いんですよ。普通の人だったらこの先を見るんだけれど、顔を空にあげてね、他の人の見ないところを見る。そういうところがあるんですよ。だから、彼らがもしも、自分の国家がどういうふうになるかわかるというと、これはもう世界的問題になって、ブンブンブンと動き出す時期が来るんじゃないかと。だから、今、先生も攻めておるんです。韓国におきましても、「君たち負けたらどうするか」と。競争するわけなんですね。「日本に負けるよ、アメリカに負けるよ」と言って、今ドイツの方でも、相当今、発展しているんです。我々の教会には、主に若者がみんな集まって来るんです。

一九六〇年御聖婚式までの闘い

先生は、四十歳以後の人である。今、先生には御母様がいるでしょ。先生は四十を過ぎて十八歳の娘をお嫁にもらったということになるわけなんですね。先生の大なる事業を前にして、何故そういうことをやらなければならないか。その年齢の差を大きくすればするほど、救いの恵みの圏が広くなるんです。だから、十代の青年がその恵みの圏に入る。そんなことは普通の人は理解できないですね。

そこには誰にも言うことができない心情の問題がからんで来るんです。そして、そこまで心情の復帰の基準を造るには、エバによって心情を蹂躙《じゅうりん》されたんだから、蹂躙されたその心情を復帰の条件として、それを戻さなけりゃならない。だから先生がこの道を出発する時は、おばあさんを中心として出発しなければならない。それからズーッと蕩減条件を立てて勝利の基準をたどって、それから最後の段階まで勝利の基準を繋《つな》がせていかなけりゃならない。そこには老人と壮年と青年と十代までの、六千年の闘いの問題をここに再現して、そこで実体を立たせて闘って勝利を得なけりゃならないという闘いを、今まで先生はやって来たわけなんです。だから、もう白髪もはえておるんだ。これはいかなるその人でも、歴史の先祖たちはもちろんだけれども、現在地上に住んでおる人類も、そういう内情的なものはわからない。それは、まだ先生は皆さんにも話さない。先生と神しかわからない。だから、心情の問題におきましては、いかに人類が多いとしても、神と真なるその人間の心情の基準を解決するには、先生によって指導を受けなけりゃならないということになるわけです。本当はですね、先生が若者たちと相対して話すよりも、日本だったら、日本の最高部の人たちと相対して話していくのを、神は望んでいる。

本当だったらね、韓国の方で、先生は二十六歳の時に出発したわけなんです。だから、今年で二十一年になるわけなんですね。かつて先生が日本に来て滞在したのも、そういう年代になるんですがね。それで七年間でもって勝利の段階を造ろうとしたんですがね、その時韓国におるキリスト教がもしも先生を歓迎すれば、七年以内に勝利の基準は造られた。先生が三十三歳までには勝利の基台を造れた。

イエス様が三十三歳で十字架につけられて昇天したんだから、復帰の路程におきまして、その基準をして最後の判断を決めなけりゃならないという責任を前にして、数多くの教団の前に先生が立ったときには、その教団は先生に対してみんな背いてしまった。なぜかというと、再臨の主は雲に乗って来るという信仰をもって信じておる人たちに、「再臨は雲に乗って来るんじゃない、地上から生まれる」と言った。自分たちの最高の信条がその反対になっているから、みんな反発してしまった。それで、すべての指導者がみんな一丸となって、先生一人をいかにして処分しようか、それが問題になったんです。それで最高の反対者といえば、韓国の教会の牧師さんたちだった。大東亜戦争後、韓国は独立したでしょ。その直後は牧師時代である。牧師たちが多大な天の恵みを授けられた時だったんです。それが統一教会の先生を受け入れられなかった。

それで先生は、一つの洞穴《ほらあな》みたいな家を造って、世界的な問題を中心として、一人一人祈りながら信仰の道をたどっておる人たちを集めておったんです。それで、韓国の高齢の食口《シック》たちには、先生が直接伝道した人がいない。みんな神の方から命令されてやって来た。そうなっている。今はそういうことをやらないんだけどね。素晴らしいことが多かったんです。イエス様の時代以上の奇蹟ということが本当にあるんですよ。先生は惨《みじ》めな生活をしておるんだけどね、神の方からみんな送って来る。それで、一人二人集まって数が増えたわけなんですね。そうなるというと、その先生の所を訪ねて来るという人は相当信仰の基準が高い人なんです。それは教会の中心メンバーである。そういうふうにだんだんと数が増えるに従って、教会の責任者たちは、集会で人を集めて、「このままおいてはいけない。これは、徹底的に処理してしまわなけりゃならない」。そういう闘いが出てきたわけなんですね。それで、牧師さんたちのために、先生は牢屋にも入った。色々の逃げ道をたどったり、イエス様みたいに、そんな道をズーッとたどって来たんです。しかし何年何月にはこうなると、先生は時世の変動するその時を知っていた。だから韓国において、ある時まで待って沈黙を保っていけば自然とこれが和解される時が来る。それからズーッと迫害を受けて来たんですね。それで統一教会の数が増えてきたんですね。その数というのはもう先生自身が伝道したんじゃなくて、天の方から動員されて増えてきた。これはもう生命かけてその人たちが集まってきたわけなんです。五七年にですね、韓国において百二十カ所に拠点を設定して、集中的な攻撃をやったわけなんです。結果がどうなるか。既成教会の勢力の根底を刺してみたわけですね。

それから三年後、それを中心として一九六〇年、聖婚式が成された。その基準を中心として、ソビエトにおきましては内紛が始まって、そうして今、中共問題とか、それが思想的分裂をなすようになる。これは偶然ではない。それが三年、その内部を強固にした。一九六〇年というのは、先生として満四十歳になる。いわゆる蕩減原理の四十数を解決しなければならない重大な年令である。それで、その時には韓国におきましては、すさまじい迫害の時だったんです。先生は、こういう膝《ひざ》を組んで、もう座ることはできない。夜でも寝ることができない。心を締《し》めてやろうと、天と共に作戦計画をしてやったわけなんです。しかし、いかなる困難の真っ只中に立っても、神と心情一致したその基準を、サタンの力ではどうにもこうにもすることはできないというその信念でもって、闘って来たわけなんです。

御聖婚式以後の七年間の摂理

それで、一九六〇年の十二月四日に本当は、米国に行く旅券なんかみんな準備しておったんです。それが本当は、祝福の問題とか百二十四双の祝福問題とか、先生は、そういう国家の運命がいかになるということがわかったんだから、それをその七月初旬にやろうとしたんです。けれど、どうにもこうにも外的条件が合わないから、それを延長してやったその直後に革命が起こったわけなんですね。それでまた問題になっていて、そうしてまた闘いが始まっていったから、旅券なんか問題ではない。それで今までズーッと内部整理、外的その強固たる基盤を造るために今まで月日を送ったわけなんですね。それで一九六三年、韓国におきまして統一教会が社会団体として公認されて勝利の基台を造り、日本におきましてもそう、米国におきましてもそうなった。それが六三年からだったね。三カ国を中心として、国家的公認の背後を造るということになったんだから、我々の目標は一つの段階を超えて、世界的動きに向かったということになったわけなんです。

それから四年の間、これ七年の間ですね、前三年、後四年で、七年の間。この間はどういう期間かというと、先生が闘って行く期間なんです。エバが堕落したのは、アダムがその主管性を転倒したからである。だから、エバに対する蕩減条件を立てるために、アダムの位置におるところでは、すべてに対して蕩減条件を立てて勝利の決まりをつけなきゃならない。

そうなるというと、堕落はアダムとエバがした。真の父母となるべきその子女がやったんだから、復帰の終わりの日におきましては、真の父母の使命を担《にな》うその方がですね、これを蕩減しなけりゃならない。蕩減するには、真の父母の二人の位置だけ蕩減してはいけないというんですね。それは、この主張に対して立ち得べき基台を造って、ある家庭を基準として立たせてから父母を造らなければならない。いわゆる逆に復帰していくんですね。本当だったら、堕落しなければ父母が初めで、それから子女になるわけなのです。それから、ある氏族として、それから民族として、こういうふうに世界が、世界万民が神を中心とした一つの国民になったわけなんですけどね。それがなっていないから、世界の基準に対して神が働き得る基台を造って、それを基盤として国家的基準、勝利の基盤を造らねばならない。

それから、最後の問題としては家庭が問題である。アダムの家庭、ノアの家庭、アブラハムの家庭、ヤコブの家庭、家庭だ。家庭問題を中心として勝利の決定をしなければならない。外的な勝利と共に内的中心の勝利の決定は何かというと、天宙復帰の父母の位置に立っておる家庭の勝利的な決定が問題になるんです。そうするには、これが平面的一時的な蕩減の問題じゃない。これは歴史性をもっておる。時代性をもっておる。未来性をもっておる。ここには神の心情、事情、希望がはびこっておる。すべての歴史の核心になるわけなんですね。その芯が集まってサタンの前において蕩減条件として立たせて、勝利の決定圏を持たなければいけないということになるんですね。

だからその基準を造るには、まず何をしなければならないか。まずアダムからヤコブまで三十六代。

十二、十二、十二、原理の数においては三十六代になるわけなんですね。アダムからノアまでは十代なんですがね、カインとアベルを合わせてみれば十二代となります。それを復帰の条件として、先祖の復帰の実体として立つのが、ヤコブの十二子女である。しかしヤコブが勝利をしたとしても、それが今まで復帰路程におきまして歴史的勝利を保たせて、今まで引き続いて来られなかった。だからイエス様が来て、逝《い》った後は霊的な基準は立てたけれど、実体的基準は立たせていないということになるわけなんです。そうすると再臨の理想の勝利の基準を立たすには、歴史的先祖のすべてを実体的勝利者として、復帰者として立たせなけりゃならないということになるわけです。

家庭を決定するには、重要な問題は何かというと、そこには君たちには話せない複雑な内容があるんです。だから先生の家庭としても、日本に来て闘わなけりゃならないということもあるでしょう。それは日本の食口《シック》たちの誰一人わからない。それから北韓、北朝鮮があるでしょ。そこに行って闘う人がなけりゃならないんです。そういう基準でもって神が信じ得る人、サタンの世界に入っても、サタンが「ああ、あの者はどうにもすることできない」という、どこに行っても神の子であるという、神が信じられる人たちがサタンの世界に入って、誰も知らないうちに勝利の基盤を造らなけりゃならない。その基盤を中心として、先生はその条件を、世界的条件のすべてを一つに集めた基台の条件として、そこにおいて本当の族系ですね。自分の族系、血統を残す前に、カインの血統からそれを探さなければならない。アベルはカインからすべての相続権をもらわなければならない。復帰して来なけりゃならない。だから、祝福はアベル自身が神から受けることはできない。カインの手を通してでなければならない。こういうふうになっているんです。なぜかというと、サタンが先にこの宇宙を自分のものにしたんだから、この宇宙の主権者は誰かというとサタンである。だから、サタンの実体としてその摂理の過程に立ったのがカインであり、神の摂理の中心として、この実体のカインの世界を取り戻し、もとの主権を復帰せんがために立たせたのがアベルである。そうすると神御自身では自由自在にアベルを祝福することができない。アベルがアベルとして勝利するには、カインを屈伏して、その長子の権限を復帰しなけりゃならない。

三家庭と三十六家庭

こういう問題になっているから、もしも先生がそういう全体的なその使命を持っているというと、先生自身としての基台を造らなければならない。それで、この復帰時代はアダム時代とイエス様の時代とそれから再臨の時代と三時代にわたっている。堕落する前のアダムは第一の子供である。イエス様は第二の子供である。再臨の主は第三の子供であるという立場に立っておる。それに反対して、そこで仇《かたき》になって今までサタンは闘って来たんです。そうすると、その勝利の代表として、イエス様の前に洗礼ヨハネが立って、すべてのサタンに対する勝利の権限を復帰してイエス様に返還しなければならない立場と同じように、先生の時代におきましても、その洗礼ヨハネみたいな者が三人いなけりゃならないということになるわけなんです。それがアダムの家庭を中心としては、三人の子供を象徴するわけなんです。ノアにおきましても三人の子供。そしてアブラハム、イサク、ヤコブ。イエス様の時代におきましては三人の弟子。三人の弟子は弟子じゃないんです。本当は信仰のカインの子供として、イエス様とは生死を共にする、親の命令に服従し得るカインの子供として立つ三人なんです。アダムを中心として復帰し得る前に、カインがアダムの要求に絶対的に服せるような基準を、イエス様は歴史的勝利の三人の弟子を中心として蕩滅しようとしたんです。それが覆《くつがえ》ってしまったわけなんです。

だから、先生としても、そういう三人の子供が必要だったわけなんです。その三人の子供は全体的摂理からみれば、ノアの裁きを中心として、これが第二回の過《あやま》ちを来たしたわけなんですね。だから、六千年全体の歴史をみると、二千年の歴史がある。アダムからヤコブまでの勝利の基準を造るまでの歴史というのが、霊肉共に勝利の決定を世界的基準を中心として造れなかったんだから、そういう内容を地上でもって世界を舞台として決定しなければならないという立場に立つわけなんです。何の話か、内容がわかりますか？　先生は今まで闘ってきた内容だからわかるんだけど、君たちはどれがこっちやら、あれがこっちやら、何かはっきりしない。

それで、今、三十六家庭があるわけなんです。アダム家庭の子女は、アダムの失敗をノアまで延長して復帰しようとする子女なんですね。それはカインとアベルをあわせて十二家庭になるわけなんです。またノアからアブラハムまで十代になるわけなんですね。そうして、これは横的延長をもってイサクとヤコブまで延長して立たせたのが、ノア家庭の十二家庭である。さらにヤコブの十二子息の立場のヤコブ家庭の十二家庭である。それが家庭の勝利の基準だから、これを延長して民族的な十二の基準を立てて十二民族、族長を立たした。それが世界的舞台のもとを造った時に、イエス自体におきましては、十二使徒を集めたということになったわけなんです。そこでもってイエス様を中心として十二弟子が一体となって、いかなる迫害の峠でも無難に超えたならば勝利のイエス様になるべきであったんだけど、それができず、逝《い》ったわけなんですね。

それを蕩滅するために先生におきましては、このすべての先祖のこの数を復帰するための第一の問題は、三人の子供である。それがノアの家庭を中心として三人の子供であるということになるわけなんですね。いつでも摂理自体におきましては、第二の位置に立っておるのが蕩滅条件を立たせて、サタンと組み打ちして、その決断をしなけりゃならないということになるんです。アダムの家庭におきましてはアベルになる。ノアの家庭におきましてはハムになる。アブラハム、イサクというと、イサクは第二だから、イサクが問題だ。そして、イサクの実体を捧げた。そうして全体的にみれば、イエス様が第二番目ですから、これを中心として世界的な蕩滅を果たそうとしたわけなんです。そうすると家庭でみれば、ノアの家庭を中心とした三人の子供を象徴して、先生自体において三人のカイン、世界的カインの象徴として、洗礼ヨハネの世界的三人の象徴として、三時代の象徴、アダムの象徴、イエス様の象徴、再臨主の象徴として、これは全世界の象徴、代表、カインの三人兄弟の立場に立たせて、その人たちが、いわゆる死を覚悟しても、先生の命令に背かないという、絶対的誓いのもとでもって、未来に先生の直接の子供が子孫が生まれれば、君たちの理想とか、自分の生命すべてをよこしてくれることができるか？　そういう条件を立たせて、「よし！　問題じゃない」、その基準を造らなければならない。それで、父母の日を決定する前の、神の最後の目的、目標は何か。今まで復帰路程におきまして蕩減条件を造れなかった内容は何か。サタン世界の勝利の基台の上において三人の弟子を祝福することができなかったという問題になるわけなんですね。イエス様の時、その使徒たちはみんな一人で生きたわけなんです。結婚を認めないというんです。だからイエス様の最高の願いは、弟子たちを今までの堕落した数多くのサタンの世界の家族の中から引っ張り出して、天の家族の代表として救うことなのです。その家族を立たした後に、イエス様自身におきまして真の親にならなきゃならない。その過程におきまして、その目的を達成されなくて、十字架につけられたから、逝《い》かれる時に、私は花婿であり、地上の信者たちは花嫁であるという新郎新婦の理想を残して行ったわけなんです。それが再臨の時代におきまして、真の父母を決定するのが小羊の婚姻である。

歓迎会にて（1965年１月28日）

　だから、その三人の子供をカイン

の相対的位置に立たせて、天の方に服従するような立場に立たせて、そうして絶対に一体になるという基準でもって家庭の基準を造らせて、父母の日を決定するわけなんです。それで、先生はその式を挙げる前にその三人の子供に対して、カインの立場に立っておるその三人に対して、約婚をさせてから、先生はその基台を中心として式を挙げるということになる。なぜそういうふうにしなければならないか。堕落したんだからね、反対に上がるから、子女をまず先に探さなければならない。だから、子女の婚姻、その基台を中心として、結婚というのは親が先にやるというんですね。だから一九六〇年のその聖婚式を終えてから、幾日かの後にその三人の結婚式をあげたから、それでもってイエス様の今までの恨みは解かれるということになる。三人の弟子によってカルバリやゴルゴタでの恨みが解かれるということができたわけなんです。それが決まると、何が救われるかというと、アダムの家庭、いわゆるノアの家庭基準が成立したということになる。アダムとノアとアブラハムの中で、ノアは第二番目なんですね。第二が勝利すれば、これを勝利せんがためにノアから十代、今までズーッと努力した先祖の勝利の基盤を造ったという結果になるわけなんです。それでノア以前の十二代、摂理上から見れば十二代になるわけなんですね。本当は十代なんですけどね。カインとアベルをあわせて十二代なんです。それをあわせてすれば、ノア家庭の勝利の決定の基盤を中心として、その先祖の復活権を授けることができるんです。それでそのアダム家庭の十二家庭を決定したわけなんです。それがなるというと、アダムの延長がアブラハムである。それはそのままでは祝福することはできない。それで、こちらにおきましてはアダムの家庭とノアの家庭とヤコブの家庭としての三十六双の家庭があるわけなんです。これらの家庭は何かというと、今まで復帰路程においてサタンと闘って歴史的に失敗した家庭を、平面的に横的に実体をもって蕩滅復帰し、勝利の基盤を造ったことになるわけなんです。

そうなるとどういう結果になるか。今までは、霊界が地上に直接対応して救うことができない。我々が天に行くには、すべての事情を捨てて、事情をみんな投げ出して、天の方に向って上がらなければならない。イエス様が天に対してそうしたように、我々も事情のすべてを捨てて、祈りでもって天に向わなかったら、神の道を行くことはできなかった。だから、霊界の方から直接地上に協助できないというんですね。堕落して神の宝座の下までサタン圏に入ったんだから、そこに穴をつくって信仰の力でもって上がらなければ、神は裁くことはできない。もしもそういう原理が許されれば、復帰はもう一日でやってしまう。だから天の方から地上に直接通ずることはできない。しかし、こういう先祖たちの縦的家庭を横的に勝利した実体の基盤を造ったんだから、善の霊界は地上に直接通ずることができる。だから、その時から世界の伝道は、大々的に進むようになる。だから今、摂理的に見ればずいぶん世界は変わって来たんです。まあ、世界はわからないんだけど、コンパスの中心の人々の頭を持って、このコンパスを回すに従って、世界も自然とこう回る。

それで今の基準でみれば、韓国におきましては、最初に個人復帰。個人復帰の決定と共に家庭の復帰をする。家庭の復帰をするために、いわゆる親族、自分の同族、宗族《そうぞく》、氏族を復帰する。だから韓国におきましては個人復帰、家庭復帰、氏族復帰、そして今民族復帰の路程を目標として闘っておるということになるわけなんです。神の摂理上からみれば大きい国を選ばれたら、これは復帰に非常に年月がかかる。小さければ小さいほど早い。だから今、我々の統一教会をして、我々が具体的に勝利すべきことは、韓国の国家の問題である。そこまで今来ておる。だから韓国におきましては、どうせ統一教会の理想とその動き、その国家的方面におきましての奉仕的活動をどこでも逆らうことができない。どうせ、そういう運勢が立ち寄って我々の後に遠からずして付いて来る時が近寄って来たということは、否定できないわけなんです。それで日韓問題なんかも、如何にして解決するか、先生は考えておるんです。そういう難問題とか、問題は多々あるわけなんです。それで国家的ある基準におきまして、今この十月から六カ月間は、冬季伝道期間なんです。今あんたたちもその期間ですがね、大伝道期間。

それでもって、今まではですね、地方を中心として活動している。なぜかというと、一つの氏族といえば里であると、そういう関係なんですね。それで民族においては面を中心として、町を中心として闘った。今回の六カ月の運動というのは、この期間におきましては、四十五名の勇士を選んで、そうしてバックアップする。韓国の官庁における責任者たちは、みんな我々を助けてくれる段階に入っておる。そうして夜なんかこっそり訪ねて来て、関係を結ぼうという、そういう段階まで入っているわけなんですね。この段階において、アメリカとか日本でもって力を入れて堂々たる宣伝をすれば、韓国は包囲されるということになるんですね。そうするというと、外的なほうでアベルを助けてやったという条件を造るんだから、それでもって内的な位置においても、道がひらかれる。だから時代的にそういう段階に来たんだから、先生も日本を訪問するということになるわけなんです。わかったんですか？　まあ、複雑なんです。

原理解明のための闘い

だから復帰という問題はこんなに難しい。復帰原理というのは簡単じゃない。簡単じゃない。アダムの家庭の御旨の内容を、如何にして先生はわかったか。それは先生が血と汗を流し、骨を砕《くだ》いて、そうして獲得した勝利の道あとなんです。そこには数多くの涙が潜んでいる。先生はいかに苦労しても二十余年間。しかし神は六千年の間、その心情を告げる人が一人もいない。見い出すことができずして、悩んできた親の心の痛さを我々は知らなきゃならない。だから、その内容を君たちがたどる時、聞く時、勉強する時、どうか、それを忘れないでほしい。

ノア自身もその時はわからなかった。アブラハム自身も祭壇を造ってその捧げものを捧げたんですがね。その鳩を分けないということが、どういう宇宙的な問題になっていくかがわからなかった。だからこの現世におきまして、我々は歴史的な先祖たちを審判することができる。そうでしょう。アダムも、アベルも、ノアも、ハムも、アブラハムも、モーセも、イエス様の弟子も、我々は審判することができます。そのようになっているんです。だからその歴史の解決の基準を、先生は身体は一つなんだけれども、闘いはたくさんの闘いをしたんです。それは君たちにはわからない。実体において何も見えないから。しかし、見えない先生においては、霊的な最高の勝利を得なければならない。世界統一の理念を立たせるには、この霊界における最高の勝利を得なければならない。そういうことになるんです。すべてに道がある。すべてに『道師《どうし》』がいる。孔子やら釈迦やら、マホメットとか、たくさんの世界的な宗教の道師がおる。そういう道師たちにみんな先生が会って、「あんたの道義はどういう結果か。こういう問題とかがあるじゃないか」。「はい、そうです」。頭を下げなければならない。霊的統一の権限を持たなければ、地上統一はできない。最後にはイエス様に会って、先生は質問したわけなんです。「歴史の根源においてこういう問題がある。どういうようになるか」と。聖書を見たらイエス様はみんなわかっておるように信じておるんだけれど、そうじゃない。再臨の時は自分も知らず、父にしかわからない。わからないんですよ。神がそれを教えるから、その時はわかるんだけれど、それ以上はわからなかった。「イエスはもう全能なる神の子だから何でもできる。全知全能の子だから、ヤーッと言ったら何でも」、そうじゃない。相撲《すもう》をとるのもイエス様が一等じゃない。走るのもマラソンも一等じゃない。サタンを屈伏することにおいて、その分野におきまして最高であるという、そこなんですよ。それでイエス様の失敗についても、「こういう問題は、あなたのその責任として解決することができなかった」と。「はい」。そういう霊的方面において実力問題ですね。実力は最後の勝利を得るんだ。

それで先生がですね、そこまで行くというと、最後にはアダムが神に反対したでしょう。それと同じように、イエス様がその十字架につかれた時の祈りがあるでしょ。「エリ、エリ、レマ、サバクタニ」と言われたでしょう。神は、何故我を見捨て給うか。それが最後の決定点ですよ。それみたいに、先生におきまして、四十日間の神の裁きがあった。試験があったわけなんです。この試験に堂々と勝利を得たということになったわけなんですね。その時はイエス様を中心としてすべての霊界、まあ楽園ですね、すべての霊界全部が、「文某《ムンなにがし》は、霊界の大敵である」という。「怨讐《おんしゅう》か？」。「怨讐だ」。そういうわけなんですね。それでもって、四十数を中心として復帰の路程を解決していくんだから、四十日間の闘い。そこにおいて先生は、死を何十遍も覚悟したわけなんです。それで神に談判するわけなんですね。「こういう、こういう、こういう、こういう、こういうその天宙の原理だとしたら、こういう結果にならなきゃならない」。そうすると神もそれを聞かないんですね。霊界全体が、天地創造の神も、天に行っておるすべての善なる道師《どうし》もね、先生にみんな反対した。それで、そういう独りぼっちで闘わなければならない。そして四十日間を闘っていく。何といっても真理は真理であるという。それで最後にこの闘いをいつまでも続けることはできない。先生はサタンたちに譲らない。嫌だと頑張っておると、いつまでもその闘いを続けなきゃいけない。四十日経てば、この問題は神ご自身が判断を下す。勝利者を決定する。ここでもって勝利しなきゃならない。だから霊界におきまして、どうしても御印《ごいん》を、天の父から御印を、天の王様から印《いん》をもらわなければならないわけなんです。そうしてそれが決定してから地上の摂理を始めることができるというんです。統一教会の出発ですね。

神が信ずることができる成約聖徒

このように出発して今、先生にとっては二十年近く経ったんですね。これは一九六七年までは七年間でもって二十一年を合わせながら最終段階に向かって進んで行くのが原則なんです。だから霊界のほうで勝利してからは、地上のほうでまた闘って、この闘いは激しい闘いである。かえって霊界の闘いよりもっと難しい。なぜかというと、霊界のほうでは善悪の境は明確である。善だったら善、悪だったら悪。しかし地上は善と悪が逆になる。だから、もっと難しいですね。君たちもそうでしょ。今日、神の前に悔い改めて神の子になって、そうして、あくる日罪を犯したらその場において、もうサタンの子供になる。地上における堕落した人間におきましては、神よりもサタンよりも、もっと怖い。なぜかというと、神は善以外には干渉することができない。サタンは悪以外には干渉することができない。しかし人間は悪も善も二つともに干渉する。だから一番怖いのは人間である。そうなんですよ。

今晩、こうしてここに集まっている君たちも、どうなるかわからない。自信を持っておりますか？（「はい」）。本当に？（「はい」）。ああ、信じられない。だから君たちが、「先生を信じています」と言っても、先生が君たちを信じられない。君たちが、「神様を信じております」と何百回言っても、それは通じない。神の一言において、「私があなたを信じる」と、それが問題なんです。神が信じる子女たちになる自信がありますか？　なるには神の背負った十字架を受けなければならない。それを偉業としてもらわなきゃならない。だから重い十字架を背負いながら、神は如何にするのかと関心をもって、神が行くべきその道において、打たれ、涙を流し、惨《みじ》めなる立場に立てば立つほど、神の心情はその人を占領せざるを得ないというんです。堕落した親の心もそうですね。同じなんです。だから君たちはそういう立場において、その日本の地におきまして、日本に対して神が背負った十字架を、君たちが身代わりとして背負わなけりゃならない。大胆に先頭に立ってその十字架を背負う人は、神の最初の日本に対する心情を受けることができる。日本に対しての神の最高の心情を相続することができる。その偉業として。だからどうせ統一教会に入った先頭である君たちを、一億の国民の先頭に立たせて泣かしてやろう。これが先生の主義なんです。打たせる。打たれるようにさせてやる。そして、惨めな立場に立たせる。十字架を負わせる。神は十の十字架を負わせるとすれば、先生は百の十字架を負わせる。そうすると、十倍の心情の世界に達することができる。そうなんです。だから先生がみんなを信じて、君たちをそこへ追い出して、その闘いの真っ只中に置いたら、そこにおいて勝利し得れば、その先頭の価値がその場所に、君たちの心情の価値の圏内の勝利ができるわけなんです。だから、成約聖徒、その名前は貴いんですよ。名前は貴い。しかし現世におきまして生活ぶりは惨めであると、そういうふうになるわけなんです。それでもいいですか？　しかしこれは人間として行かなければならない。死んでもまだ行かなければならない。

永遠の世界

君たちは、永遠ということを考えているんですか？　本当に考えているんですか？　どのぐらい？言葉で表現することができないくらい。だから人間の一生というのは、永遠なるその無限なる永遠に比べてみれば、我々普通の生活において息を一遍吸う時間にも満たない。それを本当に感ずるようになれば、この現世の地上の生活は、どうということがない。これは神が造った、先生が知っておる、もとの故郷ですね。我々が本当に住み行くその世界は、貴い世界である。君たちもそこに立てば、倒れちゃう。日本には東洋一のホテルオータニがある。日本にある東京タワーは世界でも何百メートルで最も高いから、そこにおいては世界一であると。しかしそれが問題じゃない。天国では、貧民窟の倒れ掛かる小屋よりも足らないというんです。だからどうせ君たち成約聖徒は、「先生を私は知らない」ということはできないでしょう。そう言うなら、死んでみなさい。統一教会の食口《シック》たちにおいてはね、死ぬ時はどうせ先生を呼ばなきゃならないんです。それが人類に与えられた重大な問題であるというんですね。この峠を越えるには、先生の懐《ふところ》に入らなきゃならない。

メシヤ誕生のための歴史的蕩減条件

もっと話しましょうか。もう止めましょうか。先生の話は限りがないんですよ。だから君たちも先生の骨の中に入らなければならないという結論になるんですね。だから、簡単に言いましょう。この復帰摂理を考えてみた場合ですね、人間は何よりどこをたどって行くかというと、「希望の世界をたどって行きます。歴史はそこをたどって行きます」というんですがね。個人にとっては何をたどって行くかというと、堕落した人間は親の腹をたどって行って、そうして結婚前の男の骨の中をたどって行く。何のことだかわかりますか。反対の路程。世界の歴史は発展して行くんですが、我々個人にとっては反対に、現世から親の腹を通って、そうして真なる結婚式を挙げない男の骨の中を、何か知っておりますか？　話しを聞きなさい。原理においてこれを説明していないかもしれないけれど。こうなんですよ。アダムの家庭におきましては兄弟同士闘った。だから闘うんですよ。闘って入るんですよ。そのまま入ることはできない。カインとアベルの二人兄弟でもって。そして兄の権利を弟が奪い取って勝利しなければならない。アダムの時には兄弟同士の闘いである。それは広いところですね。それがだんだん近寄って行くんですね。それがイサクの子供のエサウとヤコブ。それは双子なんでしょう。親の腹の中で闘って、二人兄弟でもってこれが闘うんですよ。そうしてヤコブがエサウを屈伏させなければならない。

それから、また入るんですよ。タマルが、ユダによってその子供を産んだでしょう。そのお腹の中で闘いがあった。そうするというと、兄さんが手を出したから、赤い糸を結んだでしょう。それがまた入って、そうして先に弟が出て来た。お腹の中で闘って勝利した。その基準ができたから、そのユダの子孫を通してイエス様が生まれた。

イエス様と再臨主による救い

そうするとイエス様は誰かというと、民族的な親である。だからイスラエル民族とユダヤ教は、イエス様に対しては外的立場になる。だから天使長である。天使長は僕《しもべ》である。そうすると、その時のイエス様は如何なる立場に立たなきゃならないか。本当の子供になるには、僕《しもべ》の前におきまして、僕《しもべ》を屈伏して勝利した人がなければならない。僕《しもべ》の前に養子みたいな人がいなけりゃならない。その立場に洗礼ヨハネが立たなきゃならなかったんですね。洗礼ヨハネが僕《しもべ》をみんな集めて、代表者として勝利し得れば、洗礼ヨハネは養子の権限を復帰できたわけなんです。昔のユダヤ教はみんな僕《しもべ》の教えなんですね。それを集めて、全体的勝利の権限をイエス様に譲ったら、養子はその親の相続を受ける。そうやるべきだった。それなのに洗礼ヨハネがその使命を全うし得なかったということが、また当然問題になってくるんです。

それでイエス様自身が養子の責任を負ったわけなんですね。それで、洗礼ヨハネが侍《はべ》る立場を全うし得なかったんだから、イエス様自身が養子の使命を全うして行くわけなんです。その養子は何かというと、霊界である。実子は何かというと、地上である。だからイエス様が霊界に行って成してきた今までの霊的救いの新約時代というのは、天使世界の位置に立っているわけなんです。それは養子の立場に立つ。それでキリスト教はその養子の立場をたどって、本当の実子の神の子供を迎えようとしておるのが、現在世界に広がっているキリスト教である。その神の子供というのは再臨の主である。わかりますか？　それで霊界による霊的救いを受けて、地上の養子の立場にいる人たちは、本当の父母とは血統的関係がない。復帰だったらどの程度の復帰か。完全復帰だ。血統的復帰まで行かなきゃならない。今までの霊的血統圏を造って行くのは、養子的立場である。それでイエス様は二つの親になる。一つは霊的救い主であり、未来の本当の親の位置を内在的に通って、霊的な親の立場に立って今まで摂理をして来られた。それで時が来たれば、内的その価値をもって地上に降りなければならない。それで先生が来なけりゃならないというんです。

それで今まで二千年の間、数多くのクリスチャンはですね、霊的父母、その聖霊を受けて、聖霊は母の神なんですよ。霊的父母の門を通さなければならない。天は男を象徴し、地は女を象徴する。天地は父母の象徴なんですね。だからイエス様は男だから、地上にいて自分の責任を果たしてから霊界に行く。堕落は男一人でしたんじゃない。地上に直接の問題を起したのはエバである。エバの身代りとしての聖霊が地上に来て、罪悪世界を復帰する仕事をして行かなければならない。そうして、お腹にまた再び孕《はら》んでそうして産むような、霊的子供を孕むような関係でもって。そうするには、イエス様に対して聖霊の慕う、願う心が、その乙女と男が恋愛するみたいに、愛の心情でもって慕うその心情で、愛の力でもって霊的に復活したという条件を立たせて、霊的に子女の関係を地上で結んで行くわけなんです。そうすると、これは本来の創造目的じゃない。実体の父母の門を出なければならない。実体はどうであるか。だからクリスチャンはどうして再臨主を待たなきゃならないか。実体の父母の門を出なければならない。それで、今世界に広がっているすべての人たちは、先生がそういう使命を持っていれば、結婚しないアダムの中におる子供の種の立場にみんな入らなきゃならない。そうなるでしょう。そうして母を立たせて式を挙げて、そこでもって平和と希望と生活の満足を得る舞台において真なる子供として生まれる。

だから今はそうじゃないんだけれど、韓国でもって、統一教会の食口《シック》たちはみんな先生が見たくてたまらない。それは本当なんですよ。これはもう科学的なんですよ。そういう公式的なその行程を通して来るわけなんです。それで韓国ではその男たちもね、先生を見たくて泣く人がおるんです。今、ここにはいないですよね。いないでしょ。先生が見たくてたまらない。自分たちの恋人から逃げ出して、先生の所に走ってくる。だから韓国において非常に問題になったのは、そこなんですよ。女たちが先生を見たら、これはもう、先生が祈ってあげればそれはもうたまらない。もう市場に買い物に行くといって買い物籠《かご》を手に下げて行った。ところが、教会の門の方に、先生の所に訪ねて来る。そういう心情の引力がある。それで、そういう闘いの道を、多くの迫害を忍んで来たわけなんですね。それで韓国には先生を慕いながら男たちが、自分の奥さんなんか問題じゃない。現世でそういうことを、本当に体験し得るその過程を通さなければ、本当の子女が生まれないんです。だから全部が、女も男も先生をみんな愛さなければならない。その位置がどういう位置かというと、まだ結婚式を挙げない、アダムが結婚しない時の骨肉にある子供の種の立場にたどって来るその愛の力である。そこから、父母の日を決定して、そこからまた母を通して再出発してから、初めて真の子供として復帰なされたという結論になるわけなんです。複雑なんですよ。理解できますか?

だから、そうなったら根本的に違う。そうするというと血統的にもそうだし、環境的にもそうだし、これ全部がそこにおいて新しい文化になるわけなんです。そこには今までの国境とか民族とかはない。同じ氏族であるということになるわけなんです。だから統一教会の人たちはみんな、韓国を中心とすれば、日本における統一教会員は日本産韓国人であると言えるでしょう。日本を中心とすれば、韓国産日本人である。アメリカを中心とすれば、日本における食口たちは日本に生まれた日本産米国人であると、こういうように言えるわけなんです。だから我々の国籍はここじゃない。我々に国境はない。だからこの堕落した多くの世界を一つの文化の世界にする。先生はそういう歴史的使命を背負って、それを全うせんがために今までこういう生活をしてやって来たわけなのです。

過去の時代の苦労の開花

先生はこの路程を今まで来たんですが、最初出発する時に先生は神の命令には絶対服従する。ソウルで生活していたんだけど、「おお、立て」、その命令でもって北朝鮮に行った。そうして共産主義と闘わなければならない。そうなんですね。日本に来ても先生は闘ったんですよ、その時は。わかりますか？　闘った。日本におる時のその心情は、皆さんに、ある時に話しましょう。それで日本に来て、約三年近くおったんですがね、ここ日本の景色のいい所には一回も行ったことがない。なぜかというと、神の摂理がもしも韓国を中心とすれば、韓国の名所地に一回も行ったことがない。行くなら行けたんですがね、自分の使命を全うし得ないその者が何、名所を訪ねると。それでは神の面目が立たない。それで日本でも、東京だったらその惨《みじ》めな所をズーッとたどって、川崎に行けば鋼管会社があるでしょう。今もあるでしょう。そこへ行って先生は労働したんです。そうして可哀想な人たちをみんな助けてやった。品川なんかもズーッと、新宿なんかも、裏町もズーッと回った。日本のどん底にある人とか、そういう所をズーッと回った。品川なんか、工場地帯とかあるでしょ。そこに行った。今もその工場があるんだ。そこでその聖地なんかを決めて祈りをした。その時祈った通りになったということは、先生自身が知っておる。そういう所があるんですよ。

それで韓国へ帰って、そして韓国を中心として勝利をすれば、また日本を訪ねて来る。そういうふうに考えると、過去の時世に成したことが、今の現世になって実った。それを思うときに、まず神に感謝します。その次には皆さんの先祖に感謝する。第三には先生に感謝するかも知れない。こういうふうに復帰路程は成されていく。だから先生が今死んでも我々の理想は世界を征服することができる。

世界的終末時代

一九六三年以前に、もしも先生が死ねば問題になって来る。三年までに百二十四双の結婚式をしたでしょう。それは何かというと、三十六双と七十二双とそれから百二十四双の結婚式をしたんです。七十二双は何かというと、今まではカインとアベルの闘いである。兄弟の闘いである。これがみんな神に背いて勝利の日を迎えることができなかった。家庭を中心として失敗した。それで三十六家庭に二つの家庭を合わせて七十二家庭でしょ。だから七十二家庭は三十六家庭のカイン、アベルの兄弟を復帰させる条件を立たせている。それから百二十四は何かというと、これは天地の数になるんですね。四位基台の三対象。四位基台といえば、一つを中心としても三相対なんです。こっちを中心としても三相対なんです。こっちを中心としても。三、四、十二。十二数はここから来ている。そうなんですよ。だから四方を中心として十二カ月が終わるというのは、これは偶然じゃないというんですね。イエス様は民族を中心として、世界を中心としている。だからイエス様に対しては百二十門徒ですね。だから再臨の主におきまして、「世界的終末の時は、いつになるか」と聞けば、イエス様が世界的救いのために与えた基準の数にあたる百二十カ所の国家が独立すれば、その時代となる。だから、UNに加盟している独立国家は百十三でしょう。まあ遠からずして百二十になる。一九六七年になればなるんじゃないかと先生は考えておるんだ。それは偶然じゃない。

だから世界の運勢はどう変わってきたか。第一次戦争が終ったあとは、植民地開拓のために列強国はもう先を争ったんだ。しかし第二次戦争が終わってからは、その植民地をみんな独立させなければいけない。なぜかというと、それは兄弟国だ。兄弟国になるんだ。世界の国家がみんな兄弟国にならなければならない。真の兄弟国家にならなければ、真の親の国として天国は来ない。そうなんですよ。アダムの子供同士のカインとアベルが闘ったんだから、この世界が堕落してるでしょ。だから終末時代におきましては、真なる親がいる前に真なる兄弟がいなければならない。百二十という国家が、一つの真の親に対して世界的代表国家として一つになっていく兄弟なんです。そういう数が真の親が来る前に、世界的兄弟の国家代表は助けあって世界を動かす。だからいかなる惨《みじ》めな国家としても独立させて、いかなる兄弟の国

歓迎会での真の御父様（1965年１月28日）

家でも愛して行かなければならない。かえって神のほうからみると、惨めな国家ほど心情的に近いというんですね。親もそうでしょう。惨めなその子供がおれば、あるいは身体障害者になった子供がおれば、それに対しての親の心情は忘れられない、その心情がある。同じなんです。だから終末の時世がたどって来るに従って、列強国は独立させてやらなきゃならない。そうなると、統一教会はどうなるか。ヤコブが祝福を受けてから、初めて親の立場に立ち、イスラエル民族の基盤を拡げていった。こういうふうに考えれば、大概わかるでしょう。

アメリカを見れば、アメリカは世界的宝庫なんですね。金持ちだ。今現世の復帰路程からみれば、これは天使長の位置になる。サタンは神に背く天使長だったんだけれど、これは神に従順なる僕《しもべ》としての天使長である。だから、世界に対する責任を授けたわけなんです。それが、「ああ、この米国は、すべてが大事だ。自分たちの幸福の道を行くんだ」、そうはいかない。世界に援助しなければ滅びる。それで米国は相当の金額を一番惨めな国家に援助しなければならない。まずどこよりも韓国を援助しなければならないというんですよ。何故かというと、神の摂理からみれば、息子に対して天使長はいつでも援助しなければならない関係になっている。

また、この日本が韓国動乱におきまして相当の経済復興を果たしたでしょう。何故果たしたか。神は、韓国が打たれるんだから、恵まれるその恵みを日本にやる。それはエバの所へ行かなければならない。だから日本は韓国の動乱で非常に恵まれたというんです。だから今、日韓問題ですね。李《イ》ラインとかそういう問題が問題じゃない。これがもしも誤ったら、日本がこの成約摂理の道において非常なる障害をもたらす。そうなると、日本全国に恵まれるその道が狭くなる。そうなると日本は受けた祝福を奪われてしまう。先生はこう見ておるんです。先生が韓国から来たからこういうことを言うんじゃないんです。歴史的な資料に、そのように書いてある。そうすると共産主義はいかになるか。この三国家が一体になれば、共産主義は滅びる！　そうでしょう。神のほうにおるアダムとエバと天使長がいる。この地上にはサタンという他の存在を認めない。こうすれば、大概の歴史の発展と復帰路程から見た世界終末の現世は如何になるかというのは、考えればわかる。だから難しいんですよ。

終末的世界の収拾の道

昔、先生が日本にいる時、誰よりも誰よりも日本を愛した。すいません。昔は、敵の娘をお嫁に神は迎えた。そういうように考えて日本を誰よりも愛した。そういうことは君たちにはわからない。一億の日本人はわからないんですよ。しかし神と先生は、そういうように愛したわけなんですね。本当にそうなんです。だから、こういう全般的なことを日本に来て話すのも、そういう関係があるから話すんです。韓国におきましては具体的な話しを先生はしないんです。

先生は東洋人でしょ。君たちは肌色が黄色い。今後、米国に行けば、食口《シック》たちはどういうふうに見られるかわからない。先生が行くんだから、みんな喜んで迎えるでしょう。しかし、天の本源の原理のほうからみれば、「この野郎」と。その文化が今までズーッと発達したのは、それは過去のピューリタンたちがアメリカを二百年以内にああいう文化圏に造ったというのは神の恵みだ。しかしそれが誰のために？　東洋のために。そうなんですね。

韓国において背後の中国がサタンのほうに立っている。そうならなければならない。中国を共産世界側に一度立たさなければ、中国の今までの伝統的な習慣とか、それを変えることができない。ある位置において全部神のほうに復帰しやすいようにするために、そういうことを神がサタンのほうに許しておる。何の内容かわかりますか？　だから日本の位置がどういう位置であるか。韓国は先生一人しかないんです。韓国には、みれば何も信ずるところがない。何も望むところがない。しかし統一教会があるんだ。これは根ですね。根は惨《みじ》めな所にある。肥料のある深い所に入るんですよ。そこでもって苦労しながら基盤造りをするんですね。だから韓国は惨めである。そうならざるを得ない。根であるから。

君たちもアメリカと戦ったでしょう。負けたでしょう。負けなければならない。なぜかというと、天のほうに立っている優秀なる僕《しもべ》であるから、サタンのほうに立っている女は負けなければならない。それはみんな原理的に意味があるんですね。そうして、負けてそれに従ったというんですね。民主主義に入ったと。それは福を得る最初の出発である。面白いでしょう。先生は、そういう世界観を持って今、動いているわけなんですね。誰も知らない。君たちは知っておりますか？　まあ、知らないでしょう。先生が言うから、そう信じるでしょう。信じなくても、現世を見て判断する時期になった。今から二十年、二十五年、三十年前に先生は、「ああ、韓国はこういうようになる。世界の共同保護のもとに統一国家になる。世界が韓国のために闘ってやらなければならない」、そういうことを言ったんです。日韓関係も近い関係になる。その時は、もしもそういうことを聞かれたら、引っ張られて牢屋に入るんですよ。しかしその時に話したのが、今現世においてみんな成っておる。今後が問題である。そうなんです。だから韓国における食口たちは先生の話を絶対よく信じますね。先生をどうにも信じられない時に、「ああ、とんでもない話だ」。しかし信じて行けば、それが成し遂げられる。だから、そうなったら、もしも日本の統一教会の成約聖徒に対して先生が如何なる命令をすればいいか、そこが問題なんだ。最後に如何なる命令をすればいいか。君たちは如何なる命令を受けたいかということになる。もし君たちがその答えを聞けば、みんな逃げちゃう。それはもう、保留にする。それでお終いにしましょうね。あんたたちも六時には起きなきゃならないでしょう。時間延長しましょうか。（「はい」）。一時間くらい。起きるのをね。

共産主義問題

（「先生、南ベトナムの問題は」）。

南ベトナム。あれは直接関係しなくてもいいよ。世界にそういう所がね、六カ所以上になる。韓国を中心として南北統一の道を造れば簡単なんだ。成約勇士を一億以上造って、韓国、日本が一体になれば共産主義は問題じゃない。先生が総司令官になって命令すれば、天の霊人たちはみんな総動員されていく。そうして共産世界と闘って戦勝国になれば世界を解放する。そうなるかも知れない。もしも共産主義が話を聞かなかったら、もしも米国とか日本とか韓国が一体となれば、放っておかない。

そういうふうに考えている。だから今、米国に行って道を開けば、日本の復帰もちょっと早くなる。佐藤さんとちょっと会ったらね、先生は突っ込んで言いたいことがたくさんあるんです。しかし聞かないんですよ、今。聞かないことを知っておるんだから、そういう道を開けようとしない。だから君たちが責任を持たなければならない。そうしてから世界をということになるんです。それは僕《ぼく》の仕事じゃない。あなたたちの仕事だ。

復帰の道は下から

先生はアメリカへ行けば、アメリカが先生の故郷なんです。統一教会の本部をどこに造ったらいいでしょうか？　先生を盗んで行く所が本部を造る国になる。そうなんですよ。今度、韓国を立つ時ね、こう言ったんです。先生は世界的人間だから、韓国なんか、今までたくさん涙を流して四十年以上の年月を費やして、もう苦労、苦労、苦労、苦労、迫害、迫害、迫害、迫害。ある時、全国が総動員して反対する時ね、先生は労働服みたいな服を着て、ゴム靴を履いて、ソウルに行けばね、賑《にぎ》やかな所があるんですよ。それでその時は新聞やら雑誌やらが、世界で一番悪い人は文《ムン》だという。それはもう、マスコミなんかが全部動員して先生を攻める。それで堂々として町の中に行ってね、ズーッと歩いた。雑誌なんか、新聞なんか売っておったんですよ。そして販売する店員に聞いたんです。そしたら、「ああ、統一教会という教会は、これはもう韓国の社会では許されない。早くなくさなけりゃならない。あなたはどういうふうに考えるか」と言われた。それからそこから降りて、小学校の三年生の生徒たちをみんな掴《つか》んで、「おお、君、この頃新聞に出ている統一教会の文《ムン》という人を知っておるか」と聞いてみた。すると、「ああ、知っています。わしの親父《おやじ》は、それは悪いと、もうもうもう」。上から下まで、そういう噂《うわさ》でいっぱいだった。しかし一番悪い所から一番最善になれば、復帰は速い。だから罪の多い所に恵みが多い。そうなんですよ。だから先生の名前が出るのが一番怖がっていた。

日本もそうなんですよ。日本に来ても、手を振って、「いらっしゃいませ。ようこそいらっしゃいました」と君たちは喜んでいるんだけど、政府はどうも喜ばないというんです。韓国のほうでも千二百名の食口《シック》が金浦《キムポ》飛行場に殺到して大混乱が起きたというような状態だった。飛行場で初めてのことだから、新聞の記事なんかに名前がすぐ出る。時間がない時に、偉くなればそれを収拾することができる。だから基台を造って、地の中に埋まって、芽だけ芽生えさせて、根は世界に張る。そうして時来れば一時に開花させる。だから君たちも下のほうに行かなければならない。行けるように努力しなければならない。だからぶつぶつ言ってはいけない。走る者に鞭《むち》が必要である。そうして責任を果たすという問題になる。それでいいですか？（「はい」）。声が小さい。（「はい」）。心の中では嫌だけど、「はい」と言わねばならないから、しかたなく返事をしている。そうじゃないですか？（「違います」）。そうかも知れない。みんな良いことばかりを考え、今まで楽なことばっかり考えるようになると、人間の目玉はみんなおかしくなる。そうじゃありませんか？ だから今後、この日本を責任持って堂々たる成約人として最後の勝利を得るような勝利者となることを心から祈りつつ、これでもって終わります。いいでしょう。原理の話をずいぶん長く致しまして、申しわけございません。

記念品ハンカチの配布

（西川「私が今度韓国に行ったらね、私もアメリカの宣教師も迎えてくれたと同時に、泥棒しに来た、先生を盗みに来たと言うんです。アメリカの宣教師は先生を盗んでアメリカにお連れしてアメリカに本部を造るつもりで、私は私で日本に本部を造ろうと。だから私はもう向こうで最後、泥棒だという烙印《らくいん》を押されて来たんです」）。

だからね、宣教師もね、日本に男、アメリカは女。わかりますか？

（西川「だから金先生がアメリカで一番最初の宣教師なんです」）。

面白いでしょう。だから、あとの国はみんな。アメリカに行ったら、何かお土産を考えたんですね。それで本当はね、千以上造ろうとしたんですよ。しかし荷物が重くて、重さが問題になって、それで三百しか持って来なかったんですが、その中で百がアメリカに、日本には二百しか残っておらない。

（西川「説明します。アメリカはあんなに広いのにアメリカに百持って行って。日本は二百」）。

そこには先生が結婚式に使った布に、そこには英語でもってうちの教会の名前と、それからこの中には何があるか、これは謎なんです。韓国の人たちはこれをもらおうとしても、もらえなかった。それで今度来る時、全部参席した人たちには一つずつ分けてやったんですよ。これはハンカチの価値といえばいくらにもならないんだけどね、内的におきましては、お金には代えられないでしょう。そういうふうにして、これを記念にしておきなさいよ。これがもしも君たちの百年の後にはこのハンカチ一つが何千、何億万円になるかわからない。だから、日本の全部の食口たちにはみんな一枚ずつ、今晩ここに参席した人たちから、それから残ればね、渡らなかったらもう私は責任持たない。

一九六〇年から一九六七まで

日、独、伊、三国同盟、それわかっておるでしょう。だから、やるとすればドイツに負ける。ドイツは男性的である。だから頑張らなければなりませんよ。戦後におきまして日本とドイツが恵まれたということになるんですね。そうでしょう。それは偶然じゃないですよ。みんな摂理があるから。だから君たちのためにもっともっと良い準備を神はしている。そういうことになる。

今晩の言葉を聞いて、それをまたもう一回繰り返すことができる人がおりますか？　世界は広いんだけどね、話してみれば三日以内にみんな入っちゃう。眠る時間を延長したらどう？　先生は今二階に行けばね、すぐ眠れないんですよ。ズーッと頭を使って話したんだからね。恵みの時間。

アメリカに行きたい人？　手を上げてごらんなさい。先生の命令だったら。三年以上になった人たち、手を上げて。三年以上。一九六〇年から一九六七まで七年間、これが聖書にある七年、その期間にあたるわけなんです。それは、先生自身がすべての蕩減を背負って行かなければならない。それは公的人間として六千年に千年加えて七千年の歴史なんですね。それを七年間に縮小して蕩減するわけなんです。だからこの路程というのは公的なんです。少なくてもみんなその七年というのは、公的に奉仕しなければならない。その期間におきまして三年間はアブラハムがイサクを捧げる、モリヤ山まで三日間かかってというのがあるでしょう。そうして、自分の信仰の子女を求める期間。七年間は、地上のその子供たちが自由なる生活をし得る、天の子女たちが万物を復帰してその期間を先生を中心として行かれるというのが七年間。だから、みんな七年間というのは行かなければならない。だから三年間以上過ぎなければ子女として立つ資格がないということになるんですね。すいません。三日間のアブラハムのイサクを捧げるその期間ですね。その三日は三数である。だからその年数の最短の数は三年ですね。それがイエス様にしたら三十年。だから、先生はその最下の年限を決定せんがために七年間の闘いをするということになる。だから子女たちが最少の年限において蕩減し得るその期間を造るのが三カ年ですね、三カ年。だから三年の間、韓国におきましては結婚式をしたわけなんですね。三年間。

三十六双と七十二双と百二十四双

三十六双と七十二双と百二十四双。百二十四双の四双は何か。四双はね、結婚した人を行なった。方には東西南北の四方があるでしょう。霊界もそうですよ。四つのその霊物があるように、四方の家庭を立たすんだから、立たした人間の世界のその家庭に繋《つな》がっている堕落した人間たちの家庭が許され、恵みを得るという条件が立つ。四方の門が、神に帰る門が開かれる。それで百二十四双。本当は百二十双なんですね。四双を加えて、百二十四双という。それは三年間、先生は闘い闘って立たした家庭なんだ。第一回の結婚式はですね、自分の父母たちの公認を得ないというんですね。教会において、「親たち、来るなら来い」。全然わからなかった。結婚式の時に大騒ぎになったんです。そうならざるを得ない。神の子供たちの結婚式に、親ということは認めない、そういう闘いをして、そこでもって基盤を造って、それからここまできたわけなんです。復帰歴史がそうでしょう。象徴時代と、それから形象時代と、それから実体的時代でしょう。だから実体の自分は実体の蕩減をしなければならない。条件ではいけないというんです。実体で立てるには実体の事情を通して勝利しなければならない。だから、実体に対してサタンの方向に何か関係を持つようなことは許されない。それでその時は、みんなその父母たちがもう大変な大騒ぎになった。今、その人たちはみんな教会に来るようになった。恐ろしいものですね。誰か一人立てば、その背後のサタンは全滅する。

三人以上の伝道

それで三年間というものを君たちは捧げものにならなければ、蘇《よみがえ》ったイサクになれない。アブラハムの子になれない。そうなんです。だから神は三年間追っ払って、サタンの世界のほうに真っ只中において捧げものになれというんですね。だからその時には君たちは、最小限、伝道した信仰の子供ですね。三人以上しなければならない。三人を選ぶには、四位基台を造って一つとならなければならない。それはイエス様の位置です。イエス様の位置になる。三人を立てしたら、アダム、イエス様、再臨主を象徴する。それからその三人を立たすには、十二人を伝道しなければならない。そこから三人を選び出して、そうして信仰のカインの立場に立たせる。信仰の息子になるか、あるいは娘になるわけなんです。だから女は娘を伝道し、男は息子を三人以上伝道する。だから十二人を伝道しなければならないということになるんですね。それでイエス様もその三人の弟子がおったでしょう。それを十二数から選ぶ。数の問題になる。だから三年間は君たちの心身共に捧げる。そして、この責任者はアブラハムみたいに、祈りをして神ばかりのほうに子女を導かなければならないというんです。そして、イサクがその祭壇に上がってから戻ってきて生きる。だから三年間は伝道するのは、教会のために、統一教会のためにするんじゃない。それをはっきりしなけりゃならない。自分のためである。それをやらなければ、家庭復帰ができない。ノアの家庭に三人の子供を立たせて、そしてその相対を決めておいてから父母の位置に立たなければならない。それが原理なんですよ。だから君たちもそうなんですよ。三人の子女を伝道して、おのおのが伝道したら、これを結婚させてやれば六人になり、そこに親の二人を入れれば八人になる。ノアの家庭の八人ですね。だから、父母の所に上がる前には、三人の子供たちの親を中心とした結婚式を挙げて、その子女たちの結婚をして、ノアの家庭の八人の家庭を復帰したという立場に立たれる。そこでもって神の直接主管圏に入る。原理がそうなっているんです。

だから伝道をなぜやらなきゃならないか。それは自分のために。だから親がですね、自分の子供を怨讐《おんしゅう》に奪われて、それを奪い戻さんがためにつらいその心情でもって、その状態の心でもって君たちが伝道しなければならない。だから涙ながらの復帰、それがイエス様の心情であり、神様が今まで六千年間の復帰の路程をたどって来た流れであった。そうなればみんな蕩滅の条件が立たせるんですよ。それに何の異議がないでしょう。先生はそういう家族の勝利、親族の勝利、それから民族の勝利、国家的にも勝利した。だからみんな闘って復帰してくる。先生は本当はサタンの世界に対してはどうか、大泥棒。そうなんです。だから初めは、みんな好まないんですね。大概はみんな好まないんです。しかしやむを得ないから、それを許さざるを得ない。

東京タワーを見学される真の御父様（1965年１月29日）

だから世界の復帰においても、今四カ国が必要である。韓国でしょう、日本でしょう、米国でしょう、ドイツ。四カ国を世界に造った。国家的な公認を得た。

それから三年と四年の七年間、これは蕩減の条件として必要である。統一教会としては、夫婦で教会に入れば七年間は夫婦の生活は許されない。それで韓国ではそこが問題になった。先生はその口をズーッと閉じてもね、天のほうがみんな教えてくれた。もしも夫婦関係をすれば、女は直接の蕩減がある。「道《どう》」の世界を行く人たちが七年間の基準を立てる以前には、七十年かかる。だから七十年の間その夫婦という関係を知らず、持つことができない、「道《どう》」の世界においては。

その以前は七百年かかる。だから宗教の世界においては、高い宗教であればあるほど、独身生活をせざるを得なかった。だから七十年間が七年間に縮まったわけなんです。これがそれ以上過ぎれば七カ月になる。今の時はね、統一教会の食口《シック》になれば七カ月は献身生活ですね。だから、そういう複雑なんですよ。サタンから受け継いでいる血統ということはもう恐ろしいものである。だからこういう難しい復帰の路程を通過した自分の価値というものは、如何に貴いかということを、自分自身が知るでしょう。だから復帰されると、その身でもって、如何なる悪の世界におきましても再堕落ということは全然夢にも思われない。だから三年以上になった人たち、そうして三人以上の人々を伝道した人に対しては先生からその祝福を授けることになります。これは原理ですよ。

（西川「三年経っても三人伝道してない人がいたら、早く先生がいらっしゃる間に」）。

だからもう、韓国におきましては、「こういう難しい蕩減原理を通して、祝福の日は、もう我々が死んでも来ないでしょう」ということを言っておった。しかし、こういうように早く来るということは夢にも考えなかった。

質疑応答

何か、質問ありますか?

（「大先生の原理ですね、これはどういうようにしてお解きになったんですか」）。

わからない時には、わかるために闘うんだ、わかるまで。

（「ずいぶん苦労なさいましたね」）。

まあ、苦労しない。遊びだから。

（「先生は何時頃からこういうことをお感じになられましたんですか？」）。

十六歳の時かな。その以前も大いに感じたんですね。十二歳からズーッと。自然のそういう関係に惹《ひ》かれたんですね。今もそうなんですよ。何も考えなくてもその限界点に行くというと、先生の心は興奮する。それがわかるんです。だから人は欲の心を持ったら駄目だ。先生はこの道を開拓して来るのに、自分というものはないんですね。ある深い祈りに入ればですね、神だけがあるんじゃない。神とサタンと共にある。そうして神が一点教えれば、サタンも一点教えることができるというんですね。だからこの境界に立って善悪を区別していく。これが難しい。そこにおいて、すべての「道《どう》」の道を行った人たちの限界ですね、途中でもってみんな失敗している。そういう、冒険といいましょうか、その時はもう、善なる水平の良心を持って垂直の心、神ばかり思う心をもって対すれば、神だったら垂直、それですぐわかる。ちょっと違えばすぐ角度が違うんです。角度が違えば反発する。反発していく。反作用の力が作用するからすぐわかる。それがわかりますね。電波が違う、電波が。だから、そういう闘いをズーッとして。考えれば、あなたたちは非常に幸福である。幸福でありながら、幸福であるということをわからない人が不幸なんだ。

（「先生、なぜ先生は早稲田の電気科を選ばれたんですか？」）。

僕《ぼく》は勉強しなかった。世間とは関係ないというんですね。

（「そういう意味じゃなしに、天の摂理から見て」）。

ちょっと、わかりたい？　科学と信仰は今まで反対になっていたでしょう。そういうものがずっとわかれてから…。

（「先生、天の御父様とお話しされ、また一体感という感覚ですね。どのようなものなのでしょうか」）。

それは、耳から聞こえることもあるしね。それをだんだんと…。最初はそういうふうに行くんですね。声が聞こえる。それがだんだんと、細胞がみんな神のほうに感じるようになればね、自然と心から話している。その心中において、内において自分の心が自分に対して話する。集中している。それが、二重構造になっている、人間は。だから、普通の人は良心が命令するでしょう。それが強烈な、すべての感覚を通してですね、それは、感じる。普通の人間と同じですよ。その感覚がもっと強いですね。もっと強い。その神の心情の本源のところに入ればですね。あるいは心情にその方向が一致すれば、神経なんか、みんなかたまっちゃうんですよ。そういうふうに強いんですよ。だから、そういう体験を地上で本当はしなけりゃならないんですね。そうしていかないというと、深い天の宮中の内に入ることはできないというんですね。だから、天国というのは愛の世界である。愛の世界は、ここにおいて相対関係の基準を体験しなけりゃならない。先生に導かれておったということは、そういうことなんですね。韓国にはたくさんあるんです。特に祈りの生活を深くする人たちは。だから君たちもみんな先生の指導を受けなければならないんです、霊的に。そういうようになるんです。夢で先生に会うでしょ。初めは何も言わない。横目で。蕩滅条件を超えて行けば、だんだんだんだん正面になって、だんだんだんだん事情が通じて来るようになるというんですね。そして、その心情が通じれば、一切を干渉するんですね。世の中を歩くときには、ここには何か深い川があるといって、そういうふうにみんな詳しくわかります。そういうふうになれば、君たちはみんなここに集まることはないというんですね。みんな見当というか、判断というか、みんな見てわかっちゃうんだよ。そういうようになるというと、そういう人を門番に立たせて、普通の人は礼拝の時には入ることができないというんだ。そうなったら、復帰路程が遅くなる。そういうことがあるから、なるべくだったらね、原理を通して、言葉を通して集めるんですね。あまり知れば罪人なんかもう、集うことができない。かえって霊界の門を閉じて、同じような人間と交わって、言葉でもってみんなを伝道するようにする。最初は言葉によって堕落したんだから、言葉によって復帰しよう。そうして、その心情の世界まで誘導しようというのが我々の伝道の仕方である。だから、原理は世界にない原理だから、これはもうどこにもない。大学にも、いかなる世界的大学にも、本にもない。歴史の前にもなかったし、後にもない、たった一度あるべきものである。今後は永遠にあるんだけれどね、初めてある原理である。だから、その価値をわかったというのは、これは宇宙的人格者であるというんですね。この価値はイエス様の弟子たちも詳しくわからない。だから、君たちはイエス様の弟子より、使徒たちより以上の、使徒じゃなくて、筆頭《ひっとう》がしらだ。だから人の頭になるというんですね。かしらになるという恵みになるわけなんです。だから世界の歴史始まって以来、最高の価値の基準を地上においてわかったんだから、自分との関係を持ったんだから、その基準を誰も奪い取ることができない。イエス様の弟子たちも皆、本当の意味では拝むんです。イエス様は、皆さんに対しては弟だ。君たちはイエス様に対して兄さん、その女たちはね、姉だというわけなんです。そういう偉い人間にね、この原理のその功績において一遍に上がって来たというんですね。だから原理が偉大ということなんです。

二時過ぎだよ。二時。こういうように話すればね、もう三時、四時、六時になっても君たちはもう眠りは来ないんですよ。昔先生はそういうことを五年間くらいしたかな、五年間。だから、普通、平均睡眠時間は二時間。だから、最初はそういうふうにしなければならない。迫害が多いから、その恵みの時間がなければ、その環境を打開していくことはできないというんですね。今はそういうことをしないね。君たちもそういう霊圧の高いところに押し込んで、そうして力強く祈れば通ずるんですよ。いかにいくら強いといっても怖がっちゃう。昔はそういうことがたくさんあったんですがね。今はそうしなくても、原理の言葉を通して環境が自然と、話をすれば、言葉が出れば、その相対物として、万物の実体が生まれるような環境になっておる。神の言葉によってすべてのものが生まれてきたように、原理の言葉によって環境自体が、何の奇蹟もなくして、この環境でもって、その実体が言葉の結果のものができるような時代になってきておるというんですね。だから、ずいぶん世界は神のほうに近寄っている。だから、伝道してみてもわかるよ。昨年より今年はちょっと違う。だんだんと社会の良心的な心を持っておる人たちは、自分も知らずに、嗅覚《きゅうかく》でこう回って来る。これが社会の風として、新しい方向になって来る。間違いなくなって来るんです。

だからこの頃、青年たちがね、今までツイスト踊りなんか、もう世界的な流行になったでしょ。こちらもそういう踊りをするでしょ。ツイスト。高校生なんだから、もうこれは激しい。ツイスト。ツイストは何かというと、捩《よじ》る、捩るという。捩るというのは、これは蛇の踊りである。最後の踊り。堕落した愛の二十以下のアダム、エバが堕落して、天使長が踊り出した踊りみたいなのがツイストです。もう、ツイストを踊ったらいけないよ。その踊りでもって、ずいぶん堕落したでしょう。

だから、日本のほうはわからないけれどね、西洋、米国なんかもう、男女が性的な関係を公園なんかで堂々としておるんだ。アダムとエバはそうやって堕落したというんだよ。それで、堕落した性の結果が、今、世界的に結ばれた時代になっている。だから、それに対しての裁きが来なけりゃならない。だから、神の新しい御言をもって出発する時代が来たんだから、悪の結果が来たれば、善の出発が始まる。そうなんですよ。だから、世界は末になっておる。統一教会の青年たちは、再堕落はしないでしょう。だから今後統一教会としては一番重大な罪は何かというと、姦淫の罪。これは許されない。今までのその罪は先生によって許されるんですがね。君たちはみんなどうせ、そういう問題は必ず天のほうにすべてを報告しなけりゃならない。先生はそれを聞かないとしても、君たちはもう駆《か》けよって、報告しなけりゃならない。早く報告しなければ、良心において呵責《かしゃく》を受ける。そういうようになっているんですね。

だから、そういう罪を贖《あがな》う方法のためにね、聖酒という聖い酒を本部の方で造ったわけなんですね。これは蕩滅原理のすべての条件を立てて造らなけりゃならない。その酒を持って来たでしょう、種として。それは結婚式の日に使うものである。それが日本への最高の贈り物である。それは恵みが多いから。

復帰の過程で象徴、形象、実体というでしょう。だから、実体、形象、象徴、この過程が過ぎれば、この復帰の条件も形象の時代が来るというんですね。今はいかなる時代かというと、象徴の時代に入りつつある。反対になってる。だから先生の今、三年間のその闘いは実体の闘いである。そうなんですね。それが現実の生活の環境において我々の生活を中心として、一個人を中心として、この歴史的すべての問題を掲《かか》げて解決しなけりゃならない重大な問題があるということが、すべての人類はわからない。だから、この原理がもしも出なかったら、永遠までこの世界はサタンの世界にならざるを得なかったというんですね。誰がこういう原理を知るか。蕩滅というこの内容を誰が知るかというんですね。だから、君たちも本当に霊界を通じて祈ってみれば、「ああ、先生ありがとうございます」と言うんですよ。皆さんも、力を尽くして先生の原理を教えてやるんです。どれぐらいの貢献があったかしれない。先生がそういうふうに苦労して授けたプレゼント。これを君たちは無料で受けた幸せ者であるというんですね。本当にみんな無料で授けてもらったというんですね。原理を受ければ、その原理は先生の原理じゃない。自分たちの原理である。自分の原理だ。この武器を使えば、サタンがもう屈伏しなければならないというんです。サタンの首を切り落とす刀なんですね。日本には、日本刀というのがあるでしょう。だから、一番サタンが恐がるのは原理と文《ムン》先生。文にしましょうか。文と言ったら、ずっと君たち、遠く感じるでしょ。君たちは名前の文字数が四つでしょう。文でも何でもいいや。名前はどうでもいいや。それ自体が問題である。

四大名節

だから君たちはね、我々の教会におきましては重大な儀式の日が、四つあるわけなんですね。父母の日があるでしょ。それから子女の日、万物の日。それから、最後には神の日が来ないといけない。これは先生の生涯の目標。その生涯を通して求める日なんだ。神の日とは何だ。父母の日が来、子女の日が来、万物の日は来たんだけれど、神の日はまだ来ない。なぜかというと、全世界を通して裁き、審判をしてから、勝利を得て、宇宙を復帰し得るその社会の上に立ってから、栄光の上に立ってからこそ神の日をもらえる。だから、最高の目的は神の日を定めなければならないというんです。探してあげなければならない。だから、この地上に父母の日が現われたというのは、これは人類歴史におきましては非常な幸せなんですね。子女の日が現われた。万物の日が現われた。今まで神は人々が祭壇に供え物を捧げれば、物に対することができたというんです。その祭壇なくして地上の万物に対する時期が、その万物の日を通して来る。それが来るには、子女の日と父母の日を通さなけりゃならない。父母の日が出る前は、心情復活と実体復活の宣布式をやらなけりゃならない。そんなことはこちらの人は、初めて聞くでしょう。心情復活とか実体復活とか。心情と実体が復活しなければ、父母の日が出ないというんですね。今まで先生は日本に早く来たかったんですがね。そういう内面の問題を解決せんがために来られなかったんです。それで許してくれるでしょう？　君たちが祈りの中に祈っておることも良くわかっているけれど、それから君たちから手紙を受け取ったんですがね、またお土産なんかももらったんですがね、先生は手紙一本も出さなかった。それは、すいません。すいません。それは理由があるんです。理由があるんだから。

聖地

それからね、今度来る時、韓国のほうにはね、ソウルを中心として東西南北、その中央、五つの聖地がある。聖地。これは神の聖地として、聖塩でもって聖別して、それで定めたんです。この聖地は、本当はね、統一教会の食口《シック》たちの土地じゃなければならなかったんです。いずれその聖地は我々の手にみんな取り入れなきゃならない。それで今、統一教会の人たちはね、祈る時は聖地に集まって、みんな祈っておるんです。だから、教会すべての地方に聖地を定めて、祈る時は聖地に集まって祈っているんですよ。だから日本にも聖地を定めなけりゃならない。そうするには韓国のほうからズーッと聖地を連絡して植えなけりゃならないというんですね。それで、この聖地とそれから本部の教会の建てられているその門の前の聖地中の聖地なんですがね、それともう一カ所の聖地があるんです。七カ所の聖地の土と石を細かくして、土もこの七カ所の聖地の土を集めて、今度来る時、持って来たんですよ。だから、今度八カ地区に行けば、聖地を制定するわけなんですね。造って、それから日本全土において分かれる。そうするということこの聖地が造られれば、物的方面で恵まれるということになるわけなんです。だから、日本と米国とそれから、ドイツを巡回して回りながら、本当はその聖地を造らなけりゃならないというんですね。世間の普通の人はこういうものは全然知らないんですよ。全然知らない。我々といかに遠いか。考えたら、どれほどその距離があるかと。今まで信じておるクリスチャンはね、今まで熱心に信仰生活をしておるんだけどね、それと我々と比べれば、いかに多くの遠い距離をもっておるか。それながらも自分たちが正統であると唱えておる。本当は統一教会が正統中の正統であり、彼らがみんな異端なんですよ。しかし逆に統一教会が悪鬼の頭と結論づけられた。だから結論として、人類歴史が始まってから涙の根源が始まったわけなんでしょう。涙の根源の初めから今までの人類が泣いた涙のその繫《つな》がりを、一身でもって涙を流した先生になるわけなんです。その蕩減条件の涙を流したわけなんです。六千年間にはならないんだけど、涙のその繫がりの、その根源から今までの歴史の果てまでの涙のすべての量に対して、天的蕩減すべき涙を流してきた先生なのです。苦労もそこにある。そう考えれば、だいたいわかるよ。

神の日

（「先生、神の日はですね、実体として来なければ制定できないんですか？」）。

これは世界的にね。先生がもしも霊界に逝《い》かれる時にはね、それに対して遺言《ゆいごん》していきましょう。それが先生として残っている最上の目的になる。それがあってこそ、天地あわせた一つの天国になるわけなんです。それが成るまでは、闘いが終わっていない。そうでしょ。だから、神の日は最高の勝利と最高の栄光をともなって神の日がある。闘いの真っ只中では神の日は来ない。だから、皆さんもその日のために総動員して闘おう。日本もその目的のために、何か神のほうに孝行するということが必要だ。アメリカも、全人類もいかなるその主権国家もそのためにみんな孝行しなければ、祖国の建国において、天国なんですがね、その建国において関係を持たない国家になる。だから祈りにおいても、そのように祈ってください。「神の日が早く来るようにお願いします」。だから、我々におきましても父母の日と子女の日と万物の日が来たことは、先生に対して感謝するんだ。先生も神に感謝するんだけどね。しかし、我々の日よりも、もっともっと貴い神御自身の日が来られるように、早く早く勝利が決定するようにしなければならない。

本当の愛

今晩ずいぶん学びましたよ。今まで原理の本にはなかったでしょ。もし先生がね、アメリカへちょっと旅行して帰る時には、日本に寄ればね、その時はまた新しい言葉があるんだ。先生は、君たちには重荷になる。荷物になるというんですね。わかればわかるほど心配になるから。わからなかったら、いいんだけどね。何もわからないから。だから聖書は、漠然《ばくぜん》と書いたのは愛なんです。歴史は遠いし、事実は遠いのに、この限界のすべての峠を越えなけりゃならないのに、説明すれば十なら十、百なら百は行かれないんです。だからイエス様もその弟子たちに、「すぐ再臨する」と、「すぐ来る」とね。「イスラエルの町々を回り終わらないうちに来る」、「弟子が死なないうちに来て、見る人がおる」と、そういうことを言った。本当は嘘《うそ》なんですよ。それは延びに延びて二千年かかった。だからそういう

早稲田時代の下宿主、三橋イトさんとの再会（1965年１月29日）

ように言わなければならなかった。キリスト教徒は、「再臨の主は今日か、明日か来る」と、そういう切実な念をもって信仰生活をしていったんだから、ローマでの四百年の迫害の時期に、死線を越えたわけなんです。それを、もしも千年とか二千年くらい待たなければ、その時は来ないと言えば、みんなもう落ちておる。今のようにキリスト教が全世界の宗教にはなり得ないんですよ。そういうのをみれば、みんなそれを教えてやらないで、かえって嘘を言った、それが本当の愛なんです。父母はそうなんですよ。親がどこかへ行って来なけりゃならない時にはね、子供たちはもう泣くんだ。だから、すぐ帰るからと、なだめて行くんでしょ。それと同じなんですよ。だから聖書にははっきり教えることができないというんだ。だから、この時代になって先生が来られてね、こういうように教えているわけなんです。

君たちはその一つの問題を解決するには、十年かかっても解決できないというんですね。一生だよ。だから、君たちの一生も、砲弾みたいに投げ出しても惜しいことはないというんですね。だから、統一教会の食口《シック》たちも苦労しておるのは、神のほうからすると、少しも可哀想だと思わないんですよ。当然である。君たちはどう思うんですか？　当然と思いますか？　本当に当然と思いますか？　それは、後になってみなければわからないというんです。

日本に来て、ちょっと三時過ぎてもいいでしょうか。先生はね、君たちが本当に霊的その雰囲気に囲まれて、君たちに眠りが来ない以上は、先生は三日でも一週間でも寝なくていい。そうなんですよ。普通の人間と違うんですね。君たちも同じなんです。あんたたちは路傍伝道なんかする時は、立つときは胸をどきどきしながら立つんだけど、口を開ければ、自分の知らないことが出て来ちゃう。そういうのを体験するでしょ。だから成約聖徒は神に近いんですよ。それ以上の危ないところに立てば神の恩恵が近いと、守ってくれるというんですね。だから、冒険の信仰生活をすればするほど、神は近づいているというんですね。だから、信仰生活において神を信ずる者には恐れるものはない。だから、そういうのを体験するには、頭を二つに分ける気持ちでもって、向こうにサタンがあると言っても横道に行くな。正面に頭出して突っ込めという。そして、やあっとぶつかったという時には一つが飛んでしまったと。何が飛んでしまったか。自分の頭が飛んでしまったんではないよ。サタンが飛んでしまう。そうなんですよ。

興南《フンナム》刑務所での歩み

だから、先生が人の知らない道をズーッと開拓した時にはね、本当に何を食べたいという時にはね、食物を持って来てくれるんですね。先生は共産党のところに入って二年八カ月、そこに入ってね、約三年間の期間があった。本当はね、そういう牢屋に入るべきじゃなかったんですよ。それはみんな牧師たちがその責任を果たせなかったから、そういうことになったんです。その時もですね、君たちはヒトラーの『我が闘争』という映画を見たでしょう。そういうユダヤ人が、栄養不足で骨だけになっておる、ああいう映画を見たでしょ。共産党の牢屋はそうなんですよ。一日に少ない食物をやって重労働をさせたんですね。だからいくら健康な人といっても六カ月以内にやられてしまう。そういうところで先生は二カ年以上、まあ三カ年近くおったんですがね。本当に何か食いたい。お腹がすいてるから、どのくらいになるかというとね。その晩、お腹に何か入っていないからね、胃が運動するでしょ。無いのに運動するから痛いんですよ。そうするというと唾《つば》がね、みんな渇《かわ》いちゃうんです。その度を超えるというと、その調子で寝るでしょ。寝てからこう朝起きて、唾がない。そうしてこれを手でもって、こうすれば唾がね、蜂蜜みたいになる。スーッと伸びる。そういうところに先生が行って闘ったんですね。そこの中で八時間労働する。硫酸アンモニアが四十キロ入るんですよね。北韓に行けばね、興南《フンナム》というところに肥料工場があるんですよ。そこへ行って服役ですね。囚人になって、罪人になって、そこにおいて強制労働させられたわけなんです。それで、その一日の責任分担、一人当たりの責任分担が、百三十カマス。そのカマスを倉庫から背負ってきて、そうして肥料の山から肥料を組み入れて、そうしてこれをつつんで、それを引っ張り出して、そして車に載せる。それが十人一組でもって仕事をしなけりゃならない。だから、十人の一日の責任分担が千三百カマス。山があるでしょ。できたカマスを引っ張って行かなければ、もう積まれてね、仕事することができないというんです。それでセメントの広場になっておるんだがね、十メーター、三十メーター引っ張って行って、このカマスを引っ張り出して、そこで荷造りをしなけりゃならない。そこまで引っ張って行くには、裸足《はだし》でするんだよ。アンモニアの工場なんだから、暑いんですよ。蒸気が出る。だから、それを引っ張って行くのに裸足で行ったら、足の裏にみんな穴があいて、血が出るんです。セメントの表面で足がみんなすれてね。

労働も強制労働。だからね、普通の人は、だいたい六カ月以内に死んじゃう。だから、死んだら、生きている者がこれ運ばないといけない。仕事自体がつらいからね、みんなはやさしい仕事は何かと探す。十人の組の中で難しい仕事は何かというと、一人がそのカマスを持って入れるように下げてやって、二人はそのシャベルでもってその肥料を入れるわけなんですね。そして、四十キロくらいなればおもりの秤《はかり》によって計るんですよ。計るのにこれを四十キロあげておかなければ、計れないというんですね。だから、それが一つのカマスだったらわかるけど、十、何百、というふうになるんだから、だんだん続いてね。その秤は一カ所に置くでしょ。そして、肥料の山はカマスに入れて行くんだから、だんだんと少なくなるでしょ。そうなるというと、その山に近寄って入れなきゃならない。そうするというと、秤と入れる場所が四メーター、五メーターまで行くんですよ。そうすると、いちいちその秤をね、その水平にしようとしていたら一つするには、三分以上かかるんです。そういう時間がないんですよ。だから、それをできるだけ一カ所のところにおいて時間をとらないようにするには、やむを得ず、これは場所において、その遠いところまで行くまで、その肥料を入れていくんですね。そうするとそのカマスは四メーター以上、五メーター以上のところからこの秤まで投げなきゃならない。投げたらその上でパーッと降りなきゃならないんですよ。それが技術なんです。それが一番難しい、それが。だから、先生は一番難しい仕事をやっていた。それが上手なんですよ。今もやればね、荷造りなんか良くやるんですよ。それ一日千三百というカマスをね、毎日やって来たんです。しかし、もしも先生がこの仕事においてこれはつらいと、耐えきれないとなったら最後である。これ以上のつらいことがあっても行かなければならない。そういう決心で、ズーッとぶっ通していったんですね。

一年半過ぎてみると、大概人体というのは、六カ月期間、七カ月くらいになれば、調査するんですね。その時は大概の人は咳をすれば血が出ます。だから、これは肺病じゃないかといって心配するんですがね、そうじゃないんですよ。それから長くアンモニア肥料会社で働くんだからね、皮膚はみんなアンモニアで壊れると、こう絞《しぼ》れば水が出るんですね。そういうふうになるんです。だから、そういうことを体験して、そこで公式的な生活をしなけりゃならない。食べ物は一定しておるでしょ。仕事はその過度の仕事をするでしょう。これはもう公式的である。科学的なその生活態度をとらなきゃならない。少しでも疲労すれば、補うところがない。そういう環境で三年近くおったんです。

先生がその中で、支給される食物だけでは、この状態ではどうしても生きられないということがわかった。それでどうしたかというと、この飯を半分くらい、他の人に半月以上やったんですよ。人に慰安を与える心によって、自分が食べた価値以上の気持ちをいかにして得るかということが問題なんです。それで半月ぐらい他の人にやってからは、自分に与えられた食物というのは二分の一である。これを食っても仕事で自分は倒れないという決心でもってやる。半月過ぎてからは、その半分、全部を食べるときには、先生もどういう考えをもったかというと、半分はよその人からもらって食べるというそういう気持ち。その牢屋の中で一匙《ひとさじ》のその飯をね、余計にもらうということは、この社会においては、もう牛何頭かをもらった以上の喜びなんです。それを体験しないというと本当にわからないですね。一つの豆がですね、社会において、豚以上、牛一頭以上の価値がある。そうなんです。だから、そういう気持ちでもってそれをやっていく。だから半分はあげて、それから、全部を食べる時には半分は人から恵んでもらった、そういう気持ちで食べるんだからね、その心の慰安というのは、大変なものです。そういう生活をして、三年近くおったんですがね。先生の身体は少しも減らなかった。十五貫五百以上あったんです。だから毎日そういう仕事をぶっ通ししても、先生は倒れなかったんです。その間数多くの人の最後の息絶えるのを見たんですね。

それで、共産党の世界に入って、そういうのも体験した。そうして彼らの地下の組織、共産主義の組織ということを綿密にわかったわけなんです。この牢屋の監獄の組織というのは共産主義の核心を象徴している組織なんです。それで、韓国の動乱でもって米国の空襲のために、彼らの後退する間際《まぎわ》に先生が解放され、UN軍によって救われた。それから、韓国の南のほうに来てまた統一教会を始めた。本当はね、北のほうから出発した。北の平壌《ピョンヤン》が韓国におきましてはそのエルサレムだったんです。それが問題になって訴えられ、そういう路程を通して、南での再出発になった。

御旨を勝利する者の道

若き者はね、ご飯も取らないで、やらなければならない。路傍で夜食もとらない。そこで普通の人間が体験せざる貴い信仰の生活をしなければならない。そのぐらいの覚悟で三年くらいズーッと活動すればね、世の中でもう怖いところはない。いかなる官庁の頭《かしら》に会っても、社長とか学者とかいってもね、天下どこへ行っても、自分の目下に見えるというんですね。だから、そういう自信を持たなければ最後の勝利者になれない。考えないところに勝利は来ないんですよ。考えないことを闘うことはできない。闘わないのに勝利は来るはずはない。そういう結論になる。だから君たちを今、先頭に立たせて、荒野の狼のいる村があるとすれば、その真っ只中に突っ込ますということは、それ自体をみれば残酷であるんだけどね。しかし、その個人が勝利を得るならば、世界をあげても得られない価値の人格、あるいは貴いものとなる。

だからね、先生もこういう復帰路程をズーッと通過したんだけれどね、神は本当に愛の神様じゃない。先生に対しては、残酷な神様である。心は願わないけれども、悲惨な境地に突っ込むんだから、行かざるを得ない。もう、歯を食いしばりながら、行ってみれば結局は全部のものを収拾させせんがために、サタンの前に立たせるというんですね。そうして、実力でもって勝利をさせるという条件を立たせんがために、その一つの条件のためにそうせざるを得ないという神の心情をわかった時にね、本当の愛の神であることを信じるようになるんですよ。そういうところで神に対して感謝する人じゃなければ、地獄を屈伏させて行くことができない。天国に行かれないと言うんですね。天国は地獄を越えて行くところである。そうなんです。地獄を逃げて行くのではなくて、地獄のどん底に穴をあけてから行くところが天国である。だから、地上におきまして、地上地獄のどん底に穴をあけて、その中で、「私は大勝利者である」と天に対して感謝し得る者が最高の天国へ行けるというんですね。先生が語った真理は、そこなんです。結論はなにもない。地獄のどん底をいかにして、君の頭でもって、君の手でもって天国をつくったという心の安息地を持っておる人でなければ、天国に行かれない。

自信がありますか？　自信が。自信がありますか。娘たちはね、その顔はきれい、美人なんだけどね。いかに素晴らしい旦那《だんな》さんと会って喜んでおったその顔もね、惨《みじ》めなもんだ。惨めなもんだよ。復帰路程であれば惨めなもんだ。人によって追われて行くか、自分によってやむを得ず行くか、あるいは好んで行くか、何かの方法でもって行かなければならない、そういう道なんです。しかしどうせ行くんだったら、人に追われて行くような人だったら、そんな立場に立つのは可哀想な立場なんです。やむを得ず、やむを得ないながらも行かなければならない。これは可哀想なんです。やむを得ず、こういういかなる方法をしても行かなきゃならないということがわかれば、率先して行く。人は見てない。人はわからなくても自分一人で行くという、我の行く道が忙しい。横で倒れても、横目で見ることができない、切迫した緊迫した道であるということを自分自身で感ずるならば、いつか呼ばれれば行かなけりゃならない。明日になるか、今晩になるか、わからないでしょ。それくらい自信を持っていますか？　皆さん自信持っていないでしょ。「今晩、誰それ来い」と命令が下れば行かなけりゃいけない。「ああ、私は、かわいい子供がおるから、私は行けません」。そういうことが通じないんですよ。いくら何といっても「来い」と言われれば、「はい！」と答えなければならない。そういう運命の岐路に立っておる。だから蜘蛛《くも》の巣の糸に首をぶら下げている状態の人間なんですよ。惨《みじ》めなもんです。

だからね、だから、何時いかなることが起こるかということがわからないから、時間がない。だから、君たちの良心は今でも命令する。今日、「ああ、これは良い」と言って命令したその事を成せば、「この野郎！　これ以上のことをやれ！」。それをやれば、「十倍、百倍以上、直ちにやれ」。良心は命令するんです。そうでしょ、皆さんの良心は。なぜか。行く道は遠いでしょ。心はそれを知っておるでしょ。行かなければならない運命の立場に立っておるのがわかるでしょ。だから、本心の心を我は愛するんだから、強制的に命令するのが良心なんです。それを感ずるでしょ、あんたたちはね。だから、我々の行く道は忙しいんですよ。だから、誰それの責任者に欠点があるから私はやっていけないとか、私が行くには誰それがおるからいけないとか、その人が死んだら私は行くとか、そういうふうなのがおるんですよ。それは問題じゃない。問題は自分が問題である。自分が問題だ。自分の道を完全に行かないで何を望むというのか。それがなっていないというんです。自分の果たすべきその責任をさておいて何を言うかということになっているんです。だから、みんなその限界をまだ超えずして、こちらの山のほうに立っているんですね。山の峠に狼《おおかみ》や、獅子《しし》やら虎やらが怒鳴《どな》りながら、君たちを待っておるというんですね。弱き者はその声だけ聞いて、「ああ、私はもう関係ありません」と逃げて行く。そういう道が統一教会の蕩滅原理の道なんです。知っておりますか！　本当です。

統一の勇士

だから、君たちは先生の行かれるところに行きたいでしょうね。永遠なる平和な世界、無限なる天国におきまして、神の国の王様がおるに違いない。そうでしょ。その家族がおるでしょ。貴族がおるに違いないでしょう。そこに参席するのが第一復活に参席した人なんです。先生において第一復活。だから、先生の使命は天の皇族を、その人たちをいかにして集めるか。世界に対して宣言する使命を持っておるかもしれない。だから、こういうようにずっと巡回するのは、神の要求する軍隊を募集するために君たちは集まっているわけなんです。それから訓練を受けて、総指揮官の命令を受けて、「行け！」と言われて、「ああ、私は行けません」とは言われないんですね。勇士というのは、自分の家のために闘う人を勇士と言いますか？　自分の親族に対して闘った人を勇士と言いますか？　主君に対する仇《かたき》を討伐《とうばつ》するのに先頭に立つ、その人たちに対して勇士というんだ。統一教会の勇士という名前は自分のためにあるのではない。これは天国実現のために、天の神様の主権復帰のために闘う者をいう。

一つの国家が造成されるには、三つのその要素が必要である。主権がなければならない。それから、領土が国土がなければならない。それから百姓がなけりゃならない。そうでしょ。これがあって一つの国家が造られる。百姓は国民のこと。だから神におきまして、神の主権がありますか？　無いんです。それから、国土も無い。国民も無い。だから、今までの神の国というのは、霊的国として、地上にはまだまだ籍を持っていない国なんです。地上にその国を造るのが、地上天国建設なんですよ。そうなんでしょ。だから、我々が今闘うというのは、今主権がない。サタンに奪われたその主権を取り返さなければならない。国家最大の一揆《いっき》のようにしてそれを復帰するために先頭に立って闘うその人を、統一教会の勇士というんですよ。私が闘うのは、この天国の主権のために、その国土のために、その国民のために闘う。そういう立場に立ってこそ勇士になるんですよ。日本におきましては三勇士とか、そういうのが歴史にあるでしょ。それから、「皇国《こうこく》の興廃《こうはい》、此《こ》の一戦《いっせん》に在《あ》り。各員一層奮励努《かくいんいっそうふんれいど》力《りょく》せよ」という命令は東郷元帥《とうごうげんすい》一個人の希望とか、願いとかという立場で言ったんじゃない。これは国家を代表して言ったんです。それは日本の主権、国民を代表して言ったのであり、それに代わって闘ったのが勇士になるわけなんです。同じなんです。勇士は敵があれば所はかまわないんです。そこに我が国に対して反対する者、遠からずして攻めて来る怨讐《おんしゅう》がおれば、天が命令すれば、「はい！」と答えて行かなきゃならない。それが勇士なんです。本当にそういう立場に立っている統一教会の勇士なんですか、皆さん。「はい」と、言葉は簡単です。勇士になっていないでしょう。勇士になろうとしていますか？　勇士に成りつつありますか？　勇士に成っておりますか？　（「勇士に成っています」)。まだ成っていない。成りつつあると。まだ最後の闘いは済んでいない。だから、先生が成りつつあるんだから、君たちはもちろん成りつつ? ある。「神よ、早く勇士に成りつつある立場に立たせてください」。それが伝道やら、何やらが、勇士に成るその訓練である。

神の命令と助け

だから私にはね、子供がおるでしょ。いざという時には、それは切らないといけない。だから、先生はこの道を出発した時には、家族みんなを捨てた。家には米一粒もなし、金一文もなし、真っ裸にしてしまったその時に神は命令するんです。それを後にして捨ててしまって、「行け」。行くところは平坦なところではない。十字架の道を行けと。それで先生は北韓のほうへ行ったわけなんです。南のほうに家族みんな置いて、北韓のほうに来るのに独りぼっちで、北のほうへ行ったわけなんです。行く時にはもう、生命を覚悟して行ったわけなんです。この道が、もしも誤れば牢屋を覚悟して。そうして失敗した摂理を蕩滅せんがために、下の道を通って、そして障害の限界を超えて、そうしてその条件を奪って来なけりゃならない。そこには苦労の道がある。だから牢屋に入ってもサタンに負けない。その共産党の強制労働するところにおきましては、先生は模範労働者として毎年賞をもらった。

その中で神は、非常に腹が減った時に、食いたい時には食べるものをよこしてくれたというんですね。いかにして? 神の能力というのは我々にはその力を発揮するからね。ある時にはね、監房《かんぼう》にたくさんの人がおったんだけどね、その人たちがもしも米の粉をもらえば、その人たちに神は命令するんです。眠る時、「何舎の何監房のところに行けば、その番号が何番であるという先生がいる。その先生にこの米の粉を持っていってやれ」。それは自分の先祖が現われて命令する。それは自分の生命より以上貴いものと考えているそのものをやれという。しかし命令とか何かあっても、夢みたいなことして、いいかげんに考えてしまうんだ。そうすると一日、二日、三日連続的にそれを命令する。そういうように突っ込めば、三回くらいやればね、聞くようになるんですね。自分の先祖が教えてくれるんだ。その袋を持って探して来るんですよ。そうして、「ここに何百何十何番の先生がおりますか」と言えばね、それは先生の番号だ。そうして、「すいませんが、我々の先祖が米の粉を先生に持っていってやれと言うので、どうぞお受け取りくださいませ」と。そういうふうに神は本当に先生の神であった。先生は口を開けなかったんですね。口を開けなくても神のほうから伝道してやるというんですね。イエス様におきましては牢屋の中へ行くというその段階で、十二弟子がみんな逃げてしまったんだけど、先生は牢屋の中に入って、十二弟子以上の食口《シック》たちを復帰した。みんな神のために。それは蕩減の路程にそういうことがなけりゃならないというんです。

今もそうですよ、今も。先生がお金が必要という時には心配しない。そうするというと、神自身が心配するようになれば、食口たちに命令する。「君のたんすの下の何々のほうに宝石があるし、君の指輪があるし、何があるし、それを売れば何万円になる。それを直ちに先生のところに持っていってやれ」とね。だから、こういうようにして、先生一人が心配することを、天のほうを通じて教えて地上のほうに連絡して、この空間を超越して関係を結んで来る神を持っているということは、世の中の人は考えない。先生をそういうように守ってくださった神だから、君たちも先生のその心情と共に、その希望と共に、その事情と共に同じ立場に立って動けば、同じ神だから、同じ助けをしてやらなければならない。そうなんです。だから君たちを突き出すというのは、その限界に立って、その心情に通ずる真なる親と会わせんがために、こういう君たちに会わせてやろうと思って、突き出すという結論になるわけなんです。だから不幸じゃない。まあ、ある面不幸なんだけど、もっと永遠の貴いその宝は何かというんです。だから、どちらが自分にとって幸福か。目の前を見て、金の塊《かたまり》があるから、これが幸福か。それとも自分のすべてを捨てて、何も見えない、普通の人には見えない、何も感じられないそのことに対して、それを最高の宝として、その宝を探すためには、いかなる苦労があっても頭を出して目を丸くして、正面的に衝突しようという、一生懸命に飛ぶ、そういう人間が知恵があるかと。どっちが知恵があるかというと、その飛び出すそういう人たちだ。だから、皆さんをそういう人たちに造ろうとするのが先生の最大の願いである。失礼な話でしょ？（「いいえ」）。どういう話？（「当然」）。当然あるべき話？（「はいそうです」）。ありがたい話？（「ありがたい話ですね、本当に」）。

先生におきましては、本当に先生は独りぼっちだったというんですね。先生が地上におきまして相談する人は一人もいない。地上において、もしも先生の親が、「この野郎！　どうして、あなたは天に対して行くべき道を行かないか」と、鞭《むち》をあげて、「この野郎」と責める親がおれば良かったと、そういう考えを何百回もした。実際、寂しかったんですよ。それから孤独なんです。行けば行くほど、だんだん迫る孤独とその寂しさ、苦痛というのは、それは先生以外にわからないというんですね。今そうして、こういう限界を超えてみれば、神は本当に私のためになる道を与えている。君たちもそうでしょ。本当に先生の言葉を聞いてその所に立ってみなければ、先生は真理の言葉で教えた先生であるという、先生の価値を知らないんです。目でみればもう同じなんですよ。先生もご飯も食うし、着物も着るし、目もチラチラ、バチバチするでしょ。もうみんな同じだよ。何が君たちと違うか。何かある。今晩なんかも先生は、もうズーッと話したんだから、皆さんはずいぶん親しくなったんですよ。しかし、怖い顔すれば怖いんです。何かあるんですね。だから突っ込んでやれば自分も知らず頭を下げる。そういうことがあるんですよ。

だから、それを考えれば、統一教会の食口《シック》たちは幸福であると。先生自身が望むそういう立場に立っておるんです。それを考えれば、惜しいな。無条件に、何の価なしに渡してやろうとすることを考えると、本当に彼に対してはやりたくないという心持ちが出るときがある。大いにありますね。君たちもそういう心情を感じながら伝道してください。食口たちといっても幸福な人なんです。どうなの？

ハンカチの中心にあるもの

寝ましょうか？　私を考えて、休みましょうかと答えるでしょう。早くアメリカに送ってくださいよ。明日、どう？　西川先生にみんなさせておけばいいよ。十五日間は長いな。十五日間は長い。何故長いか。先生がおれば君たちは働かない。遊ぶ人多い。先生がいなければね、もっともっと働く。

その期間において数十人が救われるかもしれない。
（「それ以上に大きな問題です」）。

真の御父様が食口たちに配られた来日記念のハンカチ

大きな問題というのは自分一人を中心として大きな問題であって、日本全国に対しては大きくない。だから、十五日間は長いというわけなんです。今、ハンカチをもらったでしょ。その円の中の旗の中に、丸い太陽とか中心のところにね、何があるか、ジーッと見つめて答えてみなさい。それを答えれば、十五日泊まってもいい。丸の中に何かある。教えてあげましょうか？　いくら考えてもわからないでしょう。教えてあげましょうか。それは何かというと先生の指紋なんです。親指の指紋。先生が指紋をすれば、これはすごいもんですよ。黙示録にシオンの山に十四万四千人の群れがある。そこに立たれた人たちは主の印と父の印が押されているとある。だから、そういう話を聞けば歴史的立場、その基準というのは、それ自体ではわからないんですね。時代が過ぎてから、わかるんですね。

人間の創造

(「先生、人間がどのようにして生まれて来たか。アダムがどうして生まれてきたか。如何にして人間が現象化して来たか、創造されたか」)。

先生だったら、先生という子供の種があるわけなんですね。その中には先生という未来の先生の内部的な構造が全部備わっておる。それは、力のかたまりになっておる。それが完全なるプラスだったら、マイナスは自然と生じるようになっている。電気はプラスがあれば、マイナスは無いと思ったんだけど、プラスが生じればマイナスは自然と生じるようになるんです。だから完全なるアダムを造れば、エバはアダムによって生じるというんですね。だから、神の子は生命の核心、その基準を立てておけば、それに応じて人間は自然と生じてくることができる。だから、最初に何を造ったか。元なる力の基準を神は立てしたというんですね。完全なる力の基準を、人間になるという力の元の構造を成し得た力の核心を立たせた。それが生命という力をもってそれが核心の中にある人々の構造の形を完成するわけなんです。それが成長して、だんだんと大きくなる。だからその元なる力の核心の中に種別のその構造自体が全部入っておるんですよ。それが力の集結体みたいに適応するその環境に植えれば、それは自然と対応する種類の元素を吸い取って一つの木を成就する。だから、その植物の科目の種類を別のものにすることはできないというんですね。だから、それはもともとから、そういう素質をもった力の集結の核心を神自体がその計画をもって成しておるから、それをいかなる存在でも侵すことができないというんですね。そうすれば、その形をもってすべてのものは相対的にその形を造るようになっておるんですよ。それは時間と環境を通して。だから、人の身体もね、元なる力の核心、すべての肉体を合成し得る核心を集めたその力の固まりをね、神から取り出しておいたと、そう考えればいいです。造ったと考えれば。取り出しておいた。男がその原因になって、女が環境になって、原理を通して自然とその生命体は回っている。

（「人間の生命と神の生命という関係がよくわからないですね」）。

関係は一つなんですよ。我々がその限界を超えて見ることできない、その目で見るからわからない。無形世界とか神とか有形とか関係あるんだけどね。今、物質をみてもね、力の合成体である。それを突っ込んで行けば、力と物質は限界がない。限界がないんです。だから、肉心と良心と、その限界はどこか。繋《つな》がっている。明るい良心をもった人は肉心の表面の方まで良心が現われてきたような感じがする。悪の人間は肉心が良心の真ん中まで攻めたような気がする。それがわからない。だから、物質とその力との限界を我々が判断するのが難しいですね。繋がっておる。我々が感じ得ないから限界があるように見えるんだけどね、神のほうからすれば、一体になっておる。一体だから感ずるんです。そう考えればいいですね。

共産主義思想の克服

（「それからですね。韓国と日本と米国が統一化すれば共産主義は滅びるとおっしゃいましたけれども、具体的にはどのようにして滅びますか」）。

それは色々な方法がある。今、韓国におきましてね、大田《テジョン》という所があるんですよ。そこにはね、共産党の北のほうからのスパイなんかがずいぶん入っている。そして日本のほうからもね、朝鮮総連とかあるでしょ。工作しておった人たちが捕まったら、韓国の大田《テジョン》に回すんですね。そうして、その集まった人たちをその牢屋に押し込んでいるその刑務所があるんですね。それが大田《テジョン》というところなんですよ。今方法としては、共産党に対しての原理の宣布ですね。一番の頭を呼び出して、原理講義しておるんですよ。ズーッと原理を聞かしてね、「どうか」と。膨大《ぼうだい》であるその原理を人間の頭で判断、批判することができない。それで、だんだん回っちゃう。うちの原理はそういうように偉大なんです。同じ環境におきましてね、その時には科学的証明でもって神の存在を見せない。直接、霊的に、君の信ずべきは誰々と。今、どういうことを考えておる。あんたの親の顔はこうであると。今どういうように言っている。それを信じなければ、その親の声でもって命令するんだ。おじさんの声でもって、そういうこと今、たくさんやっておるんですよ。そういう現状の立場において、直接証明し得ることによって、どうにも否認することができないというんですね。自分の親が霊界において、今どういうところに行っておる。親は時間と空間を超越しておるからね。だから予言なんかすることができるんです。我々の世界にはね、六千年という期間が遠いように見えるんだけどね、霊界の単位としては六千年というのは、視野の中に入る距離なんだと。そうすれば予言なんか問題ありません。だから時間を超越し、その空間を超越する世界が霊界であると。

（「共産主義が崩壊するのは理論によって？」）。

真理において事実、彼らにとってはね、霊界がないと言うでしょ。霊界があり、神があることを証明すれば、もう唯物論は破壊されてしまうんです。それから、共産主義は、経済的歴史観なんです。共産主義のその理論がですね。だから、経済観の歴史観を全体の歴史に適合したのが間違いなんです。本当はみんな分別して、経済は経済、政治は政治、それから文化は文化。それらの別々の歴史を系統的に現わして、そして経済がどういう分野においてその使命をもっておると証明して、そして全体の歴史観の本当の観からみれば間違っているところを指摘して、そうすれば、こういう関係でもって現在の歴史がこういうふうに発展していって、現世がどういうになっているから、将来の共産主義というのは、どういうになっていくと結論を出せばね、否定できないくらいになる。だから今、韓国におきまして、共産主義の地下の組織がね、相当今、動いておるんですからね。国家の方からちょっと我々を保護して、後押ししてくれればね、それはもう大々的に活動できる。刑務所があるんだけどね。十代、二十代の青年たちが千五百名くらい入っておるんだけどね、刑務所のその青年たちをみんな統一教会で今、ズーッと指導しておるんですよ。それで、牢屋の中に入って、原理を研究してね、修練しておるわけなんです。それで既成教会と一年半闘ったんですね。それで、完全に既成教会はもう手を引いたという状態になってる。

（「では、その総合的な歴史観を文書として出版するのはいつ頃されるんでしょうか？」）。

大概はもう、できておる。今後、新しい理論としてね、出るんです。今度、その原稿を先生がズーッと一通り見て、読んできたんですがね、遠からずして出版するでしょう。

プラスとマイナス

（「統一教会の政治観は？」）。

青年たちにそういうのを教えれば働かない。頭が回っちゃう。理想世界のその内的構造とか外的構造とか、そうして善なる統一性に通じ得る、その立場に立ち得る人間の価値ということを知ればね、頭が回っちゃう。それはその時になって。まず我々の責任として重大な問題は、蕩滅の過程をいかに通過するか、それが問題なんです。結婚するならば、成長しなけりゃならないというんですね。だから成長しないで、エバも時ならざる時に時のことを要求したところに堕落の原因がある。だから早く成長すれば自然とわかります。先生が教えなくてもね。命令で教えなくても、心でちゃんと引っ張られていくんです。磁石のプラスがあれば、鉄の粉があれば自然と、行くな行くなといくら言っても、その方向へ向かうんですよ。だから、心配しなくて、従順に働けばその段階に入る。しかし、あんたたちが霊界に行く前に、父母の責任において前もって知って、そういうのをみんな準備しておるわけなんです。だから、天宙復帰問題じゃない。問題は自分が問題である。どうせ復帰の道はもう完成する。先生がおるから。ズーッと聞いてみればね、おもしろくて、何と言いますか、目まぐるしい。

三時四十分。もう四時になる。四時になっちゃうよ。大丈夫？　だから、昔はね、韓国におきまして統一教会の初代教会、初めのその時はね、いつも四時、五時。これはもう、しょうがないから、床に座ってこうして、朝です、朝。そういう生活をした。だから、女たちが先生の所に来て、夜を明かしながら自分の家に帰ることも忘れて、そういう日々をズーッと、一カ月からもう一年やら、こういうようになると、その旦那《だんな》さんなんか、偉い女と誉《ほ》め称《たた》えないんですよ。「この野郎！　どこに行ったか」と言って。それでね、うるさいおばあさんがね、「ああ、文先生は魔術を使って女を誘引する」といって、そういうその噂《うわさ》が全国をおそったわけなんですね。まあ、こちらのほうもある人を通して、そういう噂を聞くこともあるでしょう。そうならざるを得ない。先生が真剣になれば、これはもう、完全なるプラスには完全なるマイナスが生じると。だからね、神の心情にはあるときには万物が寄って来る。そのおるところに自分の住まいを決めたいというのが、存在の願いである。だから本来はね、神は遠ざかるものじゃないというんです。いかなる邪魔なもの、障壁があっても、自然と一体になるようになっておるというんです。それはそうでしょう。一つの目的観念でもって造られた存在であるから、その目的観念のもとの力が大宇宙のその意志として動いている以上、動けば力が出る。そうして、この世界を造っておるわけです。

世界統一主義

（「あの、アフリカの黒人なんかの救いは？」）

同じなんだ。米国におきましてね、ニグロに対して反対しておるのがあるでしょ。そんなこととしては駄目なんです。米国はUNで弱小国家をみんな失っちゃうんです。そういう時代じゃない。いくら醜いといってもね、自分の兄弟である。身体障害者になっているその弟を見てね、「君は身体障害者になっておるから、何やってる」と責めたら、もっとそれ自身も心痛いと共に、その親も痛いんです。そうすれば反対になっちゃうんですね。世界の運勢を決定するには、それらの動きにおいて決定されていく。だからアメリカなんかも今、だんだん今困っているでしょ。だから本当はね、アメリカの方で自分の文化生活を後にして、ボロの着物を着て、アフリカなんかへ行って、自分の財産を持って行って、早く自分の弟に対する兄の責任をもって建設してやらなきゃならない。そうして自分の国の文化基準以上に造らなければならない責任があるというんです。それをしないから、そのために共産党が出てきたというんです。だから共産党は、すべての万民が平等であると。すべてがその万民のための財産であるという。だから、そのような立場になっておるから、嫌でもそれを慕って行くんですね。後をついて行くんですよ。だから今、民主主義のその社会組織が、共産主義の社会組織と内容がちょっと、根源が違うんであってね、もう社会環境というのは、同じようになっていってる。違うところの一つは神はないというところ。それが問題であってね。共産主義が神があると言えばね、世界統一するというんですよ。世界全体が。だから、今後の問題で、世界で一番怖いところは何か。神の存在を認めて、理論体系の整った共産主義以上の思想をもって出る主義があれば、それは、あっという間に世界を統一する。その主義が統一の主義なんですよ。だから素晴らしい。

いかにしましょうか。ちょっと休みましょうか。明日の朝、ちょっと遅くともいいでしょうかね。

今日、もう朝飯をもう食べなくてもいいでしょう。本当は食べないのは楽なんです。君たち、断食やってみなさいよ。いかに時間が多いか。食うことはこれは生活の敵。食うのと寝るのとね。じゃあ、休みましょう。ちょっと祈ってね。

（祈祷）

今日の一日を感謝申しあげます。どうか、ここに集まっている食口《シック》たちをあなたの懐《ふところ》に抱いて、もっともっと愛してください。残されたこの日本の復帰の問題を責任をもっていく統一の勇士として、神の御前に立たせてくださることを切にお願い申しあげます。遠きこの復帰の道を神の苦労におきまして、善なるその基台をつくって我々を立たせてくださったことを感謝致します。どうか、神の日を迎える日まで頑張って、勝利を神に捧げることができますように、我々を励ましてくださって、この祈りのすべてを神に捧げますから、御導いてくださらんことを真の親の御名を通してお祈りします。アーメン。

四、本部教会での御言

一九六五年一月三十日午前十時から午後二時まで
本部教会（東京都渋谷区南平台）

『統一勇士の歌』の一節は心情と、二節は人格と、三節は真理と、四節はその理想となっておりますね。心情、それから人格、それから真理、それから我々の理想。だからその理想世界に入るには心情を持たなければならない。そして人格を完成しなきゃならない。そうして真理ですよ。そういうことになる。この統一勇士の歌は先生が三年前（一九六二年）に作った歌ですね。

（『愛郷歌』を韓国語で歌われる）。

（『園の歌』を韓国語で歌われる）。

『私の誓い』

第一は天宙の中心存在として、父母の御旨と任せられた責任を全うし、喜びと栄光を帰し奉る善き子女となり、創造理想世界において永遠に父に仕え奉る真の孝子女となることを私、誰それはお誓い致します。第二は父は六千年間供え物として十字架路程を忍ばれ、死したる誰それを真の子女として生かすべく、み言と人格と心情を与え一体化せしめて、天宙の相続権を与え給わんとなさる聖なる御旨を私は受け、完全に相続することをお誓い致します。世の中には相続するために誓うという、誓って相続することはないんですね。それから、三、怨讐《おんしゅう》によって失われた子女と天宙を復帰せんがために父は父母の心情を抱かれ、僕《しもべ》の体を受肉し給い、汗は地のために、涙は人類のために、血は天のために流され、私の身代わりに歴史路程における怨讐サタン粉砕の武器を与え給い、それらを完全に審判するまで父の性相を受け、真の子女私は敵陣に向って勇進することをお誓い致します。これは、私の今重要なその目標なんですね。四番、父は平和と幸福と自由と理想の源泉であらせられ、父を奉る個人と家庭と社会と国家と世界と天宙は、本性の人間を通じてのみ心情一体の理想世界を完結することができ、誰それは真の人間となり心情の世界において父の身代わり、代身者となることによって被造世界に平和と幸福と自由と理想をもたらし、父に喜びと満足を帰し奉る真の子女となることをお誓い致します。第五、我々は神を中心とした一つの主権を誇り、一つの民族を誇り、一つの国土を誇り、一つの言語と文化を誇り、一つの父母を中心とした子女となることを誇り、一つの伝統を受け継いだ血族であることを誇り、一つの心情世界を成す役軍であることを誇り、これを実現せしめることを誰それはお誓い致します。このような義務と使命を完成せしめるために責任をもって生命をかけて闘うことを誰それは宣誓しお誓い致します。

これはみんな復帰の路程のすべてが入っておるんですよ。そして、その結論として書いてあるのがその五番目ですね。五番目。我々は、一体化して真の孝子女になって行かなければならない。二番目は神の苦労、十字架、そうなんですよ。二番目は祝福なんですね。三番目は神の苦労。四番目は、この理想を果たし得る心情の人間となって、そして神の身代わりとしてサタンを屈伏して行かなければならない。そうなってこそ初めて五番目のその圏内に入るということになっておるんです。だから、五番目をみるというと、神を中心とした一つの主権がない。民族もない。それから国土がない。そして言語、文化がない。それから父母、これがあってもね、父母を中心とした子女となって、父母を中心として初めて伝統を受け継ぐなら、そうなるんですね。そうならなかったら、心情の世界は回って来ない。そうなっている。それは統一教会の重要な儀式とかがある時には、これをみんな宣誓をすることになっておるというんです。これが一九六二年子女の日陰暦十月一日。

世界復帰のための四十日巡回路程

韓国に行ってみたいという人は？（「はい」）。今後、もう少し経てば先生はですね、韓国のほうに各国の人たちを呼んでそうして、一番下から働かすとそう考えておるんですよ。二年くらい、あるいは三年くらい働かす。働かして自分がいくら自分の国で、そんな誇っておった者でもね、韓国に呼び出して、そしてもう一番最下のほうから復帰路程を再現させて、そして君は民族の代表として、この韓国において血と汗と涙を流すのが貴重なる栄光である。そうなんですよ。本当の聖地は韓国にあるんです。だから一九五七年のその夏の伝道の時に、先生が四十日間全国を巡回したんですね。四十日間。それはその日をちゃんと決めて、そしてその蕩減条件をね、全世界を収縮させた基台の上に立ったような立場でもってズーッと巡回したわけなんですね。その巡回した路程というのは、歴史的な路程になるんです。できるだけ道の悪い所をね、ズーッと回って来るんです。あるいは山脈を越え、あるいは川を越え、険しい所をズーッと回ってたんですね。あの巡回した道が、ちょっと世界的有名なその道になるんじゃないかと思っているんです。そうして昔、先生がこの道を巡礼しながら天に対して蕩減条件を立たせんがために苦労したことを思いながら、みんなは裸足《はだし》で巡回する時が来るかもしれないんですよ。だから日本におきましてもそうでしょ。先生がこう一度巡回して祈ったところがあればね、君たちはそこに行って祈りたいというのが自然の本心なんですね。だから、韓国へ行きたいという、そういう気持ちになるわけなんです。

御旨の中での世界的競争

今、米国とそれからドイツですね、ドイツと米国はもう昔、第二次世界大戦の時はね、怨讐《おんしゅう》だったんですがね。それで統一教会に入ってはね、一つになっておるんですよ。フランス国民とドイツ国民といえば、これはもう、路上で会った時も話をしないとね。顔も反対を向いて、すれ違って行くような感情だったんですがね。うちの食口《シック》になった時から、もう一つになっておる。それがおもしろいとこですね。それで、今、韓国に行けばね、その教会は貧しいんです。それは外面から見れば建坪が八十何坪になるんですね。そうして、日本式の二階建てなんですがね、見ればもう普通の教会より惨《みじ》めに見えるんです。しかし、その家が世界にない有名な家である。何故かというと、世界にない歴史上になかった婚姻式、父母の日を宣布し、そして子女の日を宣布し、万物の日を宣布する、その重大なる歴史の儀式をその教会で挙げたんだから、その所というのは世界いかなる宮城《きゅうじょう》の屋敷《やしき》よりも、天から見れば貴いというんですね。先生の住まいも教会の二階なんですよ。それで、韓国の食口たちがね、先生の住まいがこの状態ではいけないと。そして、みんなその金を集めて家を買ってあげましょうと言うんだ。もう何回も言ったんですが、止《と》めちゃったんですね。そういうのをアメリカとか、ドイツの食口たちは知っておるんですね。先生の家を世界のいかなる民族よりも自分の民族を先に立たせてやらせくれと言ってね、アメリカとドイツと闘っておるんですね。

先生の願いは何かというと、こうなんですね。五色の人種が一つの家に住んで、そして神の栄光を讃える。地上においてそういう生活を実際にやらなければならない。それが今後残った重大なる課題になるわけなんです。それで、こちらの人もみんな呼びよせて、そういう生活をしないとわからないんです。だから神に対して、功績を残した、神が呼び出して誉《ほ》め称《たた》える何かをもっていなければいけないということなんですね。だからこの七年間の奉仕の期間、いわゆる蕩滅の期間には、君たち日本がみんなその復帰の圏に入れば伝道する所がない。奉仕する所がない。全部が先を争って、「私は下のほうへ行って奉仕する」と。下のほうに行けば行くほどそれが貴い反対の価値をもたらすということを知っておるんだからね。みんな自分が神のために、この国のために一番最下位に立って、この重荷を背負って責任を果たすという、そういう時が来るんですよ。だからみんな国内で与えられる仕事をみんながやるって言うんだからね。それをやるには順番を決めなきゃならないという時が来るかもしれない。その時には先を争って海外に出なけりゃならないという時なんです。だから、日本は惨《みじ》めな民族に対して奉仕する道を、先を争って闘って行く。そういう基準まで働かなければならない。そうなるというと世界は、もう一遍で変わってしまうというんです。

人間の欲心

だから、金を持っておる人は、財産を持っている人は、それは自分のものじゃない。福というのは自己のものじゃない。公的なものである。だから自分よりもっと公的に立っておる人がいつでも使うべき福であるというんですね。貴い人と言っても、その自分の家族、この地上の父母がいるでしょ。誰それの息子ではないというんですね。その子供は、ある親族圏内に、ある氏族圏内にある子供ではない。その子供が国のために必要だったら国の子供である。その時にはその親戚の願いよりも、数多くの御国の願いにかなって動かなけりゃならないというんですね。もっと拡大して言えばですね、日本に神が世界的に使わなけりゃならないという人がおれば、世界のために役立つ以上は、日本の国民として、「ああ、この人をここから連れて行ったら困る」と、反旗を出すことができないというんですよ。「どうぞ、世界に連れて行って、世界に貢献するようにせしめてください」という心持ちの持ち主でなければならないというんですね。だから善がたどって行くその道は個人よりも家庭、家庭よりも氏族、民族、民族より国家、国家より世界、世界より天宙のためにもっと高い舞台に向かって進む人は、もっと高い善に向かうんだから、その善に対して反対してはいけないというんですね。善が進むべき道はそういうようになっているんです。何が善かというと、一つよりも二つ、二つよりも三つ、そうなんでしょう。だから君たちの心はね、一つやれば二つ。二つやれば三つ。三つやれば世界、天宙、最後には天宙を復帰しても満足しない。最後には神自身も自分の心の中に入れようとしてね、神のすべての愛は私のものでなければならないというんですよ。それが人間の欲心なんですよ。そうなんでしょ、君たちも。いくら世界が自分のものになっても、心の安住はない。それ以上のものといって、最後には神も自分のものにして、そうして神の心情を自分のものにしようと。その心がみんなあるんです。それは何かと言えば、神を自分の親にしようという結論の心なんです。神を親にすれば、心情も自分のもの、事情も同じ。すべてのものが、神の造られた天宙というのは神のものなんだから、その子女として、親のものは自分のものである。君たちもそうでしょう。親の今住んでいる家には親がおるでしょう。本当は親のものだけどね、これは誰の家かというと、「ああ、私の家」と言うのと同じことです。

だから、そこまで行かなければ、我々の心は安息することができないというんですね。そうなんですよ。だから、うちの統一教会で唱えておるのは心情の息子になる、娘になる。それが果たせれば、世界統一より以上の価値の所に立つということになるわけなんです。だから今まで信仰の世界におきましては、世界のために闘えと教えなかったんです。あるいは自分の国家のために闘えと教えなかったんです。誰のために闘え？　神のために闘え、神の愛のために闘えという。漠然《ばくぜん》とは思ったんだけどね、それを中心として今までズーッと目標を決めて来たんですね。それが具体的にどういう内容になっておるかという、それを知らないわけであって、その茫然《ぼうぜん》たる内容としては、神の心情を本源として慕って来たわけなんです。それを我々は生活化して体験し得る神の子女になり得るということはね、これは歴史上にない、二つとない最も貴いことである。君たちも信じておるでしょう。

犠牲による復帰

だから路傍伝道する時も、手を上げて空を突き上げるならば、この空が穴をポンッとあけられる、そういう気持ちで行かなきゃならないんです。我の先に行く所で、すべてのものを屈伏させて再創造しなければならない。その原則は、一つの天宙の鉄則である。その決意でもって唱えれば、立っておる人たちがみんなが我々の味方なんです。そうなったら反対する者があったら同志が闘ってくれる。「この野郎、何だ」と言って。そうなんですよ。今までの復帰路程におきまして神が真の子女たちをみんな犠牲の立場に立たしたのは何故か。十人の中で真の人であると認めるようになれば、その一人を犠牲にして、九人を神の方に立たせることができる。そういうようになっているんです。だから、一人を犠牲にして、家庭を犠牲して、あるいは教団を犠牲にして、いわゆるキリスト教がローマにおいて迫害され犠牲になって、それによって反対したすべてのローマが反対にキリスト教を受け入れる。そういうようになっているんですよ。だから韓国でも統一教会がそういう立場に立っておったんです。すべてが反対した。君たちはもう殺されるまで行っても、打たれても殺されない。死なない。その死なない状態で十年、二十年も続く。「君たちは鞭《むち》をもって十年、二十年も打てるか」。もしも休む時には、その問題が逆になるというんですね。だから今まで天の摂理上において神の犠牲の祭壇を繋《つな》がして、個人から世界まで来る闘いをやっておるんですが、休む時がない。休むことができないんですね。

一人を立てるための基台

だから日本の国だったら、日本を中心として摂理して、もしも日本の国がそれを完成しなかったならば、それを全うし得ないならば、他の国、他の所でそれを準備しなければならない。だから一人を立たせるためには、三人の準備をしてから神は一つを立たせるというんですね。だから、末の時期になって、偽りのキリストが生じるというのはね、その一人を立たせるために四人以上の、近くに応じ得る環境を造ってその環境を守る、いわゆるカインの者を立たすんだからね。その内容は同じ原理ですよ。洗礼ヨハネが叫んだ内容とキリストの叫んだ内容と同じです。天国は地上に近づけりと。ヨハネもそう訴えたんだけど、イエス様も地上に来て同じことを訴えたんです。言葉は同じなんです。しかし訴えるその人が使いであるか、あるいは主人であるか、それはわからないですね。だから使い者が主人が誰か、主人が来ないうちにはね、これは主人の身代わりになっている。世界は自分のものと、こう霊界から教えてくれるんですよ。そうなるというと、「ああ、自分は再臨の主」と言って、肩を広くして、こうやるわけなんですね。しかし、それがどういう意味において神が自分に責任を任しているか。だから自分の位置が東西南北、四方のどの位置にあるかということをわからなければならない。東の者が東の立場に立って自分を中心と唱えてはいけない。その東ならば、中心を離れた東はない。東西南北の西だったら、中心を離れた西は認めない。中心を通らなけりゃならない。中心を通らなければ、東にもならないし、西にもならないというんですね。四方の中心の位置を決定せんがためのその存在が再臨の主である。それだから再臨の主は東にも通じ、南も通じ、東西南北いずれの方向にも通じ得るというんですね。だからその通じ得る主人に接してこそ自分も四方に通じ得るように、ある方向でもって、「ああ、この世界は自分の方へすべてが現われて来た」と言って、方向の位置を忘れて、自分がその方向の中心として立っておるというふうに考えれば、それは偽キリストとなるわ

御言を語られる真の御父様（1965年1月30日）

けなんですね。だから末の時期には偽キリストに注意せよというその警告があるわけなんです。

だから、復帰路程というと複雑なんですよ。世界的中心と国家的中心とそれから、国家でも日本だったら県の中心と、それから町の中心があるでしょう。それぞれ村の中心とか、いわゆる班長とか、組長とか、その位置を中心とした東西南北なんですね。だから、東西南北、四方が認め得る中心にならなければ、その班長とか組長にも成り得ないというんですよ。だから再臨の主は何かというと、一番最後の班長から最高の国家、世界の中心、すべてに通じ得るその東西南北の中心を完成すれば、問題にはならない。その一人に侍《はべ》るならば、すべてが侍るという、その一人に接し得るならば、すべての完成の条件に接し得るという、そういう価値の位置があるわけなんです。だからみんな再臨の主がいつ来るかと言って、二千年間クリスチャンが慕っているわけなんです。

だから君たちもそうなんです。個性がみんな違うでしょう。違うんだから、君たちも、その中心に対して東の方向か西か、いずれかの方向に立っているという個性を持っているんです。だから人類のすべての特別の性格を集めれば四つになる。だから、イエス様を中心とした三人の弟子がいた。これは天宙の原理の中心なんですね。四位基台。その一人を中心として三相対が決まっている。それを広めて行けば、だんだん長くしていけば、その相手がだんだんとその間隔に数多くのその個性が入るわけなんですね。東西南北を中心とした十二カ月があるように。十二カ月には三百六十が入るように、人もそうなんです。

信仰生活

だから良い友を求める。良い先生、師を求めるということがここにあるわけなんですね。それはなぜか。良いことをなぜ求めるかというと、中心の所に早く行く道を願うが故に、我々の心は自分知らず自然の現象みたいに、そういうように思うようになるというんですね。だから我々が、「ああ、気持ちがいい」と、「ああ、寂しい」と、良いと悪いというのはどこから始まるかというと、神を中心として、神に近づけば、「ああ、うれしい」。ちょっと一歩でも遠ければ、遠くなったその差に比例したその寂しさ、つらさがだんだん生じて来る。だから喜怒哀楽のすべては絶対の中心を中心として、そういうようになっている。これが万物創造の根源なんです。だから悲しいことはいやだ、嘘《うそ》はいけない、なぜそういうように我々の心は感じるようになるか。神の方から一歩遠ざかるんだから悲しい。嬉しい時はなぜうれしいか、神の方に一歩近づくんだからうれしい。わかりますか。良心のその呵責《かしゃく》を受けてはいけない。だから我々の生活の中心として日々の生活の基準をそこに立てて行かなければならない。心にちょっと良くなかったら、「ああ、これはサタンの方に我は傾くんだ」と。何かいいことをやれば、家に帰って寝ても、肢体を広げて寝ることができる。「それはうれしかった、良かった」というのは、神のほうに近寄ったということですね。神を中心として出たり、前へ進歩したり後退したり、それの連続なんですね。それがこういう連続の生涯の道をたどりながら、神にだんだん接していこうというのが信仰生活なんです。だから統一教会の人たちは、路傍伝道しなければ心が休まないというんですね。止まっていれば何か憂鬱《ゆううつ》であるという、そういうのを体験するでしょう。神の御意《みこころ》にかなってない。天宙のそのすべてが自分の方に自然と頼って来るというんですね。そうなんでしょ。高気圧になれば、低気圧の所に流れていくでしょう。だからそれは自然現象なんです。だからそれを中心として生活しなければならないということになるわけなんです。

だから信仰生活する人は、苦労の道の内容をわかれば、感謝の生活をせざるを得ないというんですね。苦労の道をたどって行くのは神の方に近寄る最善の道であるから、生涯の行くべき道としてたどって行こう。本当はそうなんです。それを今までの宗教は、知らず知らずのうちにその道をたどりつつ来たというんです。だから理想のその価値を現実の生活舞台におきまして実際のものとして現わす生活が、我々の統一教会の信仰生活である。生活が信仰生活である。だから信仰じゃないというんですね。信仰じゃない。生活である。善なる生活である。

だから先生も過去において、何が善か、何が心がうれしいか、なぜ悲しいか、それが問題だったんです。なぜ悲しいか。悲しいから悲しいと言ったら、これはいけないんです。原因があるから悲しい。その原因はどこにあるかという問題ですね。もしも悪の主体があれば、主体がその悲しみをつかさどって、分配してやるかと。それでもその大宇宙の原理があって、そこに行けば自然とそういうようになるか。そういう立場で自然とそういうようになるか。そうなるというと、サタンというものは何か。その悪をつかさどるその主じゃなくて、悪の結果をつかさどる主であるということなんですね。だから創造の世界におきまして原理を中心とした宇宙におきまして、宇宙の根源をつかさどることはサタンにはできないというんですね。悪い結果ならそれをつかさどる。そういうことになっておる。だから君たちも悪いことをすれば引っ張られていく結果主管圏内という立場に立っておるというんです。そういうのを習ったでしょう。結果主管圏内。その結果だけつかさどらなければならない。神もその過程はそういう原理でもって結果を主管する位置を立てていくように、サタンは原理に対して背いた結果をつかさどっている。だから原理の立場に立てば、いつも勝利の道を行けるというんです。そこにおいて良心の呵責《かしゃく》を受ければ、これは結果的立場にもはや立っておる。そうするとサタンが引っ張っていくんだ。それを切り離してしまわなけりゃならないというのが、我々の日々の生活目標なんですね。

それで先生は、この道をたどって来る時にはね、「宇宙主管の前に個人主管を完成しよう。個人主管完成をなせ」、それが第一の目標だったんです。いくら天の恩恵があっても、それが自分の個人におきまして良心の呵責を造ってはいけない。そこにおいて勝利者の生活に感謝の念、喜びの念、いわゆる幸福の念を抱いて、そこにおいて自分の心の中で天国を抱いて生活する人が神の子であるというんですね。だから皆さんの心に天国を成しておるかというその問題は、そこから解決しなけりゃならない。天国になっておるか。「ああ、伝道に行くんだ」。渋い顔して嫌々ながら引っ張られて、「ああ、行かなきゃならない。ああ、惨《みじ》めな思いだ」。これはもういくら動いても、地獄をその懐《ふところ》に抱いて行く人なんです。だからイエス様は言ったでしょう。天国は君たちの中にあるという。そうなんです。いくら外の力でも屈伏させることはできないというんですね。

本来の万物との授受作用

だからそうなれば心は自然と楽しい。宇宙すべてものが私のものである。そうなるんですよ。大きな山に一つの寂しい一本ばかりの松の木でも、その松の木が、「ああ、世界にはない私のものである」というんですね。そういう気持ちになっちゃうんですよ、本当は。太陽というのは、「ああ、私の太陽が、朝上がって来る」。月を見たら、「ああ、私のために、私の月である」、そうなるんですよ。星を見たら自分一人でぶつぶつ独り言を言うんですね。本当にその詩の境地というか、神秘の境界に入って、一人でも宇宙の主になって神を感じるんです。だからそれは普通の人にわからないようにして、心だけでそういうことをやるんだけど、初めはその心が喜べば、肉身にもその喜びの表現が自然と現われて来るんです。だから普通その時に、「ああ、この人は回ってる」とか言われるわけなんです。だからそういう心を自然に持たなければならない。それで、先生も山なんか、よく行きます。そうして汗を流しながら最高峰に向かってですね、いつもその気持ちは、「ああ、この山に数多くの人が上がったり、降りたでしょう。しかしこの宇宙的な心情を持って君の本源の願いの頂に立って上がる人は俺しかない」と言って、頂を、そうして四方を眺《なが》めながらね、その万物創造の神の位置を身代わりとした気分でもって見れば、すべての万物が話するんですよ。みんな拝むんですよ。本当なんですよ。大きな盤石なんかあったら、そういう境地を感じながらズーッとその傍《そば》を通過しようとすればね、話するんですよ。「ちょっと休んで行きませんか」。本当は人間はそういうその価値でもって生活すべきだったんですよ。だから一人でも寂しくない。それこそ幸福である。何故そういうようになるか。存在の根源の力を動かしているのは神である。その神が宇宙のすべての元になっておるから、相対関係をもっておるその存在の間には、授受作用が永遠に動いておるというんですね。その永遠に動いておるのが、人間におきまして、一番大事な生命とか幸福とか、そういう要素を保護せんがために作用しておる。だからその圏内のすべては、本来の中心的な価値をもっておればそれに応じて来なければならないというようになるんです。人間が万物の中心だったら、中心の本当の価値を備えたならば、万物はすべて相対位置に立って、それに仕えて行かなければならないというんですね。磁石に対して鉄の粉というのはみんなその方向に引かれるように、自然と強いのがあれば自分も知らずに、ズーッとその方向に向かうようになっておるというんですね。だから神の心情を中心として、全天宙は中心の方向を同じくしておるということなんです。その同じくする方向というのは、その存在の力以上の最高の力の方向を決めておるから、その存在の位置を動かす他の力はない。だから統一性を保っている一つの世界、天宙になる。神は心情でもってすべての天宙を主管しようというのです。心情の原理をもって。それで第一の中心点が我々の心の中心であるということになるわけなんです。考えれば簡単だけど、内容は複雑なんです。だからその境地をいずれ通過する。

釈迦《しゃか》もそういう境地に入って、「天上天下唯我独尊《てんじょうてんげゆいがどくそん》」と言った。しかし普通の生活の中で、本当はその境地に入って永続しなければならないんです。普通の人は、信仰生活しても、堕落世界に住んでサタンの方にみんな汚されておる。一年におきましては、春夏秋冬があるでしょう。春の時季が来るように、その時季において神の方に一番近づき、生命が躍動し、そうして最高のその先端を神の方に向けることができる時季があるんですよ。君たちも祈ってみた時に、良く祈りができる日もあるし、できない日もあるんですよ。だから良心も門がある。良心の門が神の良心の門と正面に向かう時には、これは百パーセント感ずるんだけどね。その方向が違っていくというと、いくら努力してもそれが来ないんですね。そういうのを感じるでしょう。

人生における平等の原則

それと同じように人間一生においてもそうなんです。一生が回るとすればね、春の時季と夏の時季と秋の時季と冬の時季があるんです。一日としても朝は春、昼は夏、夕べは秋、夜は冬なんでしょ。春夏秋冬のその期間は短いんだけど、その原則はいずれにおいても適応しておるんです。それと同じように皆さんの性格、個性を中心としてもね、そういう環境に生まれておるんです。ある者は冬の時に生まれたその運命を持っている。ある者は夏の時に生まれたから、夏から出発する。本当は春から出発しなければならないのにね。一生の出発を秋からしたら、冬のその限界を超えなけりゃならない。苦労、苦労、苦労する。涙流し、その時はみんなが、木に例えれば木の成長する度合いが、みんな冬になったら詰まって来るんです。ズーッと。みんながそのタイプだったら家の中がみんな、深いところの穴に引っ込むようになる。そうだったら、その人たちの苦労というものは、悲しみということが終わることがないというんです。その時、その秋の時季を出発した人が春の時季に出発したらこれはもう方向転換である。その時は、苦労を甘んじて受けて黙々として自分の生涯の道を間違えずして行けば、自然と冬を過ぎれば、春が来るというんですね。

それをすれば、ある者は、日本一の金を持てば幸福になれるから、ああいう人に一度なれないかと考える人がおるかもしれないんだけどね。鈴木家なら鈴木家一家を考えたら、その一家を中心としても、冬の時の位置に立っておるか、秋の時の位置に立っておるか、それで違うんです。だから春の位置に立っておる氏族だったら、その氏族は、この時代において発展して秋まで結実していくというんですね。その時季が違って生まれておりながら、同じ時季に生まれたというように考えておるんだから、こういう不平とか生まれるようになっておるんですよ。だから君たちもそうなんです。「ああ、自分はどうしてこういう惨《みじ》めな生活をするのか」というけれど、それは一人におきましても、一生にそういう春夏秋冬の形があるんだけれども、自分の血統を中心としても何百年、何千年を周期として、それが生じてたどって来るわけなんです。そう考えれば、天宙は公平である、平等であるという結論になるわけなんです。平等の原則の世界に生まれているんだから、不平を言ってはいけないというんだよ。不平してはいけない。死の境地に入れば、それに応じて死んでいこう。それに応ずる。それが自然の任務だという考えをもって行けば、それを超える。

越冬

だから統一教会はどこから出発したか。蕩減原理に基づき、責任を持って出発したんだから、何でしょうか。春でしょうか。秋？　冬至という言葉があるでしょう。冬至、そこから始まったわけなんです。だんだん行けば行くほど、みんな氷だらけになるというんです。その限界が来るんです。しかしその限界を超えれば、だんだんと立春が来て陽気はだんだんと、「来るな」と言っても、「願わない」と言っても来るようになっている。天の原則に背くことはできない。願わなくても来るんですね。だから、世界的人物になるというその人たちは、世界的人物になると看板を額《ひたい》に付けて回らなくても、時世の流れに応じて、あるいは、こう動いてみた結果こうなったというのは当然なんです。だから自分の貴重なる生涯を送る中で非難したり、あるいは不平不満を言うのは非常な考えであるという結論になるわけなんですね。だから、復帰路程を見れば六千年間、涙の跡で綴《つづ》られた周期でもって我々の歴史上に神は働いてきた。それに対して今まで人間はいつも背き、神の心に杭《くい》を打ち込んできたわけなんですね。それをわかれば、限界を超えて、最上の世界、最下の地獄の底までも主管し得る。わかりますか？　だから、冬がいいという結論でしょう。そうでしょう。冬と夜が原則である。そうでしょう？　そうじゃないですか？　反対ですか。

だから自分たちの春がいつ訪ねて来るかということを、いつも注意しなければならない。いつも我の前には春がある。ある人の春は長い。しかし低くて長い春があるんですよ。ある者の春は狭くて高い。これはその個性に応じて、千差万別、みんな違う。だから、ブツブツ言いながら行っても、笑って行っても、自分の運命の道を行くということになるわけなんです。蕩減の原則を離れては人間は生まれていない。そしてそれから離れて生きることはできない。だから、それをわかっておれば、自分はどういう道を行かなきゃならないかがわかる。それはもう自分の運命である。そういうように生まれたのは運命である。生まれた目的を果たさんがために、ある分野におきまして人類社会に奉仕せんがために生まれて来たんだから、黙々とその生涯の道に奉仕して行くというのが、原則を立たせる人間になるというわけなんです。

そうなるというと君たちは感謝の生活をしなけりゃならないということになるんですね。今、統一教会に行くといって、旦那《だんな》さんが、その主人がバットを持って、「行くな」と。しかし、「ありがとうございます」と言ってね。「あんたがなければ私の行く道は全うしなかった。そのままでは行くことできなかったのに、君が突っ込んでやってくれるから、私が責任の一つを全うできる」と、そういうようになればいいです。だから先生におきましては数多くの怨讐《おんしゅう》がいるんですね。敵が多い。しかし敵じゃない。その方たちがいなかったら、どこの道を行ったかわからない。四方八方から攻められておるんだから、ささささっと神に近寄る最短の道を行けるということになるんです。みんな歓迎したら、みんな復帰されてしまう。だから、仇《かたき》というのは、怨讐というのは悪いことない。刀を抜いた仇を前にして復帰するという立場に立たなければ、その人はそれ以上の罪を犯すというんですね。それからその国々の惨《みじ》めな、その社会の現象のすべてが、その原因なくして起こるものはないというんです。だから、感謝で生まれ、感謝で生き、感謝で死すという結論になるわけなんですね。わかりますか、その意味を。

道人《どうじん》の生活基準

だから、君たちはどういう月に生まれて来たか。生涯を中心として春の時季か、夏の時季か、秋の時季か、あるいは冬の時季か。みればわかるんですよ。大概わかります。だからね、本当に良心的な人はね、こう行けばいけないということがわかるんですよ。山にいる動物でもその草を見て、毒か食べれるものか判別するんですよ。しかし万物の霊長の人間として、それがわからないということは、情けないというんです。そうでしょう。だから良心をもってすれば、冬が来るんだから着物を作ろう。寒さが来るんだから準備しておかなきゃならない。こういうことをやらなきゃならない。もう春だからね、生命体を新しく発進させんがために、その時においてはみんな脱がなきゃならない。大豆におきましては、殻《から》なんかみんな脱がなきゃならない。みんな捨てて生命だけ残すというんですね。そうしてそれを基準として新しい創造の目的体を完成させるために春の時季が来る。だからそういう時が来れば、君たちはその生活の荷物は簡単ですよ。今までは冬物が必要だったけれど、今度は一番の妨げになるというわけなんです。

だから時世に応じて荷物を大きく、小さくすることができる、自由自在にし得るその人たちにならなきゃならない。だから絶対的に私はこういう生活をしていかなきゃならないということはない。幸福になるには、春の時季こそが私の生涯の行くべき本当の道である。私には冬とか秋はいらないといって、春ばかりを考えておる。そうだったら、これは可哀想だ。だから生活基準を決定しない。自分の生活基準はこうだという観念を捨ててしまえというんですね。貧しかったら、これが私の生活の絶対的基準であるという、一番最下位を中心として絶対的基準とすれば、これはどこに行けども、妨げるものがない。だから普通の人だったら、「百万長者になって幸福になって、生まれてから死ぬまで、そういうふうに生涯を過ごさなければならない。それが私の生活の公式である」というかもしれないけれど、すべてを失うようになったとき、生きていくことができないんですよ。だから簡単にして、天宙の天運に応じ得る自由人になれ、解放された人間になれというんですね。だから道人《どうじん》なんかはそうなんですね。「道《どう》」の道をたどりながら人間の本来のその生活の味を感じようというのが、「道」の道を生きる人である。だから統一教会も「道」なんでしょう。君たちも、その生活は文化生活から離れた真っ只中の生活をしておるんだけど、我々の「道」の生活が世界最高の流行の先端に立つ日が来るかもしれない。世界の流行は統一教会の生活基準において決まる時が来るんですよ。本当。本当に来るんです。サタンの世界におきまして堕落人間が栄光を受けた以上に、神の子女がこの地上におきまして栄光を受けなければならない。そうならないと、神の威信が立たない。逆にサタンは讒訴《ざんそ》する。神の子として、神の本当の目的にはかなわなかったんじゃないかと。「地上天国の理想圏を果たして成し得たか」と言われた時に、文句なしで、「はい、成し得た」と言えない。「成し得た」と言えれば、すべてのサタンが逃げ出す。

地上理想天国

だから先生が考えておるのは、そうだったら春夏秋冬が厳然として天の公式になっておる。そうすれば如何にすれば我々は春の時季をいつも保っていけるかということを考える時にね、世界を舞台とすれば、春夏秋冬、暑い時には寒いところがあるし、寒い時には暑いところがある。だから真の統一を行く人は世界一の旅行者である。そうなんです。先生もそういうのは大好きである。非常に好んでおる。君たちもそうでしょう。世界中のものを食いたければ食い、見たいところを見、万物の悠々《ゆうゆう》たるその姿を見たい、自分の生涯はこれだけであるという、そういう立体的な人間の心が本来の心なんです。だから本当の理想世界になればですね。地上がこう回れば神は天の方に、地上がこう回れば神の方は逆の方向に行く。ギアがかみ合って回れば同じ方向に回転しますか。逆に回転するでしょう。だから春と秋が交差する。夏と冬が交差する。そういう時季が来るというんですね。それはこの宇宙の運勢がいくら秋としても、つらい秋じゃなくて最高の秋である。冬においてもつらい冬じゃなくて面白い冬になる。夏にスケート場に行って滑りたい。そうでしょう。それは冬に乗るんだ、本当は。何故乗るのか。面白いから。だから面白い月として迎える時代になれば天国になれる。だから我々は永遠に神が必要であり、神自身も永遠に我々が必要である。二人ともに噛《か》み合ってこそ二つの世界が、永遠に授受作用を続けて存在し得るその時が地上理想天国、あるいは創造理想天国である。それが我々の唱える、訴える、本来住むべき住まいであり、国家であり、故郷であるということになるわけなんです。そうなったらもうそれ以上何か願う願いがありますか?　ないんです。神と人間の幸福の環境でもって無限の勝利を得た立場に立てば、それが人間において最高の勝利者なんです。こういうように考えれば、統一教会の先生は空想家みたいな頭だ。本当、空想家みたいに。

仮説と実証

歴史はね、空想世界を実現しようとしておるんですよ。今、火星に向かって人工衛星が飛んでおる。この周辺も飛んでおる。宇宙船を造る計画もある。そうなるんですよ。それが夢だ。昔は月の中に兎《うさぎ》とか何かがいると考えた。しかしそれ以上の空想から現実が生まれてくるというんですね。そこが歴史の初めですよ。見えない歴史の初めですね。だから人間歴史には寓話《ぐうわ》やおとぎ話、神話が多い。その神話がなければ、本来の人間の価値の根源が無い。科学の発展もそうでしょう。仮説を先に立てて立証していく。君たちは原子を見たんですか？　中間子とか陽子を見たんですか？　元素を見たんですか？　見ない。しかし仮説でもって、そういう実験の過程を通して見れば事実だ。事実がそうなんだからそれを認める。北の方に行っても、南の方に行っても、地上のいかなる所に行ってもそうだとなれば、そうであるに違いないとなる。一つの限られた、区切られたある法則をですね、あらゆることに適用してかなえて見れば、それが公認されるんですよ。だから科学の発展は公式上の発展である。公式を離れては発展することができない。公式とは何か。一つの部分のものを全体に適用させ得る中心の要素を持っておればそれは公式になる。先生は現代科学を勉強した。科学は仮説から出発している。そして世界の文化が生まれて来たというんだ。統一教会の先生は仮説王だ、仮説王。仮説を主張する。そうなんですよ。だから若い時はね、若者が目を真ん丸くして、「世界の果てが見えないから、見よう」とするんだけどね。先生はそういうことをしなかったんです。何か考えている。若い時に日本に来ておったんですけどね。この日本はこの世界はどうなっているか。いつも心は旅行しておるんですね。この地にちょっと行って、あの地にちょっと行って、旅行するんです。ここは匂いもいい。その眺《なが》めもいい。ここはあそこよりちょっといい。もう少しちょっといい所はないか。こういって転々と空想みたいにたどって行ってみれば、本物は何かというんですね。多く体験し、多くやってみて、初めて原理を体得していくというわけなんです。だから多く練習しよう。本を読んでも重要なる本は百回とか千回とか万回とか、いくらでも読め。読めばそれを基台として飛び得る観念が因縁が生じて来る。そうなんですよ。だから、普通の人は、教会の人は実現し得ない空想論者であるという人もあるかもしれない。空想論じゃない。今から六千年前にアダムとエバが堕落した心情の根本問題が歴史を超越してその正しさを立証している。だから実験してその結果が思う通りの、実験を始める時の希望通りだった結果が生じれば、その実験する人たちの満足度は、しない人にはわからないんです。それみたいに我々の超自然科学世界におきまして、その科学者として実験してみる。それが百発百中命中したということになるというと、その立場に立ったその時の実験者の気持ちは如何なる喜びか。

先生の負けん気

まあ、そのくらいにしましょうか。地区長たちはもう今日帰るという話を聞いたんですがね。ちょっと手を上げてください。降ろして。溌剌《はつらつ》たるその若者たち、先生もその青春ですよ。先生は、もう四十以上歳をとっておるという気持ちはないんです。今でも相撲《すもう》やったらここのすべての人に勝つ自信がある。本当なんだよ。本当だよ。運動といえばもう、できないものがないというんですね。相撲をとれば、高等学校の時代におきまして、校内で一等だった。運動をやれば、いざやるという時には、一、二、三等以内に入らない運動はない。それはもう、入るのは決まっておるんです。もしも入れなかったら命懸《が》けでやる。そうなんです。先生は負けるのが大嫌い。大嫌いです。先生がひとつ掴《つか》んで、これには命を懸けて訴えるというふうになれば、その問題は成就しなければならないということになるんです。そういう精神を持っている。だから神がよく選びましたということになるんですね。まあ、これは冗談だけどね、そういう気持ち。そういう性質を持っておるんです。だから、幼い時からそういう人に頭を下げるのは大嫌いである。

だから大学に行ってもね、先生の講義を聞くというと、その講義が耳に入らないんです。何故一に二を足すと三になるか。それは誰が決定したか。それが謎の話みたいに聞こえる。数学の公式なんか解いていけば、五プラス何々と言ったら、それがどうしてそういうようになるかと。その本来の因縁と説明はいかにして、誰がそういうように決めてそういうようになったか。やってみればそういうようになったかと、それが頭に浮かんでね。だから先生が説明すれば、学校の先生はどうにもこうにもならない。だから、一番先生たちが怖がっていたというんです。だから学生時代の同級生同士もね、非常に怖がっておったんです。大概の若者たちはね、放課後の掃除というのは大嫌いなんですよ。そうでしょう。箒《ほうき》を持って、机を動かして何かするのは大嫌い。そうなんでしょ。君たちも体験したでしょう。そうすると、「君ができなかったら、嫌だったら、私一人でやる」。黙々とやってしまう。そういうことをよくやったんですよ。それで同級生同士が、「ああ、あれはもう阿呆《あほう》みたいだ」と。話はしない。無言でもってズーッとやったんだから、その当時の担当している先生よりも先生を怖がったんです。便所なんかスーッと行けばね、同級生も道をあける。牢屋の中に入ってもそうなんです。そういうことがありますね。それで、頭を下げるのが大嫌い。だから、今統一教会の人は、「先生がそうだから、我々もそうならざるを得ない。だから、統一教会の先生に対して頭を下げない」と訴える人もおるかも知れない。まあ、それでも結構である。そういう自信があれば、やってみな。しかし、君たち一人もそういう所に届かないというんです。先生を超えられないから、頭を下げざるを得ないという結論になる。だから幼い時からそういう性質だったんですね。だからうちの母は、非常に御苦労なさったわけなんです。喧嘩《けんか》するのをみれば、そういうことをやってはいけないという。その部落、村におきましてもね、子供の大将になる。自分より三歳、四歳、五歳、七歳上の十五歳、二十二、三歳の人たちと相手する。

神の存在の有無

先生は、今後の世界は科学の世界になることを知っておったんですけどね。そういう方向に進んでおったら、まあ博士、学位なんか一つではない。三つ以上。本当は何年後にはという決意をして出発したわけなんです。そして進んでみれば、そういうその目的にかなった時には、死の恐怖を如何に征服するか。本当に人間の王者として生き得るかという、そういうことを真剣に考えるというと、自分の存在問題とか、その根源の問題とか、人生の価値とかこういう問題があるんですね。そうすると人間としての自分の価値はどれだけか。自分の価値を知らない者は、相対的世界の宇宙の価値を、ああこれだと認めても、それが本当にならないというんですね。だから本当の自分の大なる価値を認めたら、その価値を一つの目安にして計り始めれば、それが何百何千延長しても間違いない。それが自分の価値の基準が間違っておれば、ずっと進めば現在はいい。しかし現在の環境においてこの価値は百パーセント良いといっても、それが時を追うに従ってその価値基準の間違いが明確になっていくというと、自分の唱えたその価値基準の築いた環境というのは、みんな塞《ふさ》いでしまう。自分の生涯の生活においては、惨《みじ》めにならざるを得ないという結論になるでしょう。

だから、これを四方八方から探り出して、本当に神はいるか。もしも神がおれば、問題はそこから始まるんですね。そうでしょう。自分自身が生まれたいから生まれて来たんじゃないというんですね。結果の存在である。原因の主体は何か。その主体は意識の存在か、無意識の存在か。無意識の存在だと、意識の存在がどうして現われてくるのか。目的観念を持ってるものや、現実におきまして主管性を立たした心情はどこから生じてくるか。あらゆることが問題になって来るんですよ。そうでしょう。だから結果の根源の主体は最高の理想的主体でなければならないというんですね。そうじゃなければ満足しない。そうじゃなければ、何やらかにやら問題じゃないということになる。そういう結論になるんです。それで本当に神は存在するのかという問題にぶつかるんですね。

そうすれば、いかなる方法をたどって神を認めるか。そうするというと、昔のその聖賢たちは、「天がある」ということを教えてくれた。天がある。天があれば、天の主体は何か。それは神様である。歴史の如何なる宗教においても、人間の深い教えのところには、みんな神と天を良心の最高の主体の中心として教える。これは数千年の歴史をかけて経てもそれを否定することができない。そのためには今までの歴史上の神の存在を認めて体験しなければならないということになる。そうすればその方向はどういう方向なのかわかってくる。

そうすると哲学の方向か、宗教の方向かということになるんですね。哲学のほうではですね。無形の存在を現実の生活の中でいくら哲学的論理を展開しても、それは解決できないんです。その限界まで行ってもまた塞《ふさ》がれて下ってしまうんです。そうすると人間の価値を見い出すことは到底できないというんです。宗教と哲学と何が違うか。宗教は神を認めて、そこから演繹《えんえき》的に関係を説明できるけれど、哲学は帰納法的なその方法の一片を通して探っておる。神がおると仮定して、その実在との関係を、我々の生活の圏内におきまして、歴史の生活圏内におきまして、我々の心の圏内におきましてそれを適用した時に、結果がそうならざるを得ない立場に立てば、神がおるに違いないと考えていかなきゃならない。逆に探ってその因縁を結果として認め、その認めた結果が全体に適用し、歴史的なすべてに適用すれば、それは神の存在を認めた宗教の主張が認識されるということになるんです。

神に至る道

それで、神に至る道は何か。方法はどういう方法を唱えておるかというと、祈りとか、出家とか、山に行って修行をしたり、俗界から遠ざかっていって、そして深い境地へ入って行く。心は何かということだね。仏教における座禅、禅宗によって心が何かを聞くより、心の元は何処にありや。我自身からか、あるいはその相対的主体からか。第一の権限が我、自己であるか。それともまた第二の権限になっておるか。いくら考えても、我は第二の権限に成らざるを得ない。我々が神秘的なその力の圏内を超越することができない。その感覚を受けておる。受けさせるその元の第一の位置はわからない

御言を語られる真の御父様（1965年１月30日）

ということになるでしょう。だから第二の位置に立っておる。それに違いない。第一は何か。それはどういうように考えても良心の関係を通して、その根源と関係を持っておるということは、認めるわけなんですね。だから良心は何か。良心の根源が何かということになるんです。その良心の根源が聖なる存在だったら、その結果も聖にならざるを得ない。それに対して我々の心には二つの方向がある。善に行こうとしたら、悪にも行こうとする、その問題が根本問題なんです。

だからちょっとでもその邪悪、私欲をね、自分の欲を持っておれば、ピーンと下に落ちて行くというんですね。そのときに感じ得る力というものは、自分が考えたより以上の何十億、何百万以上の力である。強いその力を体験し得る。しかしその半面、それに対応している良心においては、不満なる気が残っておるということになるんですね。それを如何に打開するか。こういうことを探っていくと、良心の元になる最終原因であるという神、その神は宇宙の大元の原因にならざるを得ない。

そうすると、その原因である存在が目的観念を持たなければ、人間や宇宙の存在価値はない。だから存在するものには目的がなければならない。だから宇宙内に存在するものは、あるほうから見ればこれはもう毒である。しかし、互いに関係をもって繋《つな》がってみれば益である。阿片《あへん》なんかそうなんでしょ。だから関係をもった宇宙間で見れば悪いものはないんですね。方向性を見れば、そういう見解が出る。神において悪というのは認めないんです。

だから祈りを通してやれというんですね。断食から何やら、そういう問題になって来る。そうすれば世界中におきまして、苦労の道を通して打開していこうというんですね。だから十年間の道を一カ年のうちに極めていくには、神は伝道せよというんですね。悪の世界に行って伝道すればするほど、善の要因を持っておれば、悪の世界に反発されるのが当然である。その舞台を広くすればするほど、そこに代表して打たれれば、支える神の力が伴わなければならない。善が打たれれば、自然法則はそれを補充してやらなければならない。低気圧になれば高気圧の空気を自然と送って来なきゃならない。原則なんです。だから、神の御旨をなす立場で反対される境地に立つというと、自分だけの力と思ったんだけど、その後方にいた神はそれに対応する力でもって支持してくれる。その力が如何に大きいかというと、闘おうとしている相手の大小によって、背後に保ち得る力も相対的に感じるというんですね。そうなんです。だから冒険なんか、ようやるんですね。ようやった。そうするとそれ以上の力で存在する神は、宇宙を中心として、宇宙の主権をもってサタンに対して衝突して、粉砕する。粉末みたいに飛び散って、バーンとして、そうすればヤーッと飛び立ったら、「あっ」と思い、終りだと考えたんだけど、気がつけば生きていた。そういう冒険を何度も超えなきゃならない。君たちはそういう体験をしたいんですか。しかし、先生がする以上にはできないんです。道が引かれているから。だから君たちは幸福である。親の苦労した親のその恩でもって、財産家に生まれたその人たちは労せずして財産を相続することができるように。そうなんですよ。だから良き親を持ちたい。そうでしょ。先生がそうだったら良き先生を持ちたい。近い友がそうだったら、その友と生活をする。その思いが強まって、そこに精誠を込めますね。

だから、こういう関係を見ればこの時代の一つの時期におきまして、一つの基準におきまして、一つの環境、位置において、その中心たる一人を中心として、こういう世界の摂理の焦点となる中心が決定されれば、これは一人の時世の代表者じゃない。その位置は韓国の位置じゃない。世界を超越した位置。世界を超越した環境。世界を超越した個人。その勝利は世界的に超越した勝利をもたらすというんですね。そういう理想の中心の立場に常時いるという人たちならば、それは幸、幸、幸、福、福、福。だから神の実在を認めて、存在するということをわかった以上は、神が作用せざるを得ない立場に立ってこそ、本源の善なる神を体験することができる。ジーッとしていてはわからない。君たちもそうでしょ。いくら博士や何やら、世界の大統領や首相といってもジーッとしている時には何もない。一人だ、一人だよ。しかしすべてのものを代表した立場で責任を持った我でなければならないという時には、その国運のすべてが後で応援する。そうなんです。見えないんだけど、そうなっているんです。サタンは、六千年間、神に対して戦い、人類に対して歴史的な仇《かたき》となった。現世だけでなく未来も仇になろうとするものだ。そういう神まで六千年間苦しめたそのサタンには、君たちだけでは、かなわないんですよ。君たちは。「ああ、サタンなんか問題じゃない」というが、先生が考えるには、本当に問題じゃないか。その内容は恐ろしいことなんです。

サタンとの闘い

それで君たちはね、今、訓練しておるところなんです。だから原理を勉強せよと言うんです。そこで訓練せよ。路傍伝道せよ。サタンに対する戦争準備なんです。そうして何を体験するか。我々の原理、神と共に我々の原理の正しさを体験する。その体験した、それこそが自分の宝であるというんですよ。誰も奪い取ることができない。しかしその主人になるには、私のサインがなければならないというんだ。そういう絶対的な持ち主の位置を決定せんがために、君たちを責め立てる。わかりますか。その立場において神の存在を認め、神の権威を認めるために。だから先生が今まで説いて来たすべてが本当にわかるということは、その事実の生活の舞台において、それを感じなければならない。「そうだ」と。誰が何と言ってもこれは間違いじゃない。夜、祈祷しながら考えて、「この原理は間違いない」と。先生もそうです。ある時は祈りもそうなんだけど、びっくりして目が覚めて考えてみたら、「ああ、本当か。前にもなかった、後にもない。たった今、現世において一つしかないその一つが私の勝利になっておる。本当か」。そういうように、頭がピンと回るんですね。本当か。この勝利は本当か。その数多くの聖人、義人たちが今までそれを成せずしてみんな死の峠を越えて行ったのに、その限界をまだ行かないうちに、その勝利の頂点の上に立っている。先生もそうなんですよ。先生も。これは本当なのか。そうして、夜考えても間違いない。どう考えても間違いない。だからこの道を黙々とたどって行っても満足であるという結論になる。

一昨日、三日前、飛行機に乗る時、この飛行機が日本海の空中でね、爆発したらどうなるかということを考えた。そうすれば、サタンは万々歳のことじゃないですか。地上では統一教会では、ぽろぽろと涙が流れるでしょう。何をぽろぽろしますか。涙がぽろぽろ。そうでしょう。そういうことがあるかも知れない。先生が行くとね、世界的なサタンが追ってくるんです。神も守ってくれるんだけどね。いつも運転手に注意するのは、「先生の車は故障なんか起こさない」というから、「君の心情如何によって左右する」という。ある時、走って来た道を曲がった時に、「この野郎」とサタンがくる。最高の心情において精誠の気持ちでもって走らなきゃならない。一九五七年、先生はズーッと夜も走るんですね。その時はもう韓国では車も多いんですがね。その時は、「私にはお金がない」と言って、夜も走る。「お、止まれ！」と言われても止まるもんじゃない。忙しい。そういうことをやったんですがね。そういう時はパッと行く前に決定する。間違いない。いくら何と言ってもぶつかったらみんな倒れてしまう。それが的中するんですよ。それが先生の生活の普通の人間と違うところなんですね。そうしてその四十日間を先生は巡回して、みんなに面白い話をしてね。運転手も楽じゃないというんですね。夜も昼も走っておるんだからね、人間の精密機械的な肉体というのものはね、ある限界がある。だからボヤーッとする。しかし後にはサタンが追って来るんですね。そういう戦いなんです。

死を覚悟した道

だから先生の今までの行く道は、ある部落に入れば総動員しておっぽり出される。韓国に生まれて、この真理を宣布し始めたら韓国がおっぽり出す。しかしその場で逃げ出さなかったというんですね。その立場において忍耐して闘ってきた。日本におきまして、「統一教会は日本国家の今の現世の政府に反対する宗教だ。成約聖徒をみんな逮捕する」。もしそのようになった場合には、成約聖徒の君たちはどう言うんですか。「ああ、よろしゅうございます。心から待っておりました。どうぞよろしくお願いします」。そうですか。島原の乱があるでしょう。その時の記念館があるでしょう。君たちの先祖たち、クリスチャンの血統を正統に支えて来た先祖たちはだいぶ国家の主権から迫害されてきたんだけどね、それに服しなかったんです。それがキリスト教の殉教の道だった。それが違うんですね。血でもって基盤を造ってきた教えである。普通のと違うのはそれなんです。その実として生まれて来た統一教会の成約信徒はそういう決意をもっておるんですから、可愛《かわい》い娘の、柔らかい肌に火箸《ばし》を差し込んで、「まだ信じるか」と言って、私の顔が醜い顔になるという立場に立っても問題じゃないですか。あるいは足を切断されても問題じゃないですか。それを考えてみなければならない。

先生がこの道を出発するには、死ということをいつも考えないことはなかったんですよ。死は決定している。だから男らしく生きて行く、そのことを神に誓ったんです。この大なる責任を果たすには、死の峠はいくらでも越えていこう。その時にはその目的、自分の使命を目指して、生死の境に立って勝利の道をたどろうとするその道を引き返すことはできない。そういう人には絶対ならない。だから、そういう人になり得るかどうかを実験しようと。だから牢屋なんかで、血を吐く立場におきまして、死の境地を超えるという、十字架にかかるイエス様の運命の境地を超えてきた。先生もその過去にですね、多くの拷問を受けたんです。君たちには話してないよ。それは日本統治の時代にもそうだったんですよ。共産主義政権のもとでもそうだった。韓国におきましても。三国の主権圏内におきまして迫害を受けたんです。牢屋の中に入って、牢屋から地上天国の実現の道を始めなければならない。イエス様もそうでしょう。十字架で死んだあと、三日間の使命を受けて地獄において伝道した。イエス様は霊的天国を建設するためには、地獄の門を開放しておかなければならないというんですね。だから先生も牢屋から天国を造らなければならない。先生が牢屋から出られたのも、サタンが自分で門を開けて、「どうぞお帰りなさい」と。そうして許可をもらって、先生はそういう路程を越えてきた。だからその立場に立てる。

韓国動乱の時はね、先生は北韓にいたんですよ。共産主義治下にあったんですがね。興南《フンナム》の牢屋に入った。彼らの世界がよくわかったんです。先生が出られたのは十月十四日なんです。十月十日くらいには、最後が近づいているのをわかっておったんですよ。そうして普通の人は麻の縄を何に使うか誰も知らない。その時先生は知った。共産主義はいかなるものかということを先生はもう知っておるんだからね、これはもう間違いなく最後、虐殺するということがわかったんです。囚人たちを縄で結んで連れて行って最後の道を行かせようとした。先生はその時は、共産主義において五年の刑を受けた囚人だった。だから五年以上の順番で第一回、第二回、第三回。三年以上と、みんなやるんです。そのうち興南がUN軍によって攻撃され、そこで共産党たちは逃げようとしているわけなんです。それで囚人たちも荷物をまとめてみんな逃げた。それで先生は、出られたわけなんですね。

そうして十月二十四日に平壌《ピョンヤン》に着いた。それから南の方に韓国に行くようになったわけなんです。それは、行かなきゃいけないんです。蕩減原理におきまして、そう成らざるを得ない。そうして、韓国に行っても韓国からまた追い出される。そこで今までズーッとたどってきたわけなんですね。

それで韓国の政府でもって旅券を出してやらなきゃならないという段階になったら、「どうぞ行っていらっしゃい」。そうして日本の政府も韓国の外務省でも認可して、こういうふうに基盤を造ったというのは神の恵みですね。

韓国統一教会認可への闘い

韓国の文部大臣は、文部部長なんですがね、それが不思議ですね。その名が先生と同じ姓なんです。「文《ムン》」です。それは聖書にはね、自分の家族が敵になる、そういうところがあるでしょう。だからそうならざるを得ない。先生の一生におきまして重大な時には「文姓《ムン》」が現われる。それは面白いですね。一生において忘れられない三人の文がおるんです。不思議だったんですね。その一人が米国の宣教師の朴《パク》さんから原理を聞いたんです。それで統一教会は、世界一の発展性を持っているということがわかったんです。それで心から、徐々に我々の方を応援して、「認可させよ」と命令を出したんだけど、そういう部長を中心とした局長とか、そういう人たちがみんな既成教会の長老とか熱烈な信者たちだ。統一教会は全国において活発な活動をしておるから、これは既成教会の怖き存在になるに違いない。それで自分たちは応援したいに違いないんだけど、この局長たちはみんな組み合って、そうして登録を却下するという書類を考案して、そして局長を通して、それから文部部長まで出したわけなんです。その部長さんは認可する命令を出したんだけど、その局長が出張していなかった。それでその課長が却下する書類をみんな作って、そうして課長を通して、代理局長の印を押して、そして部長のほうに提出した。その部長はですね、統一教会の登録認可の書類を作って、自分まで持って来たと思ったんですね。それで判を押したわけなんです。押したら、結局は登録を却下する内容を読まずして押した結果になった。押してからはそれは却下という立場に立った。それで部長は首をかしげてしまった。その部長は既成教会の長老だったんですね。しかし自分の印を押したんですから、従わなければならなくて、そういう結果になった。

それで既成教会ではどういうことになったか。「韓国の統一グループは、日本でも活動している」という闘争をして、それを問題にして一年以上かかったんですよ。そのうち、統一教会では金無しで活動することを彼らがわかったわけなんです。食わず、寝ず、着ずして活動する。自分たちが直接全国を調査してみてわかったわけなんです。それで、その時になるというと、我々に必要な人が自然とその中心人物に立つということになるんですね。一つの衝突があれば、その次には神の方の勝利の責任を持たせられるそういう立場が出てくるんですよ。そうして一九六三年に認可された。

だから、それが問題になった。啓蒙《けいもう》をして、色々奉仕的な仕事をすれば、あらゆる農村開発の問題に携《たずさ》わって、これは直接の問題になってくる。そうすると大衆は我々の方に味方になってる。警察の方は反対になっている。だからその時には四年くらい伝道に出発させたわけなんですね。それで統一教会の青年たちは堂々と勝利したわけなんです。毎日生活しなけりゃならないというのは、国策のその重要な骨子なんです。それに応じて生活するのが我々だ。一年に啓蒙した人は十五万。反対している交番の巡査たちもみんな知っておるでしょう。良心があるんです。良心に訴える。彼らは上の方の命令に従う者だけれど、もう良心の呵責《かしゃく》でどうにもこうにもならないで、我々の立場をちょっと考えている。悪い所じゃない。我々は真は真として立たせなきゃならない。それで問題になってきた。それで内務省と文部省が長官を通して喧嘩《けんか》しなければならない。内務省によれば、統一教会は国策に応ずる団体として活動している。それで文部大臣に訴えて来た。しかし統一教会は夜も昼も分別しないものであると言って、却下の命令を文部大臣が広報でもって報じた。だから最高の闘いをしたんです。しかし、いずれにしても統一教会の原理は本当であったということなんです。それでやむを得ず、これは認めなければならない、どうにもこうにもできないという立場に突っ込まれて、認可しなければならない。渋い顔をして屈伏したわけなんです。そういう闘いをして来たんです。そこには、蕩滅原理の内的闘いが勝利したんだということが君たち、わからないでしょう。今日先生の話を聞けば、そういうことがわかるでしょう。だからそういう問題を直接指導しなければならない。そういう闘いをして、その後に国家的公認を得ることになる。だから、だんだんと大きくなるというと社会問題になって来るでしょう。国家問題になって来るでしょう。しかしいかなる人が統一教会を見ても間違いないということを、良心を持った人ならそれを聞いて頭を下げざるを得ない。そうすればすべてのものがそこに服従し得る時期が来るというんですね。だから今まで三年の路程の功績でもって我々は闘って韓国の勝利の基盤を造ったんですね。だから今は世界いずれにおきましても統一の運勢は、国家的活動舞台を延長して世界の舞台に、開拓路程が始まる。今先生の旅行の途中なんです。

南北統一に向けての摂理

最後の結論にしましょう。結論というと、神の理想に成り得る最高の道というのは、統一教会以外には世界にいずこにもない。前にもなかったし、後にもない、永遠と続く勝利の基盤になるんじゃないかと思います。我々は内的世界の天情をもって言うんだ。それを考えて行かなきゃならないというんですね。

宗教と政治は分離する。日本の憲法には、そういうように決まっておるんでしょ。まず第一に私たちの生活の舞台が問題である。今からは経済が問題であるというんです。今まで先生は金を捨てて行ったんですよ。三年前には金があれば、これは邪魔なんです。心情の世界には接することができない。親がその息子を訪ねて行くという、惨《みじ》めなその子供を見た時には、胸を絞《しぼ》るような痛みを感じる。ボロを着ておれば、そのボロが親の胸に刺さる針である。あるいは不幸になっておるというと、それはもっともっとそうなんでしょう。そこにおいて心情の最高の位置を決定するということになる。だから三年の路程におきましては、君たちは金でもってこの道を行くんじゃない。血と涙と汗で行くのが本当なんです。

次に第一に韓国統一を如何にするか。いつかはUNのフォローで統一選挙をしようと、北韓の方から唱えて来るのも遠くないんです。南韓におきましては、そういう対策を何もしておらない。それに対して、統一教会がやらなきゃならない。今共産主義の理念に対して民主主義はもう何もない。思想的にははっきり負ける。そういう瀬戸際である。民主世界は多くのUN軍を派遣して韓国のその一戦を煽《あお》っておるでしょう。世界的な共産と民主の戦いの最先端の位置に立っておるのが韓国なんです。板《パン》門店《ムンヂョム》という所を知っておるでしょう。それはサタンと神様とその一線。世界はその一点しかない。相当の会議を重ねているんですがね、ここにおいて今、韓国が行動しても、共産主義を退治することはできない。いざUNのほうでもって南北統一選挙をするというと、北韓の方では自信を持っておる。地下組織を通して、今工作しておる。遠からずして三八度線を撤廃《てっぱい》して、UNの方法で選挙するその計画を適用しようという時が必ず来ます。

それに対して統一教会は準備する。これは思想武装。共産主義を批判し、屈伏し得る実力を造って、いざというその時が来たならば、我々の活動が動くように準備しているんです。そうして韓国におきまして、我々統一教会の理念でもって、共産主義を制圧したということになれば民主主義の世界は我々に関心を持つというんです。そうすると民主主義世界は統一教会の理念を自分の指導理念として、各国はこれを歓迎して迎え入れなければならないという結果に立つわけなんです。それは政府高官の人たちは考えていない。今、韓国の国会では問題になっておるんですがね。それは内容がないんです。効果がないんです。それを先生は、この原理を通して基盤を造らないといけない。だから三年の間に我々は何を残すかと先生は言ったんです。共産主義よりも統一教会は労働者階級を愛したと。平均以下の人類に対して奉仕したと。そして、彼らは飢えながら我々のために働いた。食うものがなければ、自分の血を売って生命を繋《つな》がしながら、自分たちでやった。それをみんなわかっている。だから統一教会は貧民階級を、共産主義者以上に愛したという実績、事実が問題になる。その基準を造らなければならない。それで逆に我々は宣伝しなけりゃならない。何を持って宣伝するか。物質的その材料を持って宣伝する。我々はこういう生活をして、貧民階級の人々を愛した。だから、まず生活を変えた。それから文化水準向上。それを教育しておるんですよ。だから今、義務教育はね、小学しかなっていないんですけどね、中等学校以上の教育を、我々教会を中心として今全国的に活動してやっているんです。それが大なる影響を起こしておるんです。普通の国民学校において、同じ机で勉強したその子たちが中学や高校へ行って、堂々として部落へ帰れば、同じ同期生の立場に立っているその貧民階級の子女たちは反発せざるを得ない。その反発心に共産主義は侵入して来るというから、これはもう恐ろしい発展ぶりの要素を持っている。これを如何にして防ぐか。それを先生は三年間の目標として、統一教会の理想の方向に全民族が携《たずさ》わって行かなければ生きる道がないということを見せようとした。それが三年の努力の結果、命中したわけなんですよ。今、国会でも、ある党なんかには、国家を救うには宗教の精神を母体にしなけりゃならないと主張する人がボツボツ現われておる。そこまで我々は用意して、今活動しておるというんですね。普通の人はわからない。

それができれば、国家的にアメリカにハサミを入れて一新するというんですね。だから、七年間に如何にして勝利の基盤を全国的に造るかというのが問題なんです。だから、それには多くの財力が必要でありましょう。だから、その勝利の決定が決まれば、天の勝利の主権になり得れば、アメリカも一対一、世界各国が一対一になる。一対一の立場であれば、我々の伝道部隊は世界最高になるというんですね。我々の理想は、膨大《ぼうだい》な内容を持っているというんですよ。だから統一教会は、帯を締《し》めて最高の勝利を訴える。だから急がなきゃならない。

今後の摂理的計画

西川先生がいなくても、よろしいでしょう。日本も色々問題になって来て、三カ月以内に帰国してくださいというのも、時が来たから。そうでしょう。もういなくてもいいでしょう。いなくてもいいと言えば、すぐ手続きして、アメリカに引き連れて行く。今晩でも手紙を出せば、ドイツに行きたかったらドイツに行きます。アメリカに行きたかったら行きます。問題はね、アメリカのその教会はですね、金はそう多くないんです。君たちの旅費をみんな出してやるということは、できるかできないかわからないけれど、君たちを呼び出して連れて行く基盤ができておるんです。日本でもってね、それらの費用なんかみんな出せばね、いくらでも行けるというんですね。そういう基盤になっておる。だから統一教会人の海外旅行の数が国家すべての機関の旅行数を凌駕《りょうが》しなければならない。そうなれば国運は良くなる。世界的問題解決するには、アメリカの「ニューヨークタイムズ」を如何に動かすか。「ロンドンタイムズ」をいかに動かすかという、そうなっておるんです。最後には伝統を造る基盤ができれば、それから宣伝問題になっていくんですね。基盤を造るのが難しいんです。

また世界学会に統一教会は宣言文を出す。統一教会の原理を一年間研究してその研究した結果でもって試験にパスした人間は、五千万円の賞金をやると言ったら、世界の各層はみんな目が飛び出すでしょう。学生やら、学者やら、すべてのあなたたちの頭は、誰にも負けようがないといって自信がある者は、若者も男女を超越して、みんな研究するというんですね。また我々の原理を映画化すれば、これは世界の問題になるんです。だから韓国におきましてね、映画界の会長が来て、「先生、洗礼ヨハネの問題、これは十億以上のクリスチャンが騒ぎ出すな」と。そうなるんですよ。殺してはいけない、死してはいけないというイエス様が十字架に掛かられて逝《い》ったということが、ユダヤ人の悲惨な歴史を来たらしたということなんです。それは映画でもって世界的に宣伝する。材料はいくらでも、方法はいくらでもある。だから包囲作戦を如何にするか。そして、苦労をよりし、処理を如何にするかという問題なんです。処理するには期間を良くしなければならない。だから、先生が韓国においても日本に対しても直接に、「君たち伝道やれ」という命令をしたことがありますか？　先生は知らない。アメリカにしても、「伝道やれ」と命令しなかった。だったら、「先生はアメリカとか日本の食口《シック》たちを愛さないという結果になるんじゃないか」と、そういう質問をする。そうじゃない。責任を持った韓国の人々が責任を全うし得ない時期において、責任を持ち得ない弟たちに責任を任せることはできないというんですね。そうなんでしょう。だから親という立場に立っては、そんなことはできないんですよ。黙って先生は見ておったんですね。そうすると韓国も日本も伝道しなければならないとして、裸足《はだし》でもって行こうと。旅費なんかみんな自分たちで出して、そうして一年間ぐらい行こうと。そして相当発展したんですよ。アメリカもそうだ。先生は全然命令しない。命令しないその基盤でもって組織されたら、命令されて結果を来たすより、それがかえって神のほうに栄光であるというんですね。だから韓国で動いている伝統の多くを、手紙や噂《うわさ》で知って日本や米国の食口《シック》たちが、そういう結果をもたらしたということになれば、それは先生が命令をして結果を出す以上の先生の望みとなるんです。

だから今度来て、色々な話を早い言葉でやっておるんですがね。相当、先生の言葉早いでしょう。今まで韓国の言葉を二十年間使っておったんだけどね、日本語を昔は相当使ったんですよ。学生時代にはね、日本の友達と論争する時にはね、「これは、江本さんには叶《かな》わない」と、そういうことを言っておったんですよ。それは、日本語を日本人より以上早く話をする訓練をした。一息でもって、何百語話すということを練習したんですよ。韓国語もそうです。この心霊的最高の神の立場に立っては、

「君ーたちーはー、世ー界ー的ー使ー命ーをー」。その時は一言の圏内でもって打ってやらなきゃならない。それを感ずるような人だったら、ピャーッと話す。だから韓国語で先生が説教する時は恐ろしいんです。今はこれくらいの速さで話しするんだけど、半分は冗談を合わせて話しているんですがね、本当はそうじゃないんです。怖いんです。目を鋭くすればみんな怖いんですね。ハアーッ！　面白いでしょう。なぜ冗談なんかするか。長い時間、精神を引きずるようにして、ある目的の位置に運搬《うんぱん》してやるには、冗談も必要だ。二時間、三時間、四時間、僕《ぼく》の最高の記録は十一時間四十分かかった。世界の最高かもしれません。休み時間をちょっと合わせて話ながら立っておるのが十二時間ですね。十二時間説教した。その間集まっている群集たちが便所も行かず、十二時間、座ったり、立ったり、居眠りしたり。それは奇蹟だ。もしもね、先生が英語が上手だったら、一億八千万の人は握り締《し》めたいね。本当なんですよ。先生は野望が多かったんです。日本におる青年たちもそういう希望がある？

韓国におきましては今、統一教会を信じなかったら、みんな袋包んで脱走準備をしないといけない。どこかに逃げなければ、信じなければならない。君たちの、休んで休んでという、今までのような生活ぶりは許さない。そうなっているんです。夜も晩も追い出す。寝たら、「起きろ、起きろ」。布団敷いても起こす。「行け！　行け！」。だから今統一教会は韓国の名所になってる。日本に来るといったら、日本の外務省で問題になって来た。「この野郎は裏町の陰の親分。これが来れば、日本に何か悪い影響を及ぼす」と心配しておる。

韓国のプロレスラーは二人か三人しかないんです。それで、「先生もいないのに、五人を相手にする妙技をどこで習ったか」と聞いて見ると、「自分には先生がない」というんですね。お爺《じい》さんが現われて教えてくれたというんです。その妙技が素晴らしいものになっている。その妙技は、世界的に有名なんです。体格はちょっと小さいんであってね、力道山、おったでしょう。だから、先生はね、世界の舞台を開いてやる。だから日本に行ったり、韓国に招待してやればね、同様に名声は上がるでしょう。そうすれば世界の米国の空手道場が統一教会になっておるんだからね。あれで米国の青年たちを訓練しているんです。それは体の訓練道場であると共に良心的に、発展性のある青年になれば、これは連れていって原理講義する。そして、サタン世界の頭《かしら》の連中みんなを懐《ふところ》の中に入れなきゃならない。だから、韓国におきましては数多くの人たちが先生の後を守っています。ソウルの町で内務省でも手の付けようのない連中たちを今動かしている。小さいのが、でかいのをみんな、頭を押さえているんです。だから、プロレスの連中たちを中心として全国に広がっておる連中の頭をみんな集めてその団体を造ろう。天国建設の最先端に立って、鉄砲の玉の身代わりとして立たし得る強い軍隊を造ろうというのが先生の思想なんです。

五、『イエス様の最期と我々の覚悟』

一九六五年一月三十一日聖日礼拝
本部教会（東京都渋谷区南平台）

（真の御父様による文語訳聖書の拝読　マタイ傳《でん》福音書　第二十七章四十五節〜五十六節）

「晝《ひる》の十二時《じふにじ》より地《ち》の上《うへ》あまねく暗《くら》くなりて、三時《さんじ》に及《およ》ぶ。三時《さんじ》ごろイエス大聲《おほごゑ》に叫《さけ》びて『エリ、エリ、レマ、サバクタニ』と言《い》ひ給《たま》ふ。わが神、わが神、なんぞ我《われ》を見棄《みす》て給《たま》ひしとの意《こころ》なり。そこに立《た》つ者《もの》のうち或《あ》る人々《ひとびと》これを聞《き》きて『彼《かれ》はエリヤを呼《よ》ぶなり』と言《い》ふ。直《ただ》ちにその中《うち》の一人《ひとり》はしりゆきて海綿《うみわた》をとり、酸《す》き葡萄酒《ぶだうしゅ》を含《ふく》ませ、葦《あし》につけてイエスに飲《の》ましむ。その他《ほか》の者《もの》ども言《い》ふ『まて、エリヤ來《きた》りて彼《かれ》を救《すく》ふや否《いな》や、我《われ》ら之《これ》を見《み》ん』イエス再《ふたた》び大聲《おほごゑ》に呼《よば》はりて息絶《いきた》えたまふ。視《み》よ、聖所《せいじょ》の幕《まく》、上《うへ》より下《した》まで裂《さ》けて二《ふた》つとなり、また地震《ちふる》ひ、磐《いは》さけ、墓《はか》ひらけて、眠《ねむ》りたる聖徒《せいと》の屍體《しかばね》おほく活《い》きかへり、イエスの復活《よみがへり》ののち墓《はか》をいで、聖《せい》なる都《みやこ》に入《い》りて、多《おほ》くの人《ひと》に現《あらは》れたり。百卒長《ひゃくそつちゃう》および之《これ》と共《とも》にイエスを守《まも》りゐたる者《もの》ども、地震《ぢしん》とその有《あ》りし事《こと》を見《み》て、甚《いた》く懼《おそ》れ『實《げ》に彼《かれ》は神の子《こ》なりき』と言《い》へり。その處《ところ》にて遥《はるか》に望《のぞ》みゐたる多《おほ》くの女《をんな》あり、イエスに事《つか》へてガリラヤより從《したが》ひ來《きた》りし者《もの》どもなり。その中《なか》には、マグダラのマリヤ、ヤコブとヨセフとの母《はは》マリヤ及《およ》びゼベダイの子《こ》らの母《はは》などもゐたり。」

（祈祷）

天の御父様、あなたはこの人間たちが地球を愛する前に、もっともっと愛しておったあなたであることを私たちは知っております。この宇宙を愛しておったということもわかっております。それ以前心の中から万物創造の理想を立てて、それを実現しようとする時の愛の心でもって、今世界のすべてのものの、諸々《もろもろ》の隅々の中まで、神は愛し、神は共にいらしたことを我々はわかりました。

なくてはならない生命の根源であり、そして全体の中心であり、そしてすべての因縁と関係の、そして願いの的《まと》が、あなたであるということをわかりました。この中心によって、この目的の一点におきまして、あなたの心情と共に永遠なる関係と無限なる希望の生活の舞台におきまして、その生活上に実に切々たる心であなたを慕い、また侍《はべ》り奉るその本当の子供として立たなければならない人間でありましたけれども、我々の始祖の一日の過《あやま》ちにおきまして、この尊きあなたの聖所として創造せられたるすべての天宙を失われたるその痛みを我々はわかりました。

その日から、あなたの心の中に探し求めた人間の真の親、そしてその親を中心としたる真の家庭、その家庭を中心として、真の血統を共に結ばれる全人類を、あなたはいかに慕うたかということは、我々は原理を通して学びました。しかしこの現世におきまして、この地上に住んでおる三十億という数多くの人間は、あなたにとっては、あってはならない人間になっておるという、あなたの御胸《おんむね》に針を刺すような痛みの塊《かたまり》であるということを我々はわかります。

あなたが慕い求めて来た真なる人間はいずこにありや。真なる一つの家庭を通して、一つの氏族、あるいは民族を通して、国家、理想的な世界、その懐《ふところ》の中にたったお一人でわかっているその理想を、この地上の人間大半がそれをわかっていなかったというその悲惨なることを、我々は歴史の子孫の罪悪たることを、悔い改めなければならない立場であります。どうか、今までの歴史の先祖たちが、あなたに犯したる罪を許してください。現世におるすべての人類の過《あやま》ちを許してください。そうしてあなたの御様子《ごようす》を仰ぎ奉りながら、涙と共にあなたを慰めることができるような真なる人たちができるように、あなたが力をつけてくださらんことを、もっともっとお願いする次第です。

行けば行くほど、復帰路程という険しい蕩減の道をたどって来たあなたは、我々の真なる親であり、なくてはならない人類の根本である大もとの真の親であるということがわかりました。これから私たちの行くべき道は、あなたと共に行こうとして何遍も何遍も誓い覚悟したものでございます。死の世界の峠でも、あるいは茨《いばら》の路程におきまして、あるいはすべてに捨てられて死の境地に立つ間際《まぎわ》の瞬間においても、あなたと共に生き、あなたと共に死するという、その決意を固くする本当の子女たちとなるように、この時間に御恵み給わらんことを切にお願い申し上げます。

神はこの一億の日本国民を愛し、そうしてこの全国に広がっておるあなたの子女たちを愛して、そしてこの日本を通して全世界に、あるいは天宙復帰のためになくてはならない使命を果たそうとしているこことを私は知っています。あなたが、この日本の人々が愛する前に、この日本の地を愛したことをわかっております。日本の人より以上の愛の心でもって、この民族を愛しているということをわかっています。この国を愛しているということをわかっています。その愛の心情を我々は即に受け給い、そして誰よりも愛せざる深き所において、この日本を愛し、この日本の国民を愛し、この国を愛して、この国を愛するのは、神の御希望を成さんがために、神の御意《みこころ》にかなう本当の世界になくてはならないその国として成らせんがために、我々は闘わなくてはならない重大なる使命を持っているということを、もっともっとこの時間に感ずるように、神は力と共に恵みを授けてくださらんことをお祈り申し上げます。

日本におきまして、初めてこの聖日を迎えました。慕い慕った、心より慕ったこの子女たちに会うこの聖日におきまして、まず神は、宝座に囲まれているすべての我々の先祖と共に喜んでください。そうして、なくてはならない重要なものを我々に授けてください。やらなければならない重大なことを我々に命令してください。そうして神が我々の行く後について、本当に安んじられるその希望に見られるような、その歩みを成すことができますように、我々のすべての生活、すべての環境を責任持つような、本当の天におきましてなくてはならないこの子女たちとなるように、神よ、育て、あるいは恵みを授けてくださらんことをこの時間お祈り申し上げます。

我々の原理を中心として、あるいは韓国におきまして、あるいは米国におきまして、世界の至る所に、この心情の理想を抱いて心を痛めながら慕う食口《シック》たちを、神よ、愛し給え。この聖日に、共に神の御恵みが満ち満ちてくださらんことを切に申し上げます。どうかこの時間を御旨にかなうような時間になるように御導き、主管してくださることを本当に、本当に、心から願うものでございます。すべてをつかさどり、神の喜びの一時間となるように、聖霊がすべての心を、その心の窓を開いて、そして神の喜びのその恵みが、我々の心情と共に心の中に留まるこの時間ができますように御守ってくださらんことをお願いいし、サタンの誘惑がこの時間に無いように、我々と神一体になってこの最善の栄光に至れるように守りくださらんことを、真の親の御名によってお祈りお捧げ申し上げます。アーメン。

今の時間、皆さんと話そうとするその題目は、『イエス様の最期と我々の覚悟』というその題でもって、話したいと思います。

イエス様の願い

イエス様は罪なき主であるということは、我々は知っております。本当の救い主であるイエス様ならば、誰が信じなくても認めなくても、この天宙はそのイエス様を、またその理想を受けなければならない。また天の神様がおるならば、その救い主の理想を、すぐに察してやらなければならないということは、それはもちろんなのであります。それで人間におきましても、なくてはならないお方であり、あるいは神様におきましても、なくてはならないお方である。天宙すべての存在、いかに小さい存在におきましてもなくてはならないお方であるということは、知っているのであります。そういう

聖歌指導される真の御父様（1965年１月31日）

関係、そういう因縁を、共にしておる、このすべての天宙は、イエス様の御理想と共に、この天宙の世界は理想を兼ね得た、いわゆる成就したる、その世界に共にいるとともに、それを願っている神様御自身もよろずの天宙の中で、イエス様と共に、すべての人類はもちろん、すべての万物と共に、生活の基準を、イエス様を中心として、成さなければならないということは、当然なのであります。

それで、イエス様の願いは地の願いであり、天の願いである。人類の願いであり、神様の願いである。その願いというのは、ある時代におきまして成される願いである。歴史を超越して、時代を超越して、過去あるいは現在未来を超越して成し遂げなければならない絶対的な願いである。そういうのが、イエス様がもともと、天から遣《つか》わされる時に持ってきた願いであったんだけど、果たしてその願いが、地になくてはならない願いになっているか。天とあるいは人類、あるいは神様の願いとして、この宇宙間に成されておるかといえば成されてない。これは何の故であるか。これはイエス様の願い以外に、前もってこの地上に、一つの本当の願いに背く一つの願いが生じたからである。この地に生じたその願いは、人類の、人々の願いみたいな願いとなり、この願い、人のすべての願いは、神にあるいは天に対して背く願いになっておるから、真の願いと、この願わざる願いがぶつかって解決しなければならないという立場に立ったのが、この地上が求めている救い主の願いであったわけなんです。それを解決せんがために、神は地上に救い主を送らなければならない立場に立ったわけなんです。

そうすると、イエス様の持って来られたその願い、あるいはその目的、あるいはその理想は、純然たる道を通して、それが地上に果たし得られたかというと、得られなかった。この地上に、神に背く、あるいはサタンを中心とした、ある願い、目的があればあるほど、神はある基盤を造って愛なる環境をもっておればおるほど、その力というのは、イエス様の願いであり、あるいは、目的に対して理想に対して、大なる損失を、あるいは反対の力として現われざるを得ない。それでイエス様が地上に来る前に、その時は、その一時を、全世界的理想を実現し得る、イエス様の来られるその時に、そういう反対の願いと目的がイエス様にぶつかった時に、衝突した時に、イエス様の勝利の基台を造ろうとしたのが神の摂理だということを、我々はわかっております。

復帰摂理における神の願い

もともと、創造理想におきましては、我々には、救い主とか、あるいは宗教とか祈りとかいうのは必要ではありません。救い主を要するという立場に立ったということは、いわゆるそれは、堕落したからである。もしも堕落しなかったなら、我々には救い主は、宗教という名詞は、我々にはお祈りというこの道も必要ありません。また、神と共にお会いし、その心情を表現し、生活におきまして、神に接するそれ自体が、宗教以上の宗教であり、祈り以上の祈りである。その生活を営むそれ自体が、救い主以上の、地上におきましてサタンの願いを破壊して戦わなければならないイエス様の価値以上の価値である。しかし、そういう神の創造目的にかなう我々の先祖にならなかったから、問題が生じた。それで神は、もともと御意《みこころ》に決めたこの創造理想の世界、神の声に従う天宙、その中にあるすべてのものが、神の心情と共に、生活観を世界化した、あるいは理想化した天宙を成そうとしたのが神の創造であるから、その創造の中に、神の心情を兼ねて、我々が人類の先祖と共に喜び、あるいは幸福を称《たた》えながら、生活上の本当なる父の位置に立とうとしたのが、神の創造の最高の目的であるということを我々は原理を通してわかりました。

それで堕落した我々の先祖によりまして、アダムあるいはエバ、そこから生まれたカインとアベルというアダムの家庭が生じました。その家庭というのは、神の願うところの家庭ではなかった。そこから血統を受け継いで数多くの子孫が生まれ、それが生まれると同時に、子孫という子孫は、まだまだ神におきまして悲しみのその子孫であった。数が多ければ多いほど、それが神にとりましては、もっともっと悲しみの条件が増えたということを私たちはわからなければなりません。それは一つの民族、あるいは一つの国家として、そうして一つの世界人類を成したということを考える時に、それをそのまま捨てておけば、神御自身は、たまらない。真の親の心情を持っておる、あるいは堕落はしたけれど、この人類は自分の子女として育てなければならない、本然のその心情の基準から見れば、いわゆる愛し抜く自分の子女であった人類が、その仇《かたき》に盗まれ、その苦しみのどん底へと落ちて行く、苦しみのこの人類を眺《なが》める時に、そのまま捨てておくわけにはいかない。それは、原理的な立場においても、それを許せない。そういういかなる苦労の道をとっても、これを全部救わなければならないのが神の心であると。だんだんと地上に広がって行く人類の数が多ければ多いほど、それが地球に広がれば広がるほど、それに反して、神の心にはもっともっとつらい、あるいは悲惨なる痛みを感じざるを得ない立場であったということは、いうまでもありません。それに応じて、サタンは神に讒訴《ざんそ》する。「もともと神の希望である世界は、アダムを中心としてこういう世界を、あるいはすべての人類をあなたの懐《ふところ》に抱いて、そうして永遠なる愛の世界を建設しようとしたのがあなたの御理想であるんだけど、今になっては、私を中心としてこういう世界、この世界におきまして、あなたが求める本当の子女がありますか。あるいは家庭がありますか。あるいは民族、あるいは国家がありますか」。こういうような立場におきまして、サタンは神に讒訴《ざんそ》をしたということを考える時に、神御自身におきましてはそういうサタンというものを、認められざる立場にあったというのは、何によるものか。

人間と神は、親子であるというその心情の基準があるから、そういう立場に立たざるを得なかったのである。

それでこの怨讐《おんしゅう》を退けて、この世界を、神御自身の最初の理想に復帰させ、取り返すのが、今までの摂理歴史なのである。それで今までの歴史に神は摂理の理想を述べた。未来におきまして真の救い主を送った時に、その救い主の希望は、全世界あるいは天宙すべての願いであるから、この願いのかなう時代におきまして、イエス様が来られた時に、その反対のサタンが背いても、それをさえぎる基盤を造ろうとして、神は、神に絶対的に寄与する一人を求めなければなりませんでした。

信仰の先祖アブラハム

それが、アダムの家庭より、ノアの家庭を通してアブラハムまで来て初めて、サタンの世界から奪い取り、そうして神に従うようなたった一人を、二千年の歴史を費してからそれを奪ったということを、私たちは知っております。それで神を絶対的に信じ、いかなるつらいことがあっても神に対して背かない、その基準を認めたから、そこから神の摂理はいわゆる地上に、一人の人間を中心として足場ができたということを私たちは知っております。それでアブラハムは、信仰の先祖である、真の信仰者であるということを知っています。そうしてこの信仰の先祖であるアブラハムを中心として、もともとアダムが堕落しなかった本来の願いの道を、アブラハムに授けて、そうしてサタン世界の責め苦を受けないような、内的生活におきましても、外的生活におきましても、そういう道を神は導こうとしたのである。

　それでテラの息子、その偶像商人の息子であるアブラハムを奪い取って、そうしてその環境から、他の所にこれを移し、そうしてそこからつらい苦痛をさせながら、あるいは試練の途上に立たせて、このアブラハムを、サタンがおる、あるいはいろいろ環境から試練を授けて、その試練の中におきましても、神に対して約束したその一念だけでも、神に寄与する一念だけは、絶対的基準として立ち得べく、その一日を待ちながらアブラハムを導いていったということを、私たちは知らなければなりません。それであのアブラハムの故郷カルデヤのウルという故郷の地におきまして神は命令しました。この今まで歴史的な環境、生活の環境、あるいは心情の、あるいは事情の環境、あるいは願いの環境である、自分の父母を中心とした、あるいは兄弟を中心とした、親族を中心とするその環境がある。しかし神が命じた目的という地は、アブラハム自身が慕った所ではない。全然知らない異国の地、そこには数多くの患難《かんなん》がさえぎっておるということを神御自身も知っておると共に、アブラハム自身もそれを知って神の御旨に従って、故郷であるウルの地を勇敢に発った。これが信仰生活する我々にとっても、重大なるその試練とならざるを得ない。そうして異郷の地におきまして、神の御命《おんめい》を慕いながら、あるいは転々放浪の生活、旅の生活をするごとに、その心におきましては、本当に神を愛し、神を信じる心がなかったならば、いくらでも神に背くその時があった。しかし最後までつき通して神を慕ったそのアブラハムこそ、神が信じ得る、その人類が堕落して以後初めて、神の御意《みこころ》にかなう一人をこの地上に決定的に立たしたことになったわけなんです。

それからイサクの供え物、自分の独り子であるイサクを、モリヤ山上におきまして祭壇を造ったところに、供え物として捧げるそのアブラハムの心情、「いかなることがありましても、私に約束したその神は間違いない。きっと成し遂げてくれるに違いない」。その決心という決心は、いかなるサタンの試験がありましても、迫害がありましても、それを乗り越えて行く力があるからこそ、イサクの祭壇も、無難に乗り越えた。そうしてサタンをそこから分別して、神一人のみアブラハムと関係をもって進むことができるような、その事態を造ったということを私たちは知っております。この一人を中心として神が願うのは、一人よりも真なる神が信じ得る家庭を願う。家庭が生ずれば、その家庭よりも、ある氏族を願った。真の氏族ができれば、氏族よりも民族を願った。民族ができれば、一つの国家を願った。一つの国ができれば、その国を通して一つの世界を願う。そうして小さい所から大きい所まで、一人から全体まで、それを培《つちか》って神の初めの創造理想の世界までこれを引き上げようとするのが今までの摂理歴史であった。

ヤコブの勝利

そうして、アブラハム自身を中心として、この分別した地域に神は直接導きながら、そうしてヤコブ自体におきまして、一つの家庭の勝利の基台を造った。ヤコブにおきましても、死の境地を避けて、ハランという地に逃げました。そうして二十一年間の苦労、自分のいわゆる愛情とか事情とか希望とか、ヤコブの生活の基台である今までの環境をみんな捨て、何も持たず身一つになってハランに向かうその心こそは、神を慕う心であり、自分の持つ宝といえば、それは神よりの祝福であった。だからいかなる所に行っても神はやらざるを得ない。死を決し、それをもって最上の栄光と思い、神と共におるということを最上の権威と思って、ハランの地におきましての苦労の道も、彼におきましては、苦しみのどん底に落ちるほど、神に心情の深いところを打ち明けることができなかった。羊を追いながらも、羊の声を聞きながらも、その羊に対しても、それは未来の自分の子孫への祝福と同じように考えながら、「私がこの羊の群れを愛するように、神は祝したるそのヤコブの子孫を愛してください」と祈った。あらゆるすべての万象を見る時に、その万象の一つ一つがイスラエル民族を象徴したその条件物として、あらゆる万象を愛する心を持つ自分のように、「どうぞ神様、ヤコブの多くの子孫をこのように愛してください」と祈った。その二十年、二十一年間という生活は、神に寄り掛かる生活であり、神にすべてをまかせた生活であり、神の心情があれば心情の深いところに接するその生活をもってこそ、その即するすべてのもの一切が神と共にあり、神の栄光のためになければならないその決意ができた。それでヤコブの行く所は、すべてが反対の道であり、すべてが許されざる不完全な環境であったけれど、その環境が強ければ強いほど、神のほうは強くなる。その環境が寂しい、あるいはつらい、あるいは忍び得ることができないという立場に立てば立つほど、神はそれに対応してヤコブの道を打開してやったということは事実なのである。それを体験しているからこそ、ヤコブは苦労の二十一年間を無難に通ることができたということを、私たちは今考えなければならない。そうして時が満ちて、今自分のカナンの故郷に帰らなければならない天命があるということがわかった以上、そこからヤコブにおきましては、故郷に帰るには、自分のその舅《しゅうと》ラバンという義理の父は、ヤコブが二十年間の生活中に十回も騙《だま》して、祝福されるそのすべてのものを奪い取る義父の立場におったんだけれど、摂理上から見れば、それは実体を持ったサタンの立場に立っているその義父である。

その環境におきまして、神は真なる立場に立って神に忠誠を尽くす人がおれば、この蕩滅の条件が立つまでには、それに慕う人は許されないんだけれど、その蕩滅の時間が過ぎれば、あるいは条件が満ちれば、神はヤコブを慕うその人たちを許してやる。そういう立場に立っておったのが、ラケルである。これは、ラバンの娘であり、ラケルにおきましては自分の父であるラバン、これは、ヤコブに対して、やってはいけないことをやっているということをズーッと生活する中でわかった。それでもしヤコブがカナンの地に帰れば、自分はヤコブを慕って、ヤコブに会って帰らなければならない。帰る時には神の祝福を受けたそのヤコブの財産を、ごまかして奪い取っておる人がいるというならば、その人は、遠からずして神から天罰を受けるということを、その折にラケルは知った。それで、もしもヤコブが自分の故郷に帰る時には、今までの苦労して約束してやるべきその財産を、自分の父親はそれを届けないでおるということを知っているんだから、もしも帰る時には、それに匹敵《ひってき》したものを奪い取っていく。それができなかったら、それ以上の価値のものを奪っていくというヤコブを中心として決意したラケルという妻を持ったというのは、このヤコブにおきましては貴重な天命を受けて、それを全うするになくてはならない絶対的な条件だった。二十年間のその苦労の結果として、ラバンから百パーセント奪い取っていく。そうしてラバンにおきましては、なくてはならない貴重なるものを引き出していこうという、その決意をしておった妻を持っておるヤコブにおきましては、天の摂理の事情から、復帰の条件から見れば、この条件が立たされなければ、ヤコブにおきましても、家庭の摂理を出発することができないという立場に立っておったわけです。そこにラケルとヤコブが一体となって、今までのすべての、自分の親がやらなければならない、それに相当した財産を三日間を中心としてみんな取り戻して、ヤコブはラケルと共に、自分の故郷の道に向かった。これはただの歴史的事実ばかりではない。これは、一つの家庭を中心として、イサクから祝福を受けたそのヤコブは、アブラハムの身代わりとなって、そうしてサタン世界に入って、ヤコブが愛するラケルと財産を取り出すというような、サタン世界から分けて、そうして神の方に復帰するような家庭的な戦いをしなければならない摂理におきまして、これは絶対的に必要なことである。

そしてヤコブは、自分の妻と共にすべての財産を取り戻して、そうして故郷に帰る時、その義父であるラバンは、騙されたということを知って後で追いかけた。その時ラケルはですね、ラバンがいつも愛しているその偶像を、そのらくだの鞍《くら》の下に隠して、自分のお父さんが探しているその偶像を返してやらず、そして父を独りぼっちで自分の故郷に帰したというのは、サタン世界におきまして、エバの蕩滅条件として、ラケル自身が、ラバンをサタンの実体の立場に立てて、これを帰らせたということになり、復帰路程におきましては、実体のサタンと分別する基盤を造ったということになったのである。それから地上におきまして、サタンが追いかけるその条件を取り払って、ヤコブの家庭はカナンの地に向かったわけである。ラケルは、自分のお父さんを帰すと共に、まだ霊的基準として残っておるサタンを屈伏しなければならないという立場に立っておるヤコブは、ヤボク川のほとりで全夜を通して祈るうちに現れた天使と、夜明けまで、死をかけて相撲《すもう》をとりました。そうして、「おまえがいくら天使であっても、この祝福を受けたヤコブにおきましては、勝たざるを得ない。負けることができない。私は、ゆくゆくは天使に対しても勝たざるを得ない」、そういう決意で夜を通して相撲をとって勝利した。天使は腰を打ったあと、祝福した。こういう償いの歴史を残しておった。その内容は神の願いにかなう絶対的要件と、ヤコブの家庭が神のほうに行ってはならないというサタンの絶対的な要件と、二つの要件の中に立って、ヤコブの家庭は、サタンのほうを打ち切ると共に、神の願いを勝利の基盤の上に立たせたということが決定したんだから、家庭を中心として初めてこの地上にイスラエルという勝利の名前を受けた。アブラハムにおいては信仰の親になったんだけれど、ヤコブにおきましては、勝利を得た。そこから、イスラエルの民族が始まるのである。

そうしてヤコブは、自分の兄さんであるエサウに会うことを心から恐れて、そうして、羊やら僕《しもべ》やらを前に立たせて、故郷を訪問する時に、なぜエサウはヤコブに対して反抗しなかったか。当然自分の祝福を奪い取っていった、これは許せざるその行動であった。非常に興奮しておったそのエサウの心においては、それまでヤコブに会えば一刺で殺《や》ってしまうという考えを持っていたことは当然である。しかしヤコブに会って、どういうわけでそのヤコブを歓迎することができたか。その背後の理由としては、ヤコブ自体におきまして、霊的天使を屈伏させ、霊的天使の実体であるラバンを退けたという内外共の条件を立てた。エサウにおきましては、神の声に従うヤコブの家庭に対して背いたならば、これは天のほうからも許されない。神はその勝利の基準を保たなければならない。彼らが打てば、打ったものが打たれるということを、エサウはその内容は知らないんだけれど、心の本心の中では知らずとも従わざるを得なかったというのは、ヤコブの勝利とラケルの勝利のことから成したということを我々はわからなければなりません。

そうして、家庭の勝利の基準を正して、その家庭から十二名の息子を中心として、イスラエルの民族を神は造っていった。ヤコブの家庭をいわゆる選別するのに、多くの責任がかかっていたのだけれど、その家庭を中心として一つの氏族、一つの民族を造らなければならない神の立場におきましては、まだ数多くの氏族、民族を単位に、あるいは民族を導く単位を正して、こういう蕩滅の条件を中心として、神の方かサタンの方か決定を定め得る地上の人間がおらなければならない。これが今まで、神の摂理上におきまして、人間を中心として摂理をしている個人の中心と、家庭の中心と、いわゆる氏族の中心と、民族の中心と結束しているという、それが一つの心情の基準におきまして、あるいは信仰の基準におきまして、あるいは神の命令を守る基準におきまして、いわゆるアダムが堕落する時に、神の心情に通じない、神を信ずる心がなかった、神の命令を守ることができなかったそういうような内容を、この時代は隔《へだ》たったけれども、その数多くの神の摂理に従って、責任を持たせるその人々がいつでも、信仰を中心として行動を成し、守って行動をする、そして心情に通ずるという基準をいつも正さなければ、神の摂理は発展することができない。

ヨセフの摂理

そうして、家庭の勝利の基盤に立ったヤコブの家庭をエジプトまで導くには、前もってヨセフをエジプトによこして、苦難の道にこれを突き出して、試練の中におきまして、神を信じ、神を愛し、神におきましての行動を保って、サタン世界のすべての誘いにものらずして、神に一定した心情を、一定した信仰を持って、神が願う行動を成してこそ、そのエジプトの地におるヨセフは勝利して、神から認められる者となった。そのヨセフに対した、その他の重要な責任を持っている軍隊長官のポテパルの奥さんの誘惑にもかかわらず、これを断絶して地位を無くして、正義に立って神による信仰心と、神を愛するイスラエル民族たちの民族を愛する心はもちろん、神を愛する心を持って、そうしてその誘惑の立場を打ち切って

和動会での真の御父様（1965年１月31日）

乗り越えたというその基準が、エジプト圏内におきまして、サタン世界に一人としての勝利の基台を造った。そしてその基台を中心として神は祝福を授けている。そうしてその地におきまして総理大臣にまでなって、そうして自分の家族をエジプトの地に導いた。

そこにおきまして、神の本当の願いとしては、総理大臣にだけするのを神は願わなかった。その期間におきましてエジプトの地に、永遠に神の摂理に対して反対しない、その国民を造らなければならないという責任観念を、神のほうからヨセフに対して見せた。しかしヨセフは知らずして、その責任においてその家族を救うことはできたけれど、神の摂理上の、神自体におきましての霊的飢饉《ききん》の内容を解決することは、このヨセフは考えておらなかった。それで自分の家族を導いて、この民族が四百年の歴史を通して苦労の道を行くということは、ヨセフの責任の成し得なかったところにその原因もあるというのである。ヨセフは勝利した自分の氏族の環境を造っておる。そうして、イスラエル民族に対して、エジプトの民族がカインの立場であって、アベルを慕うようなその環境を造っておったとすれば、そこから一つの国家的基準を造ろうとして、イスラエルの勝利の国家的基準を造ろうとするのが神の摂理でありましたけれど、ヨセフはその内容を知らずして、その基準を立たせなかったんだから、四代を通過してモーセを中心として再びその神の声にかなうような責任を持たせて、パロ王によこしたということをわかっている。

モーセ中心の摂理

神がイスラエル民族を愛する如く、モーセもイスラエル民族を愛した。パロの宮中におきましてのその栄光をみな捨てて、そうしてイスラエル民族の苦労しておるのを見て、彼らは自分の同族であるのに、苦痛の中に、あるいは忍んでいる民族を眺《なが》めた時に、そのモーセの心情におきましては、神が愛し得るその基準までモーセも民族に対して愛情を心情を注いだ。本当は、神から祝福されたその民族がこのような悲惨な結果にとどまるべきじゃない。当然この民族を、神は新しい希望の国に復帰されるに違いない。そういう信念でもって、まずもって神に寄与し、神に祈り、神に対して、民族と共に、人々の信念がモーセの心の中に伝わり、モーセなら、外的その迫害が大きければ大きいほどイスラエル民族を激励して、彼らの故郷であるカナンの地に対しての愛情のみが、環境に立っておるその苦労に反してだんだんだんだんと強くなっていった。そういう心でもってモーセは、神に誓い、そうしてエジプトの人と戦った。その愛情心とそのイスラエル民族を愛する神の祝福を受けた民族の尊さを切実に感じながら、石を持って打ち殺した。これは普通の平面的立場で見れば、許されざる罪である。しかしモーセのこの態度というのは、神の心情が幾度か耐えざる基準に、当然そういう行動すべてが認める基準に立っておる時に、モーセがそういう行動をしたんだから、これは神に代わって打った一つの条件と同じように神は認める。

そうしてそこからモーセは、その次にイスラエル民族同士が争っているのを見てそれを仲裁した。

その時に反対する者がありまして、その噂《うわさ》が世間に広がれば、どうしても自分の立場が不安であるということがわかって、ミデヤンのその荒野に逃げ出した。そうして、羊飼いの生活をする四十年間という生活は、惨《みじ》めなる、苦労なる生活なんだけれど、その生活の中におきまして、モーセにとり、貴いものがあるというならば、イスラエル民族を誰よりも愛するその心、天を誰より愛する心、それから、カナンのその地を誰よりも慕う心、その心におきましては、イスラエルを代表すべき、天がイスラエル民族を指導する責任者として立たせるべく、充分なる資格を持ち、あるいはカナンの地を愛するその心というのは、カナンに復帰させる神の希望の心にかなう立場に立っておるからこそ、モーセを、イスラエル民族のために、またパロの宮中に遣《つか》わした。

その時、モーセにおきましては、チッポラは、モーセがいかなる困難な地に行きましても、モーセと一体となって、その手足になって、そうしてモーセを慰め、モーセが困難な立場におるならば、それを共に、その天の責任を負う、そういう決心を持っておったからこそ、モーセが貴重なる摂理を慕って、それを全うし得るには、神のほうから見る時に、なくてはならない絶対的な蕩滅の基準であった。そうして、自分の家庭を連れてパロの所に戦いを成していった。三大奇蹟と十災禍を通しても、パロはそのイスラエル民族を解放しなかった。しかし、最後まで戦い得る、その根気強い力はどこからか。もしもモーセが、パロの宮中におってそういう命令を受けたならば、それは不可能である。しかし、ミデヤンの四十年間の荒野の生活におきまして、苦難の道を通して、神に介在する心情と直接難しい環境にぶつかったその徹底した基準を立てた過去の生活の基台があるのと、自分の生活の過程におきまして、神はいつでも自分のほうであり、死の境地に行って神の心にかなう心を持っておれば、自分を守ってくれる神であるというその信念を強く持っていたがゆえに、パロが何回も何回も騙《だま》して、そうしてイスラエル民族を帰さない立場に立っても、モーセは一つの落胆もせず、堂々として最後まで勝ち抜いた。そうしてイスラエル民族をサタンの住む世界から、みんな退場させてこれを三日間の境を決めて、そうして連れ出した。これは単なる摂理上に見た、イスラエルの子孫たちの信仰生活の歴史の一端であるんだけれど、この信仰生活をつかさどって命令する神から見れば、神とサタンとの中におきまして、神が愛する自分の個人、自分の家庭、自分の民族を、そういう苦しみの立場に立たせなければならないつらい内情の心があったということは、すべての人がわかっていない。

ここに集まっておる我々は、何をしなければならないか。歴史上に現われたその内容よりも、歴史を動かしているそれ自身、人の背後におきまして、摂理という目的をかなえんがために命令している神の心情、内情を知るのが目的である。そのモーセの心情をわからないイスラエル民族。神とモーセが一致して願うカナンを慕う心を知らないイスラエル民族。ゴールに対して最後まで戦って、これを勝利しなければならないと信じたモーセの心と、神の心を知らなかったイスラエル民族。ただただ、故郷に帰るだけの喜びをもってモーセの後を追って出発したイスラエル民族は、その目的地に行くその価値が、帰るだけの目的であるから、それ以上の苦労、それ以上のつらさがあれば、これは当然、モーセに対して反抗し、神に対して不信した。こういう壮丁《そうてい》六十万という大群衆を導いて、指導していく神御自身におきましても、モーセ自身におきましても、生死を争ってカナンの地に帰らなければならないイスラエル民族におきましては、上下一体、あるいは内外一体となって、神の御意《みこころ》に任せて行ってほしいんだけれど、それが困難な場合には、イスラエル民族の半分ぐらいがサタンのほうに支持をしても、残った半分ぐらいのイスラエル民族を連れてでも、カナンの地に入らなければならない。あるいは、五分の一、十分の一くらいを犠牲にしても、五十分の一でも行く。それは、モーセと一致として、神の御意にかなったその目的観念でもって、カナンの地に復帰しなければならない。その民族を中心として、神の摂理は全うし得るのである。しかし、その時のイスラエル民族は、それがわからなかった。当時の生活条件を中心として考えるイスラエル民族におきましては、民族を考える余地はない。神を考える余地もない。自分の指導者がいったい、いかなる心でいるかということを当然わかるべきだけれど、それを知っている者がなかった。だから、自分の帰るだけの目的、自分の生活だけの目的を持っておったイスラエル民族におきましては、エジプトにおきまして生活していた以下の生活の状態にぶつかった時に、ここに不平が生じてきた。問題はそこからである。未来の故郷のカナンを捨ててエジプトに帰りたい。これは、モーセの指導下におるイスラエル民族なんだけど、モーセに対しては何の関係も持っていない。神に対してなんら関係を持っていないような立場に帰ったということになる。これは、モーセに対して、神に対して、あってはならないことである。

　こういう民族の動きを見ながら、その民族は食べ物がないし、あるいは飲み物がない、着る物がない、住まいがないと不平を言うと、それを見るモーセにおきましては、指導者としてのつらさ、その指導者を立たせた神におきましては、指導者の苦しみは命令した御方の苦しみである。身震いしながら、そのつらさに、その苦しさに悩んでいるモーセの立場を見る時に、神の心には、二重のつらさを感じざるを得ない。イスラエルに対しては、背くその心に対して憎まざるを得ない。モーセに対しては、その哀れなその姿を見る時に、可哀想にならなければならない。そういう心の境地に立っているイスラエル民族の横に立って、「この民族を、神よ、罰せよ」と言う者があれば、罰するその心情の境地に立った神であった。しかし、モーセは、その度ごとに、「あなたが、エジプトの地から、艱難《かんなん》辛苦《しんく》を通して導いた選民イスラエルではありませんか。数多くの民族が、あなたに対して、罵《ののし》る良い条件になるではありませんか」。そのつらき神の心を慰めるモーセの心情というものは、その後のイスラエルの指導者、あるいは族長と、すべての人を解放するものである。次に、こういうふうな神に背くその環境を見るモーセの心情というのは、かえって自分一人で死んでしまえば問題ではなかった。

しかし、モーセは、神が今まで自分の先祖を通して祝福して来たイスラエル民族であるということを思った時、歴史的な神、時代的な神、未来の神と共に、自分たちの民族はおるべきということを考えた時に、それは逃げることもできない。そういう指導する立場に立っているモーセはシナイ山で四十日間祈った。そうして民族と一体とならなければ、カナンの地に入れない。カナンの地は神御自身が設けた祭壇である。過去、堕落世界におきまして、祭物を供える時に、二つに分けてサタンを分立して捧げなければならない。だからモーセと民が、サタン分立をして一つのものとして捧げられなければならない。民族的供え物としてカナンの地に、神に奉献しなければならないこの民族が、自分の族長共々みんなが堕落してしまった。そこで指導の使命を持ったモーセも最期、カナンの地に入れずして終わってしまった。こういう歴史の路程になっている。ただ現われた歴史ばかりでなく、その内面の悲惨な神の心情と、その神を中心として責任を持っている指導者の心情というものを我々は知らなければならない。

ヨシュア中心の摂理

こういう歴史の関係をもって、第二の指導者としてヨシュアを立たせ、カナンの地に入り、イスラエル民族は一体となって永遠に別れてはいけない。死の境地を共に超え、同じ怨讐《おんしゅう》の前に立って、すべてのつらさを共にしたその民族、その代わり、その民族を代表して戦ってくれたモーセ、そのモーセを励まし、命令をなすところの神、考えれば考えるほど、感謝に耐えないその心を民族は持たなければならない立場にもかかわらず、かえって民族同士で反発し、モーセあるいは神に対して、「我々には神がない、我々には指導者がない」と言って、偶像を造って、踊り乱れるその状態を神が見られた時に、アダム・エバの堕落以来の二千四百年にわたる歴史の苦労が、この荒れ果てた荒野でこういう結末をつけるとは、これ以上の悲惨なことはなかったということを誰も知っていないのである。そうして、ヨシュアを中心として民族を収拾して、そのカナンの地におきまして、一つの祭壇をもって、民族とその指導者が一体となって分けない供え物として、神に勝利の国家を捧げるイスラエル国家となったならば、これは永遠に続き得る、神が保護しなければならない、サタンが讒訴《ざんそ》することのできない勝利の国民としての立場に立ったのである。

イスラエル民族不信ゆえの延長の摂理

しかしカナンの地に入ってもまた、時代時代に天から送られた預言者あるいは指導者に対して、いつも反抗し、あるいは殺し、こういう連続的な行動をイスラエル歴史上になして来たということを私たちは窺《うかが》うことができるのである。それを思う時、神御自身のもともとの創造の国を取り戻そうとする復帰摂理歴史が延長していけばいくほど、流れれば流れるほど、神の創造理想の国を慕う神の心は、逆に強く、その歴史上に悲しいことが多ければ多いほど、そのことだけ思えば、神の目には涙を持たざるを得ない。神の心におきましては、つらき痛みを感じざるを得ない。そういう悲惨な歴史をたどって、この救いの摂理をつかさどって来た神であるということは、今までの信仰者は誰も知っていない。

そうして、いかにしても、その神の目的を達成しなくてはならないその一つの土地を神は望みながら、一つの良き土地と一つの環境に、民族を代表し世界を代表する指導者となるべき一人を起こそう、そうして最後の勝利を決定して今までの歴史の恨みを解こうとするのが、神御自身の希望であった。それを目標としてイスラエルの歴史を通じて数多くの預言者を通して「救い主は来る、メシヤが来る」と教えた。そうして乱れているその民族を収拾し、一つの聖殿というものを中心として一体となるように、それに背く者は神は罰を加えながら、いかにしてもそれを一体化させなければならない。個人的に背けば個人的に罰する。家庭的に背けば家庭的に罰する。あるいは氏族的に背けば氏族的に罰する。民族的に背けば民族を罰する。そういう歴史のつらい経験を通して、一体となる望みを持っていたんだけれど、イエス様が来るまでイスラエル民族は、これまでの状態を繰り返し、あるいは亡び、あるいは罰せられて悔い改めなかった。また祝福すれば、また堕落する。これを繰り返すその道を通して、ある一つの時、一つの環境、一人の人を遣《つか》わそうと、神が決定している命令は伝えている。そうしてその基準においては、世界的な勝利を成さなければならないのに、それを支える基台となるべき民族とその指導者と、そうしてそれに対応する聖殿への儀礼も、全部が神の御意《みこころ》にかなわぬような立場に立っている。復帰摂理は時を中心として蕩減条件を立てていくんだから、四千年の月日が近づくに従って、すべての蕩減を立たせて、民族的勝利の基準を造らねばならない。そして民族的聖殿を整備して、その民族と一体となり、メシヤの前におきまして、すべてのユダヤ民族とイスラエル国家と聖殿のこれらと、すべてを捧ぐべく、そういう願いをもって導いたけれども、イスラエル民族は全然、応じなかった。

神の子などはどうでもよい。指導者、あるいは預言者自体、導くその指導者の命令などはどうでもいい。聖殿の理想はどうでもいい。イスラエル民族はエジプトの地から荒野へ出た時と同じように、このカナンの地に入っても、たった自分の一個人の希望を希望とし、「私はかく良く生きれば良い。イスラエル民族が願うようなカナン復帰の目的は私はいらない。ただ現世の自分の希望がかなえればいい」。そういう態度はエジプトの地から引き返したその民族と同じ生活振りであった。神はそのカナンの地に入っている民族に対して、それと全然反対を願ったのである。イエスを遣わすがために今まで神は、二千数百年の間このようにつらい道をたどって来た。それは何故か？　希望の国、目的の国、それを願ったから。そうしてその国をつかさどって、世界的なサタンを屈伏せんがための目的である。そういう目的をイスラエル民族に対して、カナンの地にいるイスラエル民族に対して願った。しかしこの民族はやらなかった。その期待のイスラエル民族に対して、神はこの民族の中に、本当に自分に対してこの願いにかなう者、あるいはその時代におきまして神の声に従って、責任を負うべきその人になるような一人はいないか。私が未来の世界を愛するように、イエスの悲惨な立場にある民族の運命を心配しながら、将来の未来のイスラエルの希望の時代を慕って、イエスを慕うその者はないかと神は求めた。そういう中にあって歴史は過ぎ去って、イスラエル民族は数多くの国々の属国となり、最後にはローマの属国となり、どうにもこうにもならない。

準備なきメシヤ降臨のための環境

その時代の環境を背後としてイエス様は、時は満ち、約束の時期は来たんだから、時と人を神のほうから準備してよこしたイスラエルの地というのは、環境がなっていない。神が信ずべき環境にならないその地点に、イエス様が来た。それでその環境によこすイエス様の前に、その環境を喜び慕うように準備する者を、神は歴史に対応してよこさなければならない。その責任を持ったのが洗礼ヨハネである。神の御意《みこころ》におきましてはヨハネをよこすその心自体が、神の心の悲しみだった。ヨハネをよこす前に民族が一体となって、メシヤを慕う心で準備したならば、ヨハネをよこす必要はなかった。

しかしそういう環境を憂えながら、神はヨハネをよこしてイスラエルの民族を、荒れ果てたそのイスラエルのカナンの地を、そして神の声に背くイスラエル民族をヨハネを中心として再び集めて、イエスに取り次がなければならないという目的でもってよこしたヨハネも、その内容の心情を知らずして、環境にとらわれてイエスに侍《はべ》ることができなかった。いわゆる結果においては、背いた結果になってしまった。その中心人物が倒れてしまうから、それにつくべきイスラエル民族は、当然サタンのほうに傾かざるを得ない結果となった。イスラエル民族の思想的な内的中心であるユダヤ教が、外的なイスラエル民族、イスラエル国家と一つになって、内外が一体となって、この上にメシヤを自分たちの希望の主として侍らなければならない。イエス様は神からはイスラエルの救い主として遣《つか》わされたのだけれど、そのイエス様に対して慕うその者たちは全然わからなかったのである。

神は、時は満ちているから、時にかなう人物としてメシヤをよこしたんだけれど、時と人物を受け入れる環境がなかった。生活の土台がなかった。理想の念を伝える基台がなかった。それでイエスはそういう乱れた環境におきまして、最上の願いを願いとしてメシヤを待ち、慕っていたイスラエル民族とが一体となって、メシヤの行く所に従って、民族が行かねばならない。メシヤの願いが民族の願いにならねばならない。メシヤの生活が民族の生活にならなければならない。メシヤの行動がイスラエルの行動にならなければならない。分かれてはいけない、分けても分けられない、その一つにならざるを得ないそのメシヤと民族が分けられた。そこにおいて今までの民族を中心として戦ったその土地も、民族を中心として送ったそのメシヤも、イスラエル民族にとっては、歴史的にも立体的にも関

和動会での真の御父様（1965年１月31日）

係ないという立場に立つがゆえに、イエス様はやむを得ず十字架の道を行かざるを得なかった。結果はこういう結果になった。それでイエス様は最期の道を行った。今日初めに言いました、イエス様の最期と我々の覚悟、それでイエス様は逝《い》った。十字架を通して逝った。そうして聖霊が降臨して、復活の道を通してその霊的救いの道を、今までたどって来たということを我々は知っている。

イスラエル民族に対する願い

そうするというと、神の願いは地上におきまして何であったか。神の願いはイスラエル民族だった。イスラエルを中心とした神の願いは、民族を通して何を要求したか。イスラエル民族と共にイスラエルの国家である。イスラエル民族を通して、祝福をされたその民族を通して、祝福を受けたその国家が問題である。一つの国が問題である。だからイエス様はこの地上に来る時、地上に願っている神の願いを達せんがために来られた。

だからイエス様の願いは何か。神様の願いと同じである。民族を動かす、民族を指導するその国家である。民族自体よりもその国である。民族はそれ自体ある期間、生涯の道を行けば、また一歩進む。しかしイエス自体におきまして、その実体におきまして、共に行くべきその民族それ自体の民族である。イエス様のその願いの民族というのは、その時代だけの民族ではない。永遠なる歴史の民族である。すなわち、その民族を永遠に導く国なのである。その国の中には民族が入る。民族の中には氏族がもちろん入る。氏族の中には家庭が入る。あらゆる家庭の中にはあらゆる個人が入る。神御自身におきましての願いも、神の御意《みこころ》によって遣《つか》わされたキリストの願いも、またイスラエル民族が神の命令に従った歴史的願いも、それは民族でもない、イエス様自体でもない。それは何か。神の願う国である。

そうすると、メシヤとしてこの地上に来られたイエス様の希望と目標は何か。イスラエル国家であった。国家を形成するには三つの要素がある。それは何か。国土がなければならない。それから、いわゆる人民がなければならない。それから主権がなければならない。その国家、民族は歴史の中で伝統を培《つちか》って来たイスラエル民族であり、そうしてその国土は、祝福されたカナンの地である。そうして、主権を立たし得るその中心人物が、国家の絶対的指導者として立つべき目的でもって遣わされたメシヤであったというんですね。メシヤは死して霊界にいく万民の救い主じゃない。地上におきまして、万国の王者として、そのイスラエル国家の中心として、またローマの中心として遣わすというんですね。

アブラハムは自分が祝福される時、神に呼ばれる時、その故郷の地から呼び出され、否応なしに従った。ヤコブは神の祝福を受けてから、自分の故郷を捨てて、怨讐《おんしゅう》のいる地に向かった。モーセもそうである。モーセも祝福を約束され、そうしてミデヤンの荒野に行った。それと同じにイエス様を中心としてイスラエル国家を建設して、絶対的なカナンの地を決定し、絶対的なイスラエルの民族を決定し、絶対的なイスラエル主権を決定して、その最大の人を立て、ローマに反抗して、そうしてローマに思想的に宗教的にあるいは文化的に、新しい思想、新しい文化、いわゆるイエス様を中心とした新しい国家理念を、それから国家的伝統をもって、その時代の地上界全体を動かしていた世界的なローマを中心としてぶつかって、判断を決めなければならない責任がイエス様にあった。それから世界を一つの世界に造る。

イエス様がイスラエル民族から受けた報い

イエス様は、いつ自分自身を神の子として、威信を立たした時がありますか。万民の王として、「自分の命を聞け」と命令したことがありますか。天の王子として生まれたメシヤとして、地上に誰かが、「本当にあなたは天の王子である」と言って侍《はべ》った人たちがおりますか。個人もなければ、家庭もない、氏族もなければ民族もない。民族もないのに国家があるわけがない。だからイエス様はこの地上に来られて、個人に対しての完全なる教えも教えなかったというんですね。個人に対して完全な教えを説くことができないイエス様が、家庭に対して教えを説くことができません。家庭に対して教えることのできないイエス様がいかにして、民族、国家、世界に対してその教えを説くことができましょうか。だからその内情の心情を知る者は一人もいなかった。数多くのその当時におきまして、イエス様の奇蹟に会い、あるいはパン切れをもらって食べるのを楽しみにして後について来た人もおるかもしれない。千々万々のいろいろな人々は、自分の欲望を満たさんがためにいつも集った人は多いんだけれど、イエス様の本当の心情を知り、心情にかなう、「自分はあなたに対して個人として、絶対になくてはならない人になる」という、その決意でもってイエスを慕う、そういう一人がいないから、そういう家庭があるはずがない。家庭がなければ、もちろん民族も国家もあり得ない。そうしてイエス様は悲惨な、可哀想な、惨《みじ》めな、言うに言えざるつらい立場でもって生涯を過ごしたということを私たちは知らなければならない。

ゲッセマネの祈りを見てもそうである。三人の弟子、三年間喜怒哀楽を共にして、師を慕いながら、「師の行かれるいかなる所へでも、どこへでも私はついて行きます」と誓ったその弟子たちはゲッセマネの祈りを通して、三回の祈りで、みんな眠りばかりした。これがイエス様を慕って来た最後の結果であった。死を決する、死ぬかどうかを決定するその祈りに対して、イエス様は神に言われました。「できることでしたら、この杯《さかずき》を過ぎ去らせてください。しかし私の願うこと以上に神の御意《みこころ》の通りにしてください」。三回祈り、彼は十字架に死ぬか死なないか、それを決定する、約束を決めるその時間におきまして、イエス様と一体となり得なかったその者たちが、死ぬという境地に立つことはできない。約束の所でその約束を果たす主体の人間になり得ないその者が、約束を実践する指導者の立場に立ってはいけないというんですね。だからイエス様の死の境地ではみんな逃げて行った。これが四千年の歴史の報いである。

神がイスラエル民族を立たせて、最後の希望を慕い、一つの国を慕い、数多くの預言者先祖たちを遣《つか》わして、この民族が神に背いたならば、あるいは罰し、反《そ》れた道を正して、数千年間願いとして、希望として、約束に約束を重ねて、イエス様を遣わした。その結果が、使命を受け責任を負った民族であるにもかかわらず、メシヤに対して背くというその結果になったということは、歴史上始まって以来、これほど悲惨なことはない。アダム・エバが堕落したのは、神の苦労なき立場で堕落したんだけれど、この四千年の歴史を通したイスラエル民族の、メシヤに侍《はべ》るべき立場に立たなければならない環境において、メシヤをこういうように待遇したというのは、数千年間の先祖に対しての全面的背きであり、数千年間の神の苦労に対しての全面的反逆であり、神様の理想、イエス様の生涯の目的、人類すべての目的に対して、これ以上の罪はないという結果になったのである。

イエス様の死による蕩滅路程

それ以来、イスラエルの民族の歴史は悲惨にならざるを得ない。聖書でイスラエル民族の歴史を読んでみると、いつの時代でもイスラエル民族を迫害し虐待した民族は滅んでいる。このように神の保護の下に育てられてきた民族が、イエス様が死なれて以後は、二千年間、方々に流浪の民の生活をし、一つの指導者を中心とした民族観念を主張することのできない可哀想な民族になってしまった。そして最後には第二次大戦において、ヒトラーによって六百万の虐殺という悲惨な結果を来たらしたということは、彼らの不信の報いである。歴史的な蕩滅を民族的に払わなければならない。それで、今まで四千年間の歴史という歴史は、イエス様の死と共にそれを失なってしまった。そして新しい歴史は始まったというんですね。惨《みじ》めな歴史を通して四千年間のその神の苦労の基台の上に築きあげられたそのイスラエル民族の功績は、全面的な破壊をもたらした。

それでイエス様の復活以後、キリスト教信徒は、イエス様を中心として第二のイスラエル民族として国家的基準を中心として、世界的出発の約束をするまでになった。メシヤの理想の基準を、霊的基準として出発した。これが今までのキリスト教の発展である。だからイスラエル民族のたどった歴史的罪を蕩滅しなければならない責任を持っているキリスト教だから、キリスト教は死の峠を越えて、個人が救われるには個人の死の峠を越えなければならない。家庭が救われるならば、家庭同士が死の峠を越えなければならない。民族が救われるには民族同士がそういう運命、そういう殉教の道を、死を前へ立たし、それで血を流しながら、嘆きの一端を地上に、そうして神に対しては直訴《じきそ》の条件を、「我々願わくば、どうか神より約束したる再臨の主をよこしてください」。第一回のメシヤはイスラエル民族に当然、遣《つか》わすべきだったんだけど、第二回のメシヤはイスラエルの名の上に遣わしてはいけないという立場にある。それで第二イスラエル民族自体におきましては、「どうか我々が本当に背かない立場で慕い侍るその民族になりますから、再びよこしてください」という、死の峠を越え、死体の墓を越えて、神において両手を挙げて叫ばなければならない運命に立っているのが、これがキリスト教の現状である。そうして二千年の歴史が過ぎると、数多くの血と、数多くの死の祭壇の上に連続的に個人の死を決定し、家族の死を決定し、民族あるいは国家の死の運命を決定して、数多くの犠牲の基台の上で、このキリスト教の理想は、今、世界の半ばを動かすようになっている。現世に唱えている民主主義というのは、キリスト教文化を中心とした圏内に入っている。

イエス様当時と同時性の現代の世界的環境

ここにおきまして、現世における数多くのクリスチャンに、また神の願うところの希望があり、我々先祖の歴史に伝わって来た信仰者たちの願い、あるいは来るべき再臨の主が地上に来られた時のその願いが、ある一点におきまして一つとなって、第二イスラエル民族を中心として、ある時期におきまして、ある環境を中心として一人の人をよこすに違いない。だから、神の摂理は個人の摂理時代、家庭の摂理時代、氏族とか部族とか、民族とか、国家的摂理時代、段々段々と広げて来たのである。神の創造の御理想にかなえる一つの世界、神の創造の世界には二つがない。絶対に一つである。その世界を築かんがために、今まで摂理の舞台を拡張して来た。この現世におきまして、世界に広がっている第二イスラエル民族の立場にあるクリスチャンたちが教派を中心として争ったり、希望のメシヤが立てなければならない天国建設に対して、人を送らなかったり、あるいは歴史を通して神が苦労して自分たちを残した責任が何であるかということを忘れてしまう時には、今後、世界に広がっておるクリスチャンもまた同じく、過去におきましてイスラエル民族が大いに神の人に反対したような立場に立たざるを得ない。

それで神は、全世界を通して外的国家の運勢は一つの運勢に向かうと共に、その外的全世界の理想の中心として、精神的指導の中心としておるキリスト教会は、イエス様当時におきまして、イスラエルの国家に対しユダヤ教が国家的精神をつかさどって、メシヤの時において内外一体化して結ぶべく特権を持った立場と同じになる。同じように、現在の地上におきまして昔のローマに当たるのがアメリカである。世界を一つの舞台として、どこへ行っても世界に自由自在に行ける権利を持っている。昔のローマに匹敵《ひってき》する。それに従う民主主義、それがキリスト教を中心とした歴史的伝統を持っている。そうするというと、現世におけるキリスト教はいかなる運動をしなければならないか。イエス様を中心としたその時代におきましても、各教派同士で、その分派同士の争い、民族同士の争いで困難な時期であったように、この民主主義の中において、そういう時代相が現われて来るに違いないというんですね。だから、民主主義をもっても世界を導くことができない。ローマの主義をもっても世界をリードすることができないと同じように、ローマの中に属国としておったイスラエルの中に来るメシヤの理想を超えることができない。それと同じように、この緊迫した世界情勢下におきまして、ローマの指導する理想よりもメシヤの理想が高い。

そういう立場と同じように、この現世の民主世界におきましても、そういう環境に立たざるを得ない。その時におきまして、内的な立場を守って固めていかなければならないキリスト教は、これがまた分派的に争ったら、この時代の終末に、それこそ悲惨な結果をもたらす。それで数多くの教団は、世界的団結運動を内的方面から成していく。そういう立場に立っておれば、統一教会、原理を生み出した韓国の状態も、過去のイスラエル民族と同じようなところに立っておる。それはその時代にそっくりである。経済的には民主主義の属国みたいであり、信仰的には教会の教派分裂の中で、それこそ話にならないほどに信仰の熱が冷めていく。

真の世界を造る思想

こういう世界を中心として我々統一教会は、名前が告げると同じように、統一理念を持って立った。その原理がある基台を造るには、これこそ歴史的に悲惨な様相に対応したその屈辱《くつじょく》が必要であった。数多くの主権にいじめられ、数多くの時代におきまして迫害の道を立てて、多数のことが許されざる環境におきまして、この現世におきましてこれ以上の不幸はないかもしれないという立場にあって勝利の基台を造った。イエス様の理想がローマを動かして世界を一つにしていく理想であったと同じように、我々の理想は一カ国の理想じゃない。全世界に広がっているキリスト教を一つに結束する。教派のその城壁を打破する。今現世におきましては、思想的に民主主義に対決した共産主義が現われている。実証的な科学の基台の上に立った体系的思想観を標榜《ひょうぼう》して民主主義に対決している。これに勝ち得る人がいる。神を中心として、それこそ実証的であり、それこそ実質的な思想観が、生活感情でもって体験し得る一つの体系でもって生活舞台を動かして世界を造り得る価値観が、神の存在を認め得る思想体系の整ったそういう理念が出なければ、この共産主義を打倒することはできない。

これが現われるようになるというと、カインとアベルが最後まで闘えば、共に滅びる。二つとも滅亡すれば救いも何もない。それで、アダムの家庭におきましてカインとアベルが闘うなかで、カインは神に背き、アベルを殺した。それで神としては、セツを立たしたというんですね。こういう環境におきましては、二つ共に負けるんだから、神に逆らう。歴史はカインがいつでも先に打った。負ける者が先に打った。第一次大戦もそう、第二次大戦もそう。打たれる所に至って、神に反対しない、そうして死なないという立場にあれば、その歴史はそうして出発する。そうして打たれるその者が打つ者を凌駕《りょうが》してその主権を転倒する力がなければ、それを他の者につないで、それを許して、神は新しい世界の理想を立たせようというんですね。だからこういう環境におきまして、こういう末の世の環境を見まして、新しい理想体系をもった世界主義であり、これは思想主義であると共に精神主義であると言うんです。この三つの主義を語ったその内容を中心としての神の主義である。その基準でもって、今のこの思想体系を凌駕する実質的な、あるいは実証的な生活観念をかなえ得る、そしてその価値が、全体の価値の中心を身代わりとする。その身代わりとする価値の中におきまして、観念的な神の存在を認めてはいけない。生活の中心たる神を見つめ得るという、そういう信仰の基盤が成し得る理想体系とか、あるいは思想体系とか、あるいは宗教体系が出たならば、問題はそこから解決するのである。

観念的な神は、我々には遠い。明日をも知れないその神は遠い。信仰を通して崇《あが》める神は我々には遠い。我々は生活の感情、生活の事情を必要とする。その生活の事情と感情の願いをかなえるその喜びを慕っている。目的はそこなのである。いくら世界的主義、いくら世界的運動、いくら何やらの願いがあるとしても、生活環境におきまして、その心情とか事情にかなえ得る喜びの価値を認める。その価値が、現世においていかなる二大陣営のすべてをやっても代えることができないという価値を認めるなら、その人は歴史を超越して神まで動かせる主人になるに違いない。

なぜかというと、人間には心情がある。誰にも心情がある。人間は生活をしなければならない。生活するには共同しなければならない。共同するには、願い、目的がなければならない。目的は願いを通してやる。そうするというと生活におきまして、自分の目的にかなった価値観、自分個人の価値観、自分の家庭の価値観、自分の家庭同士が動く共通の価値観、これは絶対的な価値観、いわゆる神の目的観にかなった価値観でなければならない。これは遠い世界の問題じゃない。直接自分の問題として生活の価値以上の神として考えるならば、それ以上は人間としての願いはない。我々はそれ以上の目的観念はない。それ以上の成功はない。神も我々に対していつも家族の住む所に立ちたい。神自体、神自身の立場の神になりたくない。愛するその子女の心情の胸の中に、心の中に、情の中に、自分の生活の希望の数々の多くの要件の中に無限の価値を慕い、無限なる価値を称える、そのような存在としての神になりたいというのである。

だから今の世界人が要求する理想よりも、何主義よりも、その主義をさておいて要求するものは何かというと、生活事情なんです。生活事情の神である。生活事情の自分の価値、生活事情の自分の生活が世界すべてを全うし得た価値より以上の価値を認め得るあらゆる理想を持っているならば、この思想は永遠に残るだろう。そこに立っている心情自体は、神の心情であり、そこに立っている心情自体はメシヤ自体の心情であり、その心情だけが、目的を成し得る根源なる心情である。根源となる心情である。動機となる心情である。その事情は、生活舞台を関係を通して結べる事情である。それは、天地が分かれても一つに成し得る、人々が分かれても一つに成し得るその事情である。その願いは誰が語っても共同の目的を成したというその願いである。横の人がそれを成しても、その願いは私の願いとしてやってくださいと、感謝すべきではないか。この現世において個人個人が成功を共に睨《にら》むようなその願いじゃない。

こういう価値観に徹した神の存在を見て、神の心情を見て、神の事情を見て、神の願いを見て、神の目的観念に立った自分とならねばならない。神は主体で、自分が相対的な立場に立って一体となる。神が喜べばそれ自体私の喜びである。私の喜びは神自体の喜びであり、そこに立っておる悲しみは神自体の悲しみである。だから生活事情におきましても、神の実在を見て、無限なる価値の存在の基台となっている自分ということを捜し得る。その価値は宇宙の何ものも代えることのできない価値である。イエス様も言ったでしょう。「人が全世界をもうけても、自分の命を損したら、なんの得になろうか」、それが真理である。イエス様はそういう見地におきまして、自分の価値を宇宙以上に、自分の生活の感情を、これ以上の幸福なものはないという、そういう基準が神と共にあるということであり、これはメシヤの生活なのである。これを個人個人、それを家庭家庭に、それを氏族を通して民族を通して、国家観念となれば、そこがイエス様が願った世界である。そうなればそれが神自身が創造理想として立たせる天国である。その中に含まれている生活自体は、神の価値と共に存在するというんですね。

今こういう立場にあって考えれば、ここに集まっている我々個人個人は何を願うか。我々が今まで持っている願いは、本当の願いではない。我々が住んでいる住まいは本当に願っている住いじゃない。我々の住んでいる社会もそうじゃない。我々を教えてくれる国家もそうじゃない。世界ももちろんそうじゃない。全部が自己を中心とした生活観念、家庭観念、氏族観念、国家観念が、そこにはそのまま残っている。神のそういう時が来たらみんな背く観念である。だからイエス様は言ったのである。「自分よりも、自分の親をあるいは妻を子女を、あるいは何々を愛する者は、ふさわしくない」。この地上の人間をサタンが引っ張っていった。そこにこういう現世に立っている我々としては、何をするか。

和動会にて（1965年１月31日）

神自身が裁きをする前に、我々自身が裁き、審判をしなければならない。神が世界を審判する時に、その前におきまして、その審判の権威をもらって審判をつかさどる人になりたいならば、民族以上の審判を成した存在でなければならない。何かわかりますか？　意味を？　国家基準以上の審判の権威と資格を持っていなければならない。こういう見解になっているから、我々は歴史的背後の心情がいかに動いて来たかということを原理を通して学んでいる。我々のすべての内情を通して、あるいは心身を通して、実践を通してこの見解を強くしていかなければならない。

世界の二大主義は共産主義と民主主義である。しかし神は共産主義でも民主主義でもない、統一主義である。だから段々段々と世界政府を唱える時勢に来ている。それを立たせんがために、あるいは経済的な統合運動が出るでしょう。あるいはそれに反対する者があれば、力でもって解決しなければならない動きがあるでしょう。だから、各国が連合した国際的、一つの世界政府を維持する軍隊の力を主張する動きも出るでしょう。もしも出なかったら、統一原理でもって立てなければならない。こういう見解になっている。

最後の審判と我々の覚悟

この見解の間際《まぎわ》に立って、個人個人のやるべきことは何か。神は、「私の家庭を審判する前に、我を審判せよ」と言うのである。「神が自分の家庭を審判する前に、自分を審判せよ」。そしたら、神は同情するというんですね。「ああ、自分は家庭を愛せません」。どうせ神の裁きを受けなきゃならない家庭である。正義に立脚してこれは審判し直す。麻薬の氾濫《はんらん》する社会を見てわかるように、この社会を呪わしているものはたくさんある。審判は何か、完全に屈伏させる。生きておっても、死んだ者のようになればいい。目的はそこなんだ。生きておっても、死んだ者のようになればいい。いわゆる神は、いかなることがあっても神に背かない死んだ人に、何かやることはない。それがわかりますか。生きた者だからだ。サタンの状態と往ったり来たりして、神の方に手を合わせて、「神様、ありがとうございます」。その後には、「私を祝福して、天国最高の息子にさせてください。最高の娘にさせてください」。そして「こういうふうにやってください」と言われて、そういうふうにやれないと、「神よ、さよなら」。反対になればサタンの道である。だから、今こういう理念の動きが地上に現われなければならない時なんですね。

こうなるというと、本当の聖なる裁きをつかさどる人間になるには、サタンと戦って実力で対抗して、正しい立場に立って勝利しなければならない。そういう審判をする、一つの完全なる者を立たせるためには、これより少し不完全なる者の基準の峠を越えなければならない。意味がわかりますか？一つの完全なる者を立たせるには、少し不完全なるものにぶつかって、どれが本ものであるか、それを判別しなければならない。家庭の裁きの主にさせるには、かえって逆にぶつかって行く。ぶつからなくてはいけない。だから今までのキリスト教が、「ああ、神を中心としたキリスト教が、なぜ審判されるか」。その歴史の意味は何かと言えば、本当の悪の歴史に対して、対抗して負けないで最後に存在し残って、それを整理し得る力を持っていることである。それが最高の裁き主である。

それで、それと同じように今後最後の神の理念にかない得る世界的動きが出るというならば、その動きは個人を、家庭を、民族、国家、世界を審判しなければならないんだから、家庭の混乱と民族の混乱と、あるいは国家、世界的な混乱のこの潮流の中におきましてぶつかって行く。民主主義の人たちは、「ああ、我々はかないません」。共産主義の人たちも、「我々はかないません」。いかなる試練におきましても、百の試練におきましても、悪自体が崩れる前に、崩れないものでなくてはならない。日本刀を作る時に、叩くでしょう。そうして火が出る。全身を込めて、全身の精神を込めて、全身の力を込めて叩くんだ。その叩くその度合と込められた精神力によって最高の刀ができる。その時、刀は叩かれて残らなければ、それ以上のものになれない。だから絶対的な審判の天の位置に立たざるを得ないというのである。もしも我々統一教会が、統一教会を指導する先生がそういうのをわかっているならば、いかにして統一教会を残す教会にするか。時代は過ぎ、世界の思想、保護主義は過ぎても、統一教会の理念は残せるか、問題はそこにある。

だから、ここにおいて我々の覚悟はできているか。イエス様の最期と我々の覚悟。イエス様は何を願ったのか。最後の裁きを願ったのである。最後の裁き、不完全なる存在を認めない。だからイエスの教えはある途中で消える教えじゃない。現世におけるキリスト教会の力が、だんだんなくなってきた。これはいけない。回り道してはいけない。いけないことがいけない。それを正していかねばならない。そうした思想観になっていない。無力化するに従って先の位置を奪われる、そういうような信仰観念ではいけないと言うんだ。千遍万遍打ち寄せて来ても、それを押しのけて、自分よりの権威を、関係を持ったすべてのものが認めるような立場に立ってこそ、神は最後の勝利を決定するというのである。だからキリスト教は今まで蕩滅の条件を世界的に立たせるその歴史におきましては、ある勝利の基準を立たせたかもしれない。しかし、神の願うのは蕩滅のその世界ばかりじゃない。理想の世界である。理想の世界に近寄るに従って、最後の限界が生じて来るでしょう。その限界を超える時には、過去の信仰と比較してはいけない。

ここに必要なのは、現世の人類が慕って行く最後の一つの世界、いわゆる神創造本然の創造理想、全くの願い。全くというのは、何一つ他のものをさしおいてということじゃない。全部を包括し、全部を抱擁した、全きにおいての願い、それを目的として動いている。今まですべての歴史の文化の源として、根源として、力の元となって来た信仰が、最後の段階に行って、それ自体が和解するというのは、最後の歴史が近寄って来たことを意味する。この間際《まぎわ》に立っている我々は、何を感じなきゃならないか。神の摂理は、今までの罪悪をなくするために個人から世界までの蕩滅の条件を立たせる、犠牲の争いをする世界だった。歴史は犠牲で始まって、犠牲で終わりではない。犠牲で始まった歴史を打ち切って審判してしまって、新しい理想の世界に入る。

この見解におきまして、審判し得る、理想観念に達し得る完全なる個人、完全なる家庭、完全なる世界を神は慕っている。その完全なる理想というものをイエス様は教えていない。聖書には、いくら読んでもない。今までのこういう内容を持った宗教は、みんな社会を離れておる。サタン勢力の真っ只中に入って、これを四方八方に広げる力のある宗教は、これは生活を離れてはいけない。それこそ理想の徹底した生活基準を中心として神と共にあり、神は味方である、神は内のほうとすれば人は外側である。一体である。私が喜べば神喜ぶ。神悲しめば私が悲しむ。宗教目的を完成化した生活の宗教の価値。我々はそういう宗教観念を、いわゆる今までの宗教観念でなく、生活の根源なる理想を求める。そういう見解がこの末の時期にいずれたどって来なきゃならない。そういう理念を持って来られる方が、再臨のメシヤである。

では我々統一教会は何をしなければいけないか。裁きをしない。神の最後の世界に裁きが来る前に自分個人を裁け。そしてそれは何を基準として？　中心を基準として。中心とは何か、神を中心として。神を中心とするのに、神の外的仕事を中心として、地上関係とか、命令関係でもって審判しない。神の心情を中心として審判する。問題はちょっと難しい。だから今後、世界を動かすその理想は何かというと、神に通じる心情主義である。その心情を中心とした所には、平和があらざるを得ない。

心情主義

ならば我々統一教会は何のためにある？　君たちは何のためにあるのか？　統一教会は何だろう。先生の顔を見るのが目的？　ここに来るのが目的か？　それを何千何万聞いても、言葉は帰ってこない。とすれば、何をするか。その心情を通してその声を通して、その状態を通して何を見るかというんだ。神が見てるのは心情を見ている。心情。何ものも心配することのない心情。赤ちゃんが自分の親に対して、子供として持つ心情。いくら大きな永遠のものをやるといっても限界がある。この思想は心情しかない。私は誰それの子供である。子供の父親は誰それだ。いかなる偉大なる先生でも、いかなる権威の力を持っている英雄がいても、誰それが、私の親である。私はその子供である。何でわかる。心情だ。心情というのは、自分の首を落としても否定できない。生命の根源の位置にあるのが心情の位置だから、生命を否定してもそれを否定できない。存在を否定しても否定できない。だから心情は存在前の心情である。だから、神は愛なりというのである。

さて、統一教会は心情を中心として住むと仮定しましょう。何が心情か。心情を見たことがない。「長いか、丸いか」、突っ込んで問えば答えることができません。しかし、退けば一杯になってくる。その人がなくなっちゃったら一杯になってくる。これはおかしいもんだね。そうなんでしょ。君たちも、「あはは」と言って、共におれば目立たないけど、なくなっちゃえば一杯になってくる。神経の最高触感まで一杯になってくる。愛すれば、愛するほど、溢《あふ》れてくる。それで、我々の五感の認識でもって、心情の限界を計れるその心情は我々に必要ない。そういう心情があるんだ。説明できないんだけど、ある。そこに接すれば閉まった口が開く。泣いているその目がパチパチと笑うようになる。死に顔していたら、その人が平和になっちゃう。それが、去って行けば悲惨なものである。何かすべてが往ったり来たりするものがある。それが訪ねて来れば、世界が欲しくなると言うんですね。だから神と人間と、絶対的な心情主体である神自身と関係を持ったその心情を体験した人はどうであるか。そういう心情主義を、心情理念を我々は目的として、今、新しい世界に進もうというのが統一勇士である。

神が復帰の最頂点とするのが国家ではない。先には、イエス様の願いは国家と言った。その国家は理想国家なんですね。今の国家ではないんですね。それは、心情の審判の限界を超えた個人を中心とし、家庭、民族、国家なんですね。だから先生は、調整整備しなければならない。

副作用

エックスを筆でこう書けば、副作用はどこで起こるかというんですね。だから統一教会が、もしこの世界において、ある時代の一点を飛躍するのに、交叉する所は副作用があります。その心と心との衝突は、いかに起こるかですね。個人におきましては、生心と肉心は交叉ですね。その作用が個人から家庭に、家庭から教会に、統一教会が東京に現われたら、東京のすべてのあらゆる教会は、復帰されていく。宗教の名前で立ったなら、副作用が起こる。これが社会運動の問題となったら、副作用が起こる。理想世界におきましてすべての世界の理想に立ったならば、問題が起こる。副作用が起こる。副作用が起こらないようにするには、どうすればいいか。

「何か？　殺してしまえ」。それは、やらない方がいい。いかにする？　副作用はね、起こるのは、起こる、いかにすれば良いか？　いかにして。その副作用を作用のままにすればどちらも残らない。それは反対の作用である。反対なら殺してしまおうという相手の前に、私が殺される位置に立つ。これが私をその基準として、神の哀れみを受けるということなんだ。だから本当の幸福を求めて、不幸な立場で、ある限界まで生きる。そうなれば二つとも生きる。だから、交叉するというのが、副作用を起こすんだから、交叉しないで、後についたら、これが良い。そうでしょ。そうじゃなければ、共に、相対関係を持って、こう行けばこう共に行く、こういう距離を保って同じく行けば副作用は起こらない。そうなんでしょ。統一教会は、副作用を起こすことはできるんだけど、そんなことはできない。だから相手を前に立たせる。それが神の愛である。

今まで、ここ日本の地域でみんなと会うようになったということが、神に対して感謝だ。死の境地は、何遍、何万遍と超えて来た。それは、こういう神の心情の世界に我があるからこそ超えた。だから先生をいかなる民族においても歓迎せざるを得ない。いかなる国家が何々としても、それは問題じゃない。わかりますか。だから、我々の統一教会の原理は共通の真理である。結果的に蕩減していくんだ。統一教会の食口《シック》たちは、食口たちという言葉を知っていますか？ 家族だ。韓国語で食口だ。家族ですね。今新しい理想を、新しい心情の世界を、何かしら感じる。これを皆さんが成長させれば、神の本当の天国の世界がわかる。神の国あれば、神の国に来て、なくてはならない貴重なる存在になる。それは先生、わかっております。信じるより、わかっています。その自信があるから、今まで強引にその悲惨な生活でも堂々とやっています。

国家基準までは、我々は夢中で行かなければいけない。それで、今までズーッとこういう道をたどってきた。先生はね、たくさんの人から一遍に打たれたこともある。あるいはもう村に入ったら村からね、おっぽり出される。それは自然にそうなるんです。僕《ぼく》が願わなくてもね。願わなくてもそうなるし、願ったらもっと早くなる。だからイエス様は言ったでしょ。「きつねには穴があり、空の鳥には巣がある。しかし人の子にはまくらする所がない」。韓国でそういう迫害の道をたどる時、どのぐらい苦労したかわからない。もし、先生がアメリカに生まれたら、どうなんでしょう。もっと堂々と、早く歓迎された先生になっている。今、張り切っている日本の食口《シック》たちを前にして、結局こういうようなことがないとは言えない。

しかし、そこには御旨の世界がある。神の六千年願い求めて来た、ある一点におきまして、我々は生涯をかけて解決しなければならない重大なる使命がある。その使命を残して逃げては、これ敗北になる。だから我々は歯を食いしばって、唇《くちびる》を噛《か》みしめてそうして父を呼びつつ、顔を上げれば、「主よ、私の父よ」というその気持ちで行かなければならない。。なぜかというと、神様には罪が無いんだ。御旨がなるまで神様は、誰が何と言っても、心の休まる時がない。韓国がもしも、先生の願いのもとに未来中心にやれば、ああいう惨《みじ》めなものにならないで、もっと早く世界に向かって発展できた。先生は、今から二十年前、日本におる時に、戦後の神の摂理がいかになるかを知っていた。そのとき祈った所が方々に残っている。いつかは君たちを連れて過去を話しながら、そういう時もあるでしょう。だから、今ここにいる時に、我々は歴史を造る、伝統を造る。そして、心身共に練磨されて、その価値を持って来て、永遠不滅の存在になる。そのために接ぎ木する。今までのその根でその成長したその幹を、無情に切ってしまう。先の方は切らない、枝から切ってしまう。そうして一つの枝を持って来て、接ぎ木して完全なものになる。最高な完全なものを、不完全なる所にもっていって接ぎ木する。我々は日本の最どん底の中に入れ。そこで、うちの教会は、物の廃品拾いをしたり、人間の廃品拾いをするのはもちろんだけど、それを考えてみると、蘇生、長成だ。そうして何をするか。心情の廃品拾いをやれ。堂々とやれ。財閥の前に行っても、心情の廃品回収をする。一年経って、二年経ってみなさい。そうするとその反対の方には副作用が起こるというんですね。最下級において、最上級において、副作用がある。この二つが副作用を起こして、これがプラスであり、これがマイナスになって一体になれば、この中はみんな同じくなっちゃう。わかりますか？

神を泣かせ、世界を泣かせる歩みを

それじゃ、日本がどうなるか。復帰したらどうなるか。日本を復帰しなければ世界はない。世界がなければ、日本はない。日本を復帰するまでに統一教会を必要とする。日本がなければ、統一教会は必要じゃない。だから世界がなければ、統一教会は必要じゃない。この世界は神がなければ、世界は必要じゃない。もっと大なるものが必要だから、小なるものを立たせる。立たせるには、完全なるものを立たせなければならない。この位置を完成するには、完全なるものが必要である。その一つの部分が重要じゃない。完全なるものそれ自体が必要である。だから我々の一生というのは、日本ばかりじゃない。君たちが働くのは、「日本のために働く」という、そういう感じじゃいけませんよ。世界のために働く。親のために働く。そして、全世界を泣かし得る歩みをするんだ。私は真剣になってやる。そういうふうにしなきゃいけない。

だから先生はね、牢屋に入っても平気。鞭《むち》打たれても平気。「打て、君の手が痛いか、足のすねが痛いか。皮が破れるか、君の手が疲れるか、打て！」。それでいろいろあったんだ。そういう時に耐えて、その立場に入って、その立場以上の立場での孝行。この世界中を泣かせる、天が認める孝行者はどこにあるか。それ以上やっても神に感謝し得る孝行者は、神を泣かし、世界を泣かし得る者は、すべてを動かす。動かす者はすべてのものを得る。だから統一教会はそういう活動を今までやって来た。わかりますか？　その道で何がなるかというと、個人に対してこういう生活をすれば個人の裁きを完成する。家庭がそういう生活をすれば、家庭が終わるというんですね。このようにやっていけば、統一教会がこの日本におきましては、いわゆる新しい先祖ですね。日本全国ができないことをやれば、日本を救うというんですね。世界すべての、人類のできないことをこの日本国民が先立ってやれば、世界をリードするその国民になるというんですね。そういう理念の基台に立った人格によって、そうして神の心情に接するその人が、神の国を残し得る、天国の国民である。そうして神の希望を自分の希望として、神の心情を自分の心情として、生活において共に神を慕っていくのが神に対する親孝行だ。そうしてその一国の位置じゃなくて、全世界を自分の兄弟と思って、国境を越えて行って、その異色民族において、あるいは迫害を受けつつ、行かねばならない。いじめられて。神はそれ以上の立場において復帰の路程をたどって来たということをわかっている自分にとって、そうしたい。そういうようになる時には、天の国に行って中心点に立つ。そういうふうに生きようというのが統一教会なんです。わかりますか？

和動会にて（1965年１月31日）

先生が残したい言葉

だから、まずここに立っている先生以上、日本を愛しなさい。世界を先生より以上に愛しなさい。天の父を先生より以上愛しなさい。もしも、君の傍《そば》に先生が倒れた場合、先生のその死体をつかんで泣くな。涙を流すな。先生が愛するその天を誰が愛する？　先生が愛する人類、愛するその天宙を誰が愛する？　責任は誰が持つか。そういう神に対して涙を流す。それは先生が残したい言葉である。どうか、日本におる皆さん、この時世の環境におきまして、堕落の道を開拓しなければならない我々、裁かれるその人類を、我々は裁かなければならない我々である。前に言ったように、後にさせるか、その時にさせるか、何も捨てて行かなければ、救われる道はないということがわかったから、どうぞ、下に入って、涙と共に、血と共に、汗と共に、彼らを救うまで努力して最後の勝利を、地上におけるその勝利を得なくて死んでも、天においては、最高の勝利者である。だから、その基盤がこの困難たる世界の事情の中のこの運勢の中に、統一のその要因が、各国におきまして動かざる基盤が造れれば、世界は再創造できる、再復活できるという自信をもって進んでくれることを祈ります。

どうも長くなりまして、すみません。祈りましょう。

（祈祷）

天の父よ、あなたに対して本当の親ということをわかりました。あなたの涙の色もわかれば、その味わいもわかりたいのです。あなたの流す汗のそのつらさをほしいんです。あなたが心情を絞《しぼ》り出して、今まで歴史を動かして来た、その苦労の心情がほしいんです。それ以外、我々の願いはありません。神の御顔に微笑《ほほえ》む理想のその顔がほしいんです。宝座にお着きになって、天宙を勝利の権威でもって命令するその状態がほしいんです。そうして神の根源の本心でもって全宇宙を懐《ふところ》に抱いて、そうして神御自身が満足し得るその基台がほしいんです。そういう要件をかなえ得る人たちがまた私はほしいんです。

統一教会におきましては、神のために祝い、神のために追われ、神のために死の境地を耐えて行くその可哀想なその群れたちを、神が必要であるということをわかりました。そういう道を行かなければ、神御自身におきましても、まだまだ願いにかなった位置に立つことができないその神であることをわかりました。

神の最高の願いをかなえんがために、イエス様をこの地上に送りましたけれども、イスラエル民族がその使命を全うできないで十字架につけられて、それで罪の渦中に、今までの歴史がその悲しみの歴史として延長して来た過去の先祖たちの罪を許してください。もし、日本におきまして、現世におきまして、神から許されざるその罪がありましたら、この日本における統一教会の食口《シック》たちの涙と汗と血の苦労を見て許してください。ある都市に義人が十人あっても、神は許されると約束しました。この国家に百人以上の天のために忠誠するその人があれば、この日本の将来は新しい方向が現われてくるということをわかっております。どうか我々は、手を握って、バンドを締《し》めて、心を固めて、天に立ち上がりました。神のために立ち上がりました。この日本を背負って、世界いずこの所にも行くために、天の勇士としてその目的を達せんがために、今ここに訓練しております。この訓練の立場において、神自身が認め、訓練される人たちが、それを信じられる時になったら、世界いずれの所にもこの民族を、我々を先に立たせてくださることを、神にお願い申し上げます。

どうか、今まで歴史上におきまして、悲惨なる道をたどって来た東洋文明圏に包まれているすべての人民を愛し給え。「道《どう》」の道に近ければ近いほど、すべてを失わなければなりません。今まで、ヨーロッパ文明は物質文明であり、物的文明であります。外的文明であります。その外的条件は、わかればわかるほど、それが歴史を通じれば通ずるほど、外的条件を得ることになるんですが、「道」の方向におきましては、この深い所に入れば入るほど、失われなきゃならない。それで、今、西洋の文明が東洋の精神的文明に包まれて、頭を下げなければならない時代になって来るというこの現世におきましては、宇宙に対処して、宇宙を中心として責任持った道に立った東洋圏内には、すべてが失われていきます。物的、外的条件のすべてが失われております。しかし、それらはそれきりでとどまるんじゃなくて、どうせ、外的にすべてのものが内的完成と共に、内的位置によって、その主管されなければならないということは、これ鉄則であります。それを成すがために、我々統一教会をこの東洋の一角に立たせてくださったことを感謝致します。

どうか、神の声によって、その人類におきまして、サタンの束縛に苦痛しておる、今忍びつつ嘆いているその人類を、我々の手を通して、我々の涙と血とそれから汗を通して、救いの道をたどらせてくれるように、我々を力づけ、そうして、決心と勇気を授け給え。そうして海を越え、山を越え、谷を越えて、我々の神の御子となるべき、サタンの網につながれている、嘆いているその全人類を我々の手によって解放することができますように、勇気に勇気を重ねてください。そうして、最後の戦いにおいて、先頭に立って、神の日々の責任を自分一人で負うような、こういうあなたが愛すべき、本当の神の秘密全体をつかさどるその子女となるように。そうして、神のすべての要件、要求を協助し得るような、神の民になるように祝福してくださらんことを切にお願いします。

この日本に滞在する期間、どうかここに残っている家族たちを守ってください。彼らは涙でもって、不足なる先生を慕って来ました。体は同じであります。しかし、外的条件はそれが問題じゃありません。内的心情の世界をして、神を慕う心、神に侍《はべ》るその感ずる心を、この時間に神共に授けてください。追われたるその師を慕ってついて来る人々も、追われなければなりません。迫害のその真っ只中に、そうして忍ばれるその先生を慕って来る人も、同じ運命に立たなければなりません。そうして流れ流れる悲惨なる歴史の運命をそれを握って、最後に勝利の天において、それを審判するようなその日まで我々を力づけて、その過程において躊躇《ちゅうちょ》する人間にならないように戒めてください。そうして、力、それから勇気、そうして体力を持って、サタン世界に対して十分に準備をして、そしてすべての武装を整えて、サタンとの一戦を、そうして最後の談判をして、サタンの方から服従しなけりゃならないという、そういう行動の内におきましても、生活圏におきましても、我々の戦いの内におきましても、あらゆる部分におきまして、統一精神にかなった生活を充分全うし得ることができますように、戒めてくださらんことを切にお祈りします。

今日のお話、『イエス様の最期と我々の覚悟』、今我々の覚悟がこの現世の舞台におきまして、神を中心とした生活圏のその価値を認め得る神の存在、神と心情の結合を持って、そうしてその価値を、そうして裁きの基準を立てて、裁きをするには、すべてを殺すのが、その破壊するのが目的じゃない。それを収拾して、そして再生されて、神の御用の目的に対し、仕えるようにするのが、神のもともとの目的であるということをわかっておりますから、忍びに忍んで、そうして最後まで忍び、神が認め得ることができますような息子、娘にならしめてください。そうして、最高の栄光の所まで、世界人類の前に堂々と立ち得る勝利者として、凱旋《がいせん》歌を神に率直に、前に立って両腕を上げて歌い得るような、そういう勝利者になるように、神守って、そうして主管して最後まで戦い続けるような力を加えて、勝利者にまで導いてくださらんことを切にお願いします。

後々のすべての残された時間を神に御任せしますから、どうか厚意に背くようなことのないように御守って、そうして最後まで我々の集まりは天が功《いさお》を称《たた》え得るような、この集まりになるように、それで一人一人がなくてはならない責任分担におきまして、天の必要の対象として永遠に残り得るその先祖となるように、そうしてその子孫は先祖を称え、神にもっともっと忠誠を成し得るような、その善なる子女になるように、祝福してくださらんことを切にお願いします。

世界に広まっている統一の食口《シック》たちを守ってください。韓国において今、先生と共に、日本における食口たちに対して、涙ながらに祈っているその食口たちの祈りを恵み給え。我々は一つの父母を慕っております。我々は、一つの心情でつながっています。一つの事情、一つの願い、一つの目的の世界にそのまま向かって進んでいる、その最中なんです。どうか、この群れがこの宇宙内で動くには、全人類のいる歴史上におきまして、永遠に神の栄光のその源として光を出し得ることができますように、すべての人間の関係、望みの上にも祝福をなしてくださることを切にお願いします。我々の努力におきまして、天におきましての数多くの億千万のその霊界人に、そうして今後この道をたどって来るすべてのその兄弟姉妹にも、神の御恵みを、この機会と共にその祝福をしてくださることを切にお願いします。

最後の神の目的が我々の生涯のうちに達成し、死ぬ前に神に御奉公でき、蕩滅の誓いじゃなくて、栄光の誓いとして、神の御前に立って、この口でもって賛美することができますように。この目でもってその世界を見るように。この身体でもって、安息の天国の中で住まいを持って安息することができますように。勝利の日々を短縮して、天が願う神の日をこの地上に定めてくださることを切にお願いします。それが神の願うところであり、神の声に従って来た、ここに立っている者の願いであり、この先生を慕うすべての人の願いであります。それがために、我々の生涯を注いで何も惜しむことがなく、進んで進んで、戦って戦って、神と共に生き神と共に生活し、神と共に死んでいくように祝福し、御つかさどってくださることを切にお願い申し上げます。

今日のこの礼拝の時間を、守ってくださったことを感謝しながら、このすべてのことを我々の願いたる真の親の御名によってお願い申し上げます。アーメン。

六、本部教会での夜の御言

一九六五年一月三十一日午後十一時から二月一日午前一時半まで
本部教会（東京都渋谷区南平台）

蕩減献金

一万二千、蕩減基金になっている。四年間。それは先生が使うんじゃない。これは可哀想な人の救いの道ね。昔はその金でもって、客死、その路傍で、その自分の家で死ななくしてね、客死したその人たちの墓を造ったでしょう。だから世界の人類はみんな迷い子なんです。迷い子の住まいを造ってやる。それは何かというと、その安息地。聖殿を造ったんですね。イエス様がその身体を売ったその地上において、みんな条件になっておるからです。全体的罪を蕩減するというと、自分の個人の四方がみんな開かれるというんですね。蕩減基金というんです。それを出すには、普通、会社に出勤して儲《もう》けた金ではいけない。これは血と汗と涙で。イエス様に血と汗を流させて金で売ったその蕩減のために、惨《みじ》めなその活動をして儲けるというんです。最下の生活、最下のどん底に入って、死の間際《まぎわ》に立って儲けるという、真心を込めてやらなきゃならない。そのイエス様を売ったその金を弁償するという、蕩減基金。それが最後の蕩減なんですよ。だから父母を探した。子女を探した。万物を探した。万物の日があるでしょ。万物の条件が奪われている。それで血が悪の血によって汚されている。これを蕩減しなければならない。だからイエス様は血の身として死んで行かれたでしょう。それを我々が償うわけなんです。それを個人において蕩減しなければならない。それが最後の蕩減です。それで信徒たちが金がないのに、如何にして三千円を出せるかと、泣きながら祈ってみた食口《シック》たちがおるんですよ。祈ってみると、君は如何に難しくても、これをやらなきゃならない。これは永遠の問題に引っ掛かるからどうしても、君は着物を売って裸になって歩んでもね、これをやらなきゃならない。そういう天の声を聞いたんです。蕩減基金は如何に恐ろしいものだったか。それをやるには真心を先立たせて、自分のその過去を悔いて、地上にあり得ないことをしたということを悔いながら、いかなる苦労をしても、それを探して来るようなその心が必要です。儲けて神に捧げなければならない。これは日本の食口《シック》には教えてない。韓国はみんなやっておるんですよ。先生は、それをやるのに三年前に血の価を返せということを言ったんですよ。血の価。イエスを三十枚で売ったんでしょう。血の価。それを蕩減基金として、世界人類三十億人がそういうのをみんなやるというといくらぐらいになるかな。三数。日本だったらね、三千円が最下なんです。自分の心に従って、三万円でも三十万でも三百万、三千万でもいいですね。それを四カ年する。そうなるというと物的幸福も道が開けるというんですね。地がね、自然と引きよって来るというんです。善の地は善の主人に従うというんですね。地の条件が引っ掛かっているから、サタンと神と分別しなけりゃならない。神も持って行かれないし、サタンも持って行かれない。行ったり来たりする。それを分別すれば、ジーッと引かれていくんです。それに従って運勢は地上の地の完成は、地上に目的を成すがためにたどって来る。天運は、天の運勢は違ってくるというんです。みんなそういう条件をやらなきゃならないというんです。ある者は、「金が欲しいから、そんなこと言う」と。金が欲しいから、そんなことやるもんか。これは絶対的にやらなければならない。アメリカもそれを知らない。韓国だけやっておるというね。西川先生はわからなかったんでしょう。

（西川「話は聞いておりましたんですけど」）。

どういう意味かわからなかった。それわからないでペラペラしゃべったら、説明できなかったらちょっと困る。「金が欲しいから、そういうことを言うのか」と社会問題になるよ。そういうことがあると思ってね。気にしておりません。いずれ君たちはね、本心でもってやらなきゃならない、そういう時がきっと来る。だから、どうせ我々は最下の所を通過しなけりゃならない。それは地獄のどん底なんです。それを通過して解放する。解放するには百パーセントの解放。そうなんでしょう。中間で死んでれば、中間だけしか解放できないんです。どん底を抜け出れば百パーセントの解放ができるというんです。だから我々はつらき道を行くのがいいんですよね。

（西川「みなさん、明日ちょっと先生早く出発される」）。

まあ、いいよ。もう少し話すよ。先生は如何にしてそういうことをわかったんだろう。それは何故なんだろう。いくら研究してもわからなかった。聞いてみれば、それはそうならざるを得ないんだけどね。いかにしてわかるや。六千年以上のその問題が、何故この時代において直接の問題として我々にぶつかって来たか。これがいわゆる謎だね。謎の先生がおる者たちが統一のその群れだ。西川、米国の向こうから招待状が来たら、誰を連れて行く？

（西川「一番素晴らしい男性と女性を連れて行きます」）。

日本にも、先生のでかい屋敷を造らなきゃならない。なぜかというと、アメリカ人なんか連れて来る時、家は日本の食口《シック》の家、教会の家なんだけどね、これが先生の家だと言ったら、もう喜ぶからね。

和動会にて（1965年１月31日）

そこに住まして、三食する他の所よりも、二食にしても欲しいというんですよ。そういう外国人なんか集めてね、三食食わないでも二食でもいいというんだよ。それを考えなければいけないよ、君たちは。米国もそうだ。米国も造るでしょう。どうだ、日本の食口たちはね、先生が日本にずっとおれば、どうだろうな。

（「それはいいです」）。

先生が日本に来てれば、お客さんが毎日何十人、何百人になるかもわからない。それを考えないで。お客さんが日本に来られたら、帰る時には日本のお土産なんか、みんな買ってやらなきゃならない。

（「全然問題じゃないです」）。

日本に来たんだから、着物でも一着作って贈ったら、一日に百着作らなきゃならない。そうすれば、一年に三万六千着を作らないと。そうしたら、東京で一番の洋服が出てくるというんですね。そんなこと考えないですか。その後にまた入って来るでしょうね。本当なんですよ。先生が日本に本部を造ろうと決めれば。

（「決めましょう、もう」）。

それは、そうなるかもしれませんね。最高の誠が最高の勝利を得るというのは鉄則なんです。

（「私たち頑張りましょうね。絶対」）。

（西川「そういう言葉が出たということはね、どういうことかというと、可能性があるということ。それは私たちの五パーセント」）。

（「いやあ、絶対にそうしてもらわなくちゃ困る」）。

しかしアメリカでその本部を造るかも知れない。

（「絶対にアメリカに渡さないわ」）。

便利さとね、速いほうね。米国なんかは世界的基盤に立っている。世論だけ起こせばね、ピーッと回るんですね。先生は米国を考えているんです。日本はずっと。

（「先生、憎いですね」）。

ああ、憎いよ。そして米国をね、みんな世界すべての統一教会に分けてやる。だったら君たちで先にやりなさいよ。やるんだったら、そんなことしなくていいよ。

（「やります。見ててください。やりましょうよ。絶対」）。

先生がいる所が本部なんだよ。本部。

（「アメリカが問題じゃない」。「大和《やまと》魂《だましい》がある」。「外的なものより内的なものが主体ですから」。「第二次大戦では負けたけど、今度は」）。

しかしアメリカの人たちはね、ふらふらするんだけど、責任感は強いんですね。何かその干渉しなくても、一人でやっちゃうんです。彼らにはその指導者が多く必要じゃない。そうやったら、ズーッとその通りに、もう決めたら、それで全部。文化基準が高い国民はね、そうなっていますよ。根気強くやっておるんですよ。だから世界復帰は自分らの手によって、もう世界のローマであるということはわかっているんですよ。それは四百年でキリスト教はローマを転覆したんだけどね。君たちは、何年でしようかと考えておるんですよ。

（「今御父様は、人格完成は一日でもやる気になればできると言ったでしょ。だからアメリカが上だとしても、私たちはその気になれば三日でもできる。光秀の三日天下です」）。

ああ、それはできる。やってみないとね。しかしみんな兄弟だからね。一番兄貴は功労を積まないといけないんだ。他の兄弟の目障《めざわ》りなんですよ。そうでしょ。

（「人格完成したというのは、どういうとこでわかりますか」）。

自分のポケットに金があっても自分のものじゃないというんですね。神がないと自分のものは自分のものにしちゃうんです。しかし神の身代わりになる。神は全世界の神である。あれば世界にやるというんですね。小さいものでも、世界にものを分配してやりたいという、それでもってわかるんですよ。君たち自身もそうだったら、私は九十とか三十とか、それすぐわかるでしょ。だから、アダムとエバは、神のほうに立っていなかったでしょう。命令という命令だけを信じるとか、服従し守ることが神の願いじゃなかったというんですね。自分の欲望があってそれを優先した。だから堕落もそこから始まった。サタンの本性というのはね、自分が一番大事ですね。「自分が神のほうに上がりたい」というんですね。神はその半面にサタンの一番下より下に入るというんですね。そうして、その下のほうが満足したらもとに戻るというんです。それで反対なんです。一番高い理想を願うのがクリスチャンの人たちです。しかし行動においては一番最下です。それは何か。サタンを根本から屈伏しようとする作戦である。従順とかね、謙遜とか。だからもう簡単なんだ。サタンがそうなっているから、その反対のほうに行けば、サタンと距離がもっと遠くなれば神のほうに着くというんですね。だから生活もそうだ。我々は「嫌《きら》い」を我々の生活の目標として、それを好むようになれば、サタンは自然と逃げちゃう。だから、「サタンさん、来い来い来い。飲ましてやる」。そして、「君は何を飲みたいか」。「ああ、お茶が飲みたい」という。その反対のものを飲ましてやるというんです。飲み物が違う。「飲め」。「ああ、私はそれ大嫌いだ」。神の子は神の子だ。サタンのところに入っても神の子はサタンを主管した位置に立っておるというんですね。そうなんでしょ。だから地獄も主管することができる。

だから、今動いているのはね、その道を立てて行くんですよ。だから自分の生涯において、「ああ私は本当に貧乏だ」という。しかしこの手がいくら汚れて真っ黒になって、こう掻《か》けばね、いつでも垢《あか》が見えるような状態で神のために働くんだったら、自分が自分を抱いて、可愛いという気分まで来る。神のそういう思いが、そういう感じがたどって来るんですね。そうなれば、自分がどういう段階か、自分で自然とわかるんです。

午前一時になっておる。こういう話しがまた四時まで続くの？　今日も三時間半くらい、先生が説教したんだけれどね。一時間にもならなかったと思ったんだけれど、いつのまにか三時間半になっておる。だから天国はね、再臨の主が来られた時には、昼も夜もないと言ったんでしょう。先生が真剣になって、霊的な局地に引っ張っていけば、君たちは昼も夜もない。先生に会おうとしたら、もう息が続かなくて、もうこういうふうになっちゃうんですよ。そういう気持ちが、ちょっと、ちょっと、ちょっと、ちょっと、ちょっと、ちょっとずつ望みつつ、その延長が一日になった人たちがある。本当に切に願っておる人たちが多ければね、足が動かないんですね。だからもうやむを得ず、そうやっている。そういうことが多いんですよ。しかし、今晩はそうじゃないですよ。西川、どうするの？　主人がね、お客さんを虐待すれば結果はどういうになる？

（「面白くないです」）。

そういうんだったら、寝かせるのが主人の使命なんだがな。しかし、先生が面白く思うのはね、さっき主張した理想がね、世界あらゆるところで問題の中心に立っているからね。それが面白いです。何百年の功労のその位置に立ったその人のすべてを復帰するには、神のほうに引っ張って来るにはね、ある人を一人回せば、全部が何十年、何百年もそれは回ってくるというんです。

午前一時になるの？　（「一時十分前です」）。一時十分前も一時もだいたい同じだ。十分は遅い？　十分は千年に価するか？　君たちは、先生について、自分が会う前に想像して、「先生は手が五本じゃないでしょう」とか、そういうように考えた人が非常にたくさんおると思うんですね。便所も行かないしね。そういうのは非現実なんです。神は最高の現実主義者である。現実の世界を造って、動かしておるから。それを考えれば、もう良かったんですね。心情の世界でもって天国を造るという。光を超越するのが心情なんですよ。だから天国はいくら小さい者であってもその位置において全世界に対してやることができる。高いお方にもやることができるという世界が天国であり、理想世界であるというんですね。先生が君たちに言いたいことがたくさんあるけれどね。それをみんな言っちゃったら、立って歩く人が立つことができない。尻が床についてね。しかし、この期間というのはわずかな期間だ。もう少し過ぎれば。来年また先生、こっちに来ましょうか。毎年来るかも知れない、毎年。気持ちが動くと、お金も飛んで行きます。

今、国家の公認を受けたらね、招待状一枚で行ったり来たりすることができます。君たちも韓国に連れてきたいです。韓国の政府からも日本の外務省に連絡して招待状をよこすんです。君たちはいくらアメリカに行こうとしてもいいんですよ。だから、スポンサーがあったら、必要だったらいくらでも造ってやる。だから、海外旅行するといったら統一教会の人です。この前言ったでしょ。世界中で一番多くなる。だから、統一教会の人たちはね、あなたは日本に来られたら日本にプラスになることをやる。日本国民を生かすことをやる。そうして、国境を自然と撤廃《てっぱい》させるというんですね。あっても我々で撤廃させる。そういう時を早く来させる。そうするには今先生の指導方針に従ってやらなければならない。そうなると、遠からずしてそうなるんです。我々には不可能はないんですよ。心情と行動と原理でもって世界を呑《の》み込む。

先生は冗談もようやりますよ。女の子が集まったら、もう、可笑《おか》しいとね。お菓子といったら食うものだよ。冗談なんかすればね。それで小便までしちゃうんですね。女性の何人か、まちがいないんです。日本でも実証してみせましょうか。韓国にはね、幾人もあるんですよ。先生が冗談言うと、「ああ、やめてください」というんだ。しかし、こういう指導者になれば、どこへ行ってもね、こういうことを習わなければならない。必要である。だから先生は、そういうことがわかれば、もう如何なる階級にも接しないところがないというんですね。ちょっと聞けばわかる。早くキャッチするんですね。いくつかのところを聞けばね、それを応用して。応用力は非常に発達しているんですね。そうでしょう。応用力は非常に敏感なんです。だから、それはもう誰も追いつかないですね。一つを基礎として、比較するんですね。それを分析して洞察する。冗談もやるんだ。しかし、いつもはやらないんですよ。必要な時に。憂鬱《ゆううつ》になってはいけない。そのままおっては、いつかはサタンの捧げものになるという時にはね、それを追っ払うにはね、そういう冗談をするんだね。「あははは」と。そうして、ザーッと整理してね、最後に一つ忠告の釘を打っておけばね、それでもうことが済む。そういう時には真剣なことはしないいんです。かえって反対のことね、バアーッとして、「この野郎！」と。やってね、その気になれるんだったらね、そういう人たちは一番近いんですよ。冗談も必要です。また鞭が必要です。幅の広い、そうして、味のある人間になれというんですね。匂いのある人間じゃなくして、味のある人間になれ。その人に会ったら何か味がある。「ああ、首でも取って帰りたい。私の髪の毛十本くらい抜いて、その後に差し込みたい」。味のある人間になる。

ああ、たまらないといってね。無限までやれば、無限にやるものが我に返って来てね。それを迎える時に、無限にやった以上のものが戻って来る。だから先生は青春時代、御旨のためにみんな捨ててしまった。先生の青年の時には踊るような気持ちは一回もなかった。歌が楽しいといって、そういう今堕落世界の青年たちが味わうその立場はみんな捨ててしまった。

世界におるすべての女は先生のほうに向いてくる。そうなんです。だからクリスチャン、キリスト教の理念がそうなんでしょう。花婿、花嫁。新婦。新婦といったら男にいう言葉じゃない、女。だから新婦理想。人間の三十億の半分は女だけどね。その女は一人の女の価値と同じである。だから女は先生のほうへ、女は。男は天使長。すいません。しかし心情の分野におきまして女は新婦というんですね。そういうことを聞いたでしょう、君たち。だから男たちは結婚したら三年、三十六カ月以上、絶対的に女に服従しなければならない。母子協助というのがあるでしょう。それは今もそうなんですよ。結婚するとその夫婦になるんですよ。そうするというと先生が誰を先に祝福するかというと、女をする。そうして、その男が女に侍《はべ》らなければならない。それで四十日間を絶対服従。そうでなければ蕩滅を超えることができない。西川、どうだった？　それがアダムとイエス様の時代には、真の母を立たせられなかったから、復帰時代には、アダムとイエス様のその身代わりとして、完成した女性を探し求めなければならない。それが完成基準に向かって進むんだから、成約聖徒におきましては、

和動会にて（1965年１月31日）

夫婦になるというと、真の父の願いの相対になる女の基準を復帰したという条件を立てなきゃならない。そうでないというと、子供が生まれないというんですよ。子供は生まれない。父があるんだけど、母がないから子供は生まれない。だからその母の位置に立ちますよ。子供を産むようなその立場に立って、自分の旦那《だんな》さんをね。それで、復帰においては、女が天であり、男が地であるというんですね。そういう基準。知っている？　何も知らないでやったんだけどね。それは難しいんですよ。ややっこしいんだ。原理は複雑なんです。今まで君たちが習った原理を、先生が生涯の路程におきましてこれを完成基準におきまして蕩滅したということを、詳しく説明すれば、いかなる人もどうにも否定することができない。これまでいかにしてこの世界の舞台を蕩滅して復帰の基準を立てたかということは、これは一目瞭然《りょうぜん》と、否定できないんです。

それが歴史六千年の問題が現実に解決されたというんですね。

だから、母子協助みたいな立場に立たせた。ところが先生がみんな放りっぱなしにした存在だと思ったその女性が、先生の後に立ったというんですね。だから女は早い。男は、エデンの園におきましてはアダムとエバの所に現われた天使長だ。その基準なんです。これが復帰なんです。先生が世界的なアダムの位置に立ったならば、そこにいるすべての女はエバの位置である。そうしてこの男は天使長の位置である。申し訳ありません。男の人たちは。そうなっているんですよ。だから、女たちを同じように尊敬しなければならない。今は米国におきましても、女は男の子を打っても構わないんだけれども、男は女の頬《ほお》を打てば引っ掛かるんだね。それは母の位置を保っているから、天では許さざるを得ないというんですね。それは面白い現象なんです。それが、時代に応じて、そうなっていくというのはね、先生が原理を解いたからそうなったんじゃない。そういう原理になっているから、現世がそうなっておるんですよ。だから女を尊敬して。それはいつまでか。六千年間に一千年を足した七千年間の復帰基準だから、一次大戦後七十年間に相当する。その時期までは統一教会の復帰の路程が世界的になるでしょう。そうして、ある条件を立たせれば、女と同じようにして男が平等の位置に立つ。そうなるんですよ。それは原理的でしょ。原理的だ。だからイエス様は、再臨の時まで自分は花婿であり、信じる者は花嫁であるというのはね、世界的信仰の基盤をおいて世界的母の一人を選抜するんです。それを選抜すればすべての女性はそこに参加する権限があるというんですね。そうでしょう。その基準が定まらないと、神の祝福ができないというんですよ。男は認めない。申しわけないというんだ。だからみんな僕《しもべ》みたいに命令してやる。女も先生にみんな従わなきゃならない。だから、このものたちは何をするかというとラッパを吹く。天使長はその宣伝をする。堕落は天使長がしたんだから、堕落したアダムは天使長的アダムですね。それがイエス様の位置なんです。だから、それがラッパを吹いて、サタンを屈伏させ、そうして主管性を転倒させて、上がって来てこそ、初めて祝福となるんです。だから原理は空論じゃない。現実の道である。そうなるんです。だから女たちはね、先生もよう見ますよ。よう教えてあげますね。それは色々なことを教えてるんです。だから、統一教会に入ればですね、永遠なるその理想の主人を迎えたような気持ちになるんですね。だから家に行けばそれは、本当に旦那《だんな》さんはサタン側なんだ。サタンの実体を背負っておるサタン側の家なんだから、その家の門を見ても、ゾーッとするというんですね。そういう感じがするでしょう。そういう体験が生じて来ます。それがだんだんだんだん薄くなっていくんですね。韓国の方でその復帰の条件を立たせておるんだから、薄くなっていくんです。だから復帰がだんだん易くなっているんですね。だから家庭復帰の基準が立たされれば、そういう気持ちが去ってしまう。民族復帰の基準を立たせれば、民族同士の争いがなくなっちゃう。国家の基準を復帰させておけばね、国家同士の争いが去ってしまうというんですね。だから平和な世界が来るんだというんです。今度の先生の巡回路程というのは、重大な意味をもっておる。そういうようになって、我々の復帰の目的は成就されるというんです。それを初めて聞きますか？

七、『神とサタンの境に立っている我々の責任』

一九六五年二月一日　名古屋教会

（祈祷）

天にましますお父様、この天宙はあなたのものでございます。すべてがあなたから始まり、あなたによる天宙であるべきこの天宙は、我々の先祖の過《あやま》ちによりまして、このように悲惨な結果の世界になったという、そうして我々はその堕落した子孫の血統を受けたその子女となったことを切に悩み、心痛く思うものでございます。この宇宙に幸福と平和と愛に満ちるその世界におきまして永遠の親として永遠の子女として、永遠に住むことができない、悲しい世界になったことに対して、先祖の罪を悔い改め、この時代におきまして、この地上に残っておるあらゆる罪悪と闘って、もともとの御理想を復帰するために、すべての食口《シック》が力を合わせて、この日本の地におきましてすべてを捧げて歩む若きこの子女たちを哀れみ給え。そして愛し給え。最後の勝利をもたらすためにその身を神に捧げ、悪の世界に立って神の怨讐《おんしゅう》に対しその仇《かたき》を討《う》って、そうして神に信じられるその子女となるように御導き給え。この道は茨《いばら》の道であります。わかればわかるほど涙ぐんで、天に頭を下げて、そうして跪《ひざまず》いて心から歴史的悲惨なる親のことを思うときに、あなたの前に責任を果たし得る、その子女となるように御導き給え。サタンの前に勇気をもった勇士となって、そうして神に本当に孝行者になるように、なくてはならない忠臣となるように、神が我々を御導きくださることを切にお願いします。最後の勝利に向かって、一体となって、天宙を復帰することができるように、そうして神の勝利の最後の感謝の旗を高く掲《かか》げて、歩むことができますように、切にお願いします。今後をお任せしますから、どうぞ御旨にかなうよう御導きくださらんことを心より祈りながら、すべてを尊き主の御名によってお祈り申し上げます。アーメン。

東京・名古屋・大阪

先生はですね、昨日の夜、「明日、名古屋に行く」ということを考えた時、この日本の地に来て、東京から名古屋、それから大阪に行く。それを考えた時にこういうことを考えました。東京と言いましたらこれは東の都である。一番重要な都市である。それから大阪といえば、峠である。それを考えた時に、そういう人が堕落しまして、エデンの東は、東は理想を象徴する。そうして希望を象徴する。だから東というのは天地創造の御理想のエデンの園である。その東京から名古屋へ行く。名古屋から大阪へ行く。そういうふうな時に、深い何かしら思いが浮かびました。これ名古屋と言ったらね、天宙におきまして一番古い有名などこであるかというと、それは堕落したアダムの家庭である。そうだろう。天国を造ろうとしたその故郷に、堕落した先祖ができてしまった。それから大阪と言えば、何か堕落した路程を象徴したようなその気持ちにかられました。

それでまた名古屋に行く日は第二番目の日である。我々復帰路程におきましては、第二はいつも問題になっておる。アダムの家庭におきまして、第二のアベルが問題になっておる。アダムが堕落して、そしてノアを中心としてその裁きがあった。それが第二に立つ立場に立っておる。それでノアの子セムとハムがあって問題になって、この摂理を延長した。そしてアブラハムとイサクとヤコブですね。その三つの中でイサクを中心として供え物をした。こういうようになっているんですね。それからモーセを中心として見た時にですね。アロンがイスラエルの復帰路程におきまして、荒野四十年の中で第二の立場である。また神の子として考えた時に、もともとの神の創造したアダムは最初の立場である。そうして復帰の目的を成さんがために来られたイエス様は第二の位置に立っておる。そのイエス様は十字架につけられた。そうして再臨は第三のアダムの理想を持ってこの地上に来られるということなんですね。そういう第二のところがいつもサタンと対決する所だ。

そういうことを考えて、それでここにいるのは家族たち、食口《シック》たちですね。どうか、今度の機会におきまして一体となって、その最初の出発が強ければ強いほどそれは大なる影響が全国的、あるいは全世界的、あるいは全天宙的に、その結果を来たらすことを皆さんもそれを望むと共に、ここに立っておる先生も願う。先生よりもっともっと神は望むに違いないということなんですね。だから、今度の機会を通してもっと日本のために、日本を必要とするのは世界がある。世界を必要とするのは天宙がある。天宙を必要とするのは天御自身であるからということを納得してくださいまして、どうか一体となって日々の生活を歩んでくれることを心から願うものでございます。どうかよろしくお願いします。

題目

今日はどういうことを言いましょうかと考えたら、こんなことになりました。この宇宙には神とサタンがあるということは、みんな知っておるでしょう。『神とサタンの境に立っている我々の責任』という、あるいは成約聖徒のその責任ですね。善悪の境に立っておる我々の使命とか、あるいは一個人について言えば、世界に立っておる我々の責任があるでしょう。そういう題目を中心として、ちょっと皆さんに申し上げたい。だから時間はもう本当は十分でもいい、三十分でも一時間でもかまいません。

名古屋に向かわれる真の御父様（1965年２月１日）

すべてに存在する中心

これ日本を中心としてみれば、日本の中心がある。どこにおいてもそうなんだけど、存在するものにおいてもみんなそうなんです。だから世界にも中心があるに違いない。その中心を中心としてすべてが回る。そうなんですよ。そうすると宇宙を考えても中心があるに違いないと。そうなるんですね。そうすると、あらゆる存在するものにとっては中心がなければならない。中心なくしてその目的を果たすことができないというその原理にこの宇宙のすべてがあてはまるというんですね。そうすると最高のその中心は何かといいますと、言うまでもなくそれは天の御父様である。全知全能である我々の親でいますその神様である。そうですね。その神様を中心としたその宇宙というのは、一つの目的の世界を果たさんがための存在であるに違いない。それで我々が創造原理で学びましたように、神が創造した、その創造理想があった。その理想というのは目的を果たして、初めてその理想が全うし得るんですね。その理想とする世界は神を中心として中心が再び運動するには、最初の対象物を必要とするんですね。運動する時には、ある中心があれば、運動する中心に対して運動しあえる対象物がなければならない。対象物がなければならない。その対象物とともに目的の世界を造るためには、過程を通過しながら、その中心において、真なる父母を立たすのが御旨だったというんですね。御旨を中心として、神の御理想のその最初の動きを家庭に求め、理想家庭を完成しようというその中心に対して、真の相対位置に立ったのがその人間である。ところが人間の始祖が堕落したので、神を中心とした希望とそれから事情と心情も、その目的地、理想圏が達し得なかったということが、今の現世の原因なんです。それでその一時点におきまして、神の御希望も神の事情も生活の舞台も心情も安息の絶対的な平和圏もみんな塞《ふさ》がれてしまった。そうしてその天使長はサタンになって、今までその神に背く存在、あってはならない存在の立場に立っているので、そのサタンを中心として最後の闘い、あるいは善なる闘いをなしていくのが今までの人類復帰摂理歴史であった。

アダム家庭から始まった復帰歴史

それで神は、人類歴史において堕落したその日から、その中心の存在を求めて来たというんですね。その最初の一人が誰かというとアベルであった。そこでアベルの勝利を求めて、そのアベルを中心の位置に決定せしめようとしたのが神の摂理であったというんですね。しかし、それにもしも失敗したらどちらが勝つか、サタンが勝つ。そうしてサタンが先に出発してその基台を造っている立場に対して、アベルの位置というのはその準備がなされていない。そういう立場に立っておったのが復帰の摂理の始まりだった。そこにおきまして、カインとアベルが神に捧げ物をした時に、どうか、この家庭内で復帰ができるように、神は切々に祈ったけれども、かえってカインにアベルが殺されて、すべての目的を果たすことできず、長き歴史の起点を造ったということになる。

神は摂理上どうしても、それを放ったらかしておくことができない。そうしたら宇宙を全部破壊してしまうから。そうなるというと心情を中心として、心情の因縁を中心として造られたすべての万物が苦しむ。しかし永遠の苦しみに立たせることができない。それで神はまたセツを立たせて、その摂理の路程を再び探して来ながら千六百年の月日を費やした。そうして、神に絶対的に立ち得る、神の声に服従する、神の命令だったら何でもやるという、自分の犠牲はもちろん、家族の犠牲はもちろん、神の声だったらなんでもやる、そういう信仰を持っておるノアを選んで言った。「今から百二十年の後に洪水審判をなす」と。それに対して神の命令を受けたその日から、ノアはアベルの時と同じような立場に立ったというんですね。そしてノア家庭を中心として復帰の目的を完成しようとした。それがハムの、その責任を全うし得なかったことによって、また延長された。それでこれがアブラハムまでズーッと延長して、こういう闘いをイエス様を通して今までズーッとやって来た。

イエス様の時代の摂理

しかしイエス様の時代においても、いかなる迫害がありましても、自分が死しても、自分の先生に被害を被《こうむ》らせてはいけないというようにして、あらゆる方面におきまして、勝利の基盤を造らなければならないのが弟子たちの使命だったんだけど、何も知らない弟子たちは、神の御旨に対する責任感を持っていなかったというんですね。イエス様のその心の痛みということは、この地上にある弟子もわかっていない。しかしその基準というのは、どうにかしなければならない絶対的基準であるから、その弟子たちがそれを全うすることができないがために、イエス様御自身がこれを全うしなければならない。それを全うするためにイエス自身におきましては内的位置と外的位置の両方の位置を保たなければならない。外的位置に勝利を得なければ、内的位置の勝利はできない。それで方々を回りながらイエス様は外的勝利の基盤を造ろうとして、奇蹟をし、あるいは色々方々回ったんだけれども、それに応ずる者が、真に応ずる者がなくして、三年以上の喜怒哀楽を共にしたその弟子たちもイエス様の本当のその心を知らずして、その結果イエス様一人の立場に立って逝《い》かれたという結果になった。

それで聖書にあるでしょう。人の子には枕する所もないという。四千年の神の摂理の苦労の路程を考えた時に、イエス様のその内的苦痛は誰も知った者がいないというんですね。しかし、使命は全うしなければならない。死してもその目的を完成しなければならないという天命を、イエス様におきましては、如何なることをしてもこれを成就しなければならない。もしも完成できなかったら、未来に再臨してもう一度完成しなければならないという決意をして十字架の道を行った。ユダヤ教団から、あるいは自分の親族から、自分の家庭に追われ、あるいはイスラエル民衆から追われた立場に立つイエス様におきましては、三十三年の生涯におきまして、この地上の人類を救うことができないその立場に立った時に、十字架の道を決めざるを得なかった。その死を決定する場がゲッセマネの祈りであった。最後には、「あなたの御意《みこころ》にかなうようになしたまえ」と、すべてを神に委ねた。そのような真剣な場にあって、弟子たちは寝てしまったというんですね。神が数多くのイスラエル民族の苦痛の道を解放させる約束をし、そのために遣《つか》わしたイエス様に対し、イスラエルの子孫として生まれたその弟子におきましては、絶対的その誓いを守っていくべきであった。しかし、最後の問題を決定するその立場において、信仰のなかった弟子たちはイエス様と共に死の境地を超えるということはできなかった。それで弟子たちはみな分かれてしまった。

それでキリスト教を中心として、霊的個人の勝利者、霊的家庭、あるいは霊的民族、霊的国家、霊的世界の勝利者を求めて、二千年の間その基盤を広げて、これをキリスト教の伝統として残して来たのが現在のキリスト教団である。それゆえ世界に拡がっているそれぞれのキリスト教団におきましては、本当に昔イスラエル民族、祭司長たち、あるいは長老たちが神に捧げるその供え物以上、供え物を捧げる以上の心情でもって再臨の主を待たなきゃならない立場に立っておるのが今既成教会における牧師さんたちである。

数多くの既成の分派、その教団が一つになってこのサタンの世界におきまして確固たる一つの勝利の部隊をつくっていく使命があるんだけれど、それを知らずに既成教会の教派におきまして争いあうその姿は、昔のイエスの当時の姿と同じような立場である。こういう現世におきまして再臨の摂理をどうするか。そのためにキリスト教会全体を神の摂理の方向へまとめる教団とかあるいは教派が必要になる。そうして世界すべての教派に対して、中心的な教派の位置を決める、それが統一教会である。神の救いの基盤は、中心が統一しなければこれは自然と滅びてしまう。そういう現世におきまして、我々統一教会におきましては、個人を犠牲にし、あるいは一つの家庭、あるいは一つの民族を犠牲にしてこの目的を果たさんがために、神は我々を呼んで来たということを君たちは知らなくてはならないというんです。こういう困難なる現世におきまして、民主、共産というその二大陣営の対決する世界におきまして神とサタンのその闘いは、これを焦点として今ぶつかっている。イエス様の摂理における真なる勝利の日は全イスラエルと全ユダヤ教がイエスを中心として一体となって、サタンの中心たるローマと対抗して、最後の勝利の決定を決めようとしたのが神の摂理だったという。しかしイエスには民族もあるいは、イスラエル国家もそれを自分の手中に収めることができない。そういう立場に立って追われて、十字架につけられるという悲惨な事件となった。もし、勝利の基盤を造ったなら

名古屋駅にて（1965年２月１日）

ば神を中心としてイエス様を国家の中心として国民が立たせてローマ世界にぶつかって行けば、このローマも倒れて行く。そうなれば人類の二千年の悲惨な歴史はなかったわけなんです。あるいは氏族、あるいは民族、国家、世界の基盤を求めざるを得なかった。

再臨主の行く道

では再臨の主が現われる所の基点は、どの位置か。一点の地においてイエス様が来られたように、この民主主義世界の、ある惨《みじ》めな国家を中心として、神は新しい摂理的目的を解決しなければならない。それで摂理の出発が、韓国を中心としてなされた。もし数多くの指導者が再臨主を迎えて一体となって、民族的に動くようになったら、今までの我々の苦労の道はなかったわけなんです。それがかえって反対の道に立った。それはイエス様当時におきまして、祭司長たちが反対の位置に立ったのと同じである。そうしてイエス様が苦労の道に立ったのと同じように、我々その統一教会の今までの歩みも苦労の道をたどって来た。それで摂理が延長されて二十一年かかるというのが一九六七年までの摂理である。だから、歴史的勝利を全うしてから真の勝利を出発できる。だから歴史的勝利を全うするためには神とサタンと闘ったその歴史的な内容を知らなければならない。そうすると、アダム、ノア、アブラハム、イサク、ヤコブ、モーセ、そしてイエス様時代の摂理的失敗を蕩減復帰してサタンを屈伏し、勝利を決定しなければならない。そういう摂理的中心の責任を全うし、それらすべてを勝利に導く世界的責任をもって来られるのが再臨主である。それがアダムの家庭における神と人間の間の苦しみ、またノアの時代の歴史的痛みを蕩減しなければならない。このようにして六千年間のすべての期間の数多くの失敗、過《あやま》ちを悔い改め、そうして神は、今まで世界の堕落した人間を救うために苦しみの道をたどって来たんですが、今度は栄光の立場に立たせなければならない立場が再臨の主が行かなければならない責任の路程である。

そのために再臨主は、今までズーッと歴史が延長して来たそのすべてを蕩減しなければならないために、アダムの家庭に入れば、自身がアダムになって神に犯した罪を贖《あがな》わなければならない。悔い改めなければならない。そうして、その家庭の苦痛を体験しながら、勝利のアベルを立たせて、人間が果たすべきであったその基準を立たさなければならない。そういう勝利の基準を立たせ、そうしてノアの基準、アブラハム、イサク、ヤコブなど、歴史的に現われたすべての失敗に責任を持たなければならない。このような今までの先生の生涯は何のためであったか。自分の希望とか自分の生活というものを認めない。天からの命《めい》に絶対的に従い、個人の十字架を超え、あるいは氏族の、民族、あるいは国家、あるいは世界の十字架を超えなければならない。

神の創造本然の目的の基準を造らなければ、この世界は完全復帰ということはできない。そして霊界で勝利して霊界を統一しなければ地上は統一できない。霊界での勝利がなければ地上で勝利できない。それでは、霊界の救いは霊界だけでできるか。先生が、地上を中心として霊界と焦点を合わせて蕩減条件を立てなければ、霊界の勝利もないというんですね。それで先生におきまして個性完成の勝利の基準を得てからは、霊界と闘って勝利の基準を得たその基盤の上で、個人、あるいは家庭、あるいは民族、国家、世界の問題を責任持って地上において勝利しなければならない。しかし、この原理による勝利を基台として、この地上においてこういう団体を造るには、六千年以上のつらい経験を過ごして来たということを君たちは、わからなければならない。

復帰歴史での神

神御自身におきましては、創造目的の理想を中心として、その希望を持っていた希望の神だったけれど、堕落してからは絶望の神である。今までの六千年という復帰の歴史は、あってはならない期間である。だから希望の神が悲惨な神になった。しかし神はその悲惨な自分の立場を忘れて、失われた子女、失われた家庭、失われた神の本然のその創造目的を取り戻すために、立たせなければならない個人、家庭、あるいは氏族、民族、国家、世界、あるいは天宙すべてを復帰するために、神御自身がサタンと闘い、あらゆる九十五パーセントの責任分担を果たして今まで我々の先頭に立って来たという、その犠牲の神様を、今までの歴史のすべての人はわかっていない。この悲惨なる神におきまして、いつ栄光の神として復帰できるのか。

神が求める日本

日本を必要とするのは日本のためじゃない。世界が必要とするから。世界を必要とするのは天宙復帰のため。天宙を必要とするのは、神御自身の十字架を解放し、神を栄光の宝座に帰すことができるようにするためであることを私たちは覚えておかなければなりません。この道において、死してもそういう信念を持った統一聖徒を、成約聖徒を神は求めているということをよく知らなければなりません。

日本に対する祈り

先生が今から二十一年前に、東京において、日本の国に対して誰も知らない立場で、日本の将来のために祈ったことがある。それを神は知っておる。その時、祈ったすべてが現世においてかなっている。

日本と韓国

韓国はアダムの立場に立っている。そうして日本はエバの地にあたる。本来、財的福は韓国にみんな集まるべきであった。しかし、ある一つの責任を果たし得ないがゆえに、韓国動乱におきましてその財が日本に移った。花婿が隣のその花嫁に対して自分のすべての宝を授けていった状態である。しかしいずれ合わなければならない。そういう摂理上の意味があるというんですね。

二重の十字架を背負わせるな

自己中心による個人主義ですね、そういうものは今後許されない。それればかりじゃない。サタンの世界においては二十以下の十代の青少年たちが問題になっておる。子女たちの天の基準を中心とした新しい血統を造れ。日本におきまして問題になれ。悪いことの問題じゃない。君たちの日本の歴史の中には、国家存亡の重大な危機において、その主権者の前において自分の死を覚悟して新しい国家建設のために開拓した人がいる。天宙復帰のために食口《シック》がそういう覚悟で歩めば、神はその可哀想な統一教会のしゃべを愛したい。惨《みじ》めな中でも、口が裂けても不平を言わない。先生はこういう路程を歩む時に、牢屋にもたくさん入った。あるいは打たれた。あるいは血を吐いた。あるいは足が折れ、あるいは頭を殴られる。子女がそういう立場に立っておる時の神の心は痛い。その時に、「神はどうして我々をこういう立場に立たせるのか」と言えば、それは二重の十字架を神に背負わせることになる。

だからそういうふうに先生は祈りません。絶対に祈りません。「安心してください。天宙復帰の困難が問題じゃありません」。そういうようにして路程を越えて行く時、神がそこに共におることを実感する。そのような体験をすれば、いかなる天の命《めい》を受けても、如何なることでも成し得る。

地獄に行く者たちを救え

堕落した人間のまま死んだら、地獄へ引っ張られて行く。これを考えてみなさい。三十億人がもしも、百人に一人死ぬとすれば、一年に三千万人が地獄に入る。それが十年だったら三億人でしょう。十年すれば、日本の三倍が地獄に行く。だから忙しい。それがためには何もおしいものがない。

真なる伝統を残す

君たちが完全な者になるんだ。そうなれば完全な者を組み合わせれば、それに立たせる指導者というのは自然と完全にならざるを得ないんです。完全なるプラスが先か、完全なるマイナスが先かと考えると、完全なるプラスが初めといいんだけど、完全なるマイナスが初めとしても、完全なるプラスが生じて来る。そういうように考えるというと、上下共になくてはならない。その指導者の欠点は自分の欠点と思え。自分が恥ずかしい。自分が頭を上げることができない。口を開けてブツブツ言うより、神の前でどうしますかと言って、その責任者のために涙を流し得るようなその食口《シック》が必要なんです。指導者もそうなんです。食口に欠点があれば、それを思って涙を流しながら自分の心に痛みを感

名古屋教会にて（1965年２月１日）

じながら指導してあげる。そのような歴史的過程を通過してこそ一つになり、神が永遠に愛し、永遠に保護することができる。そういう食口になって日本すべての人々に真なる伝統を残す。この現世に生きている人たちはみんな百年後にはみんな亡くなっちゃうんですよ。亡くなっちゃうでしょう。だから問題にするのは現世の我々じゃない。日本に伝統を残す。だから現世においての幸福よりも、我を通してその永遠に残る幸福の伝統的基準を私が造ってやろう。小なるものよりも大なるものを立たせることにおいてその価値が決まるということになっておるから、どうか君たちも苦労してでも伝道してくれることを願う。

真の血統を残す

韓国よりも日本は特に発展しなけりゃならない。天使長はアメリカ。女は日本。天を男としたら地は女である。男の天に対して女の性質が濃厚であるということは、先生は日本が素晴らしい発展をするんじゃないかと思う。統一教会の娘は貞操観念は絶対的である。完璧である。如何なることがあっても生命がおちてもそれを守る。それは知っているんでしょう。それから自分の身を通して神から授かる新しい純粋なる血統を残す。サタンの血に染まったその血統が我が子孫の血統に入るということを考えれば、たまり切れない気持ちになる。自分の位置に天から授けられたその恵みの位置の価値を十分保って、神が信じ得る血統を残す。結婚するのも誰のためであるか。天のためであり、地上のためであり、世界のために、日本のために。それから子孫のためである。先生の結婚の観念はそういうものなんだ。だから、きれいな娘に醜男《ぶおとこ》。小さい女にでっかい男。細い男に真ん丸い女。そういうように考えておる。

一つになれ

世界の前に立っておる我々として問題なのは、一つになることである。早く一つになれ。分裂するな。一つになれ。溶鉱炉を知っているでしょう。入ったらみんな同じである。一体となって溶かせ。君たちは神様以上に高いんですか。高ければ高いほど、低い所へ行く。そういう者を神は記憶する。先生もそうだ。神はどうにもならない者を審判したらどうするか。首を飛ばさなければならない。国家において極悪犯罪者は処刑されなければならない。ならば神の最後の裁きの時が来るというと、みんな殺しちゃうか。そうじゃない。殺すことはできない。殺すんだったら、アダムの時にみんな殺しちゃった。殺すんだったらこれは数多くの人類を殺さねばならない。しかし神は、今まで帰るのを待っておる。救おうとするんだから。だから裁きも、サタンの道から方向を変えて、新しい道へ救ってやるための裁きなんです。だから統一教会はどうするか。神の裁きのその責任を持っておる人は、その権限をもってみんな吹き飛ばしてしまうんじゃない。その人をどういうふうにすれば生かせるか。そのようにしてこそ後から付いて来る。指導者は神を代身した位置に立っている。不足なる者を価値ある者にしてやる。価しないその者を導いてやる。そしてそれを生かしてやる。そういうような態度でやっていけば、名古屋教会は次々と発展して行く。そして日本に多大な貢献をする名古屋になるんじゃないかと思っています。どうですか？　みなさん、そういう覚悟を持っていますか？

神の前に立って恥ずかしくない者に

地上生活は一回しかない。若い青春時代をどう過ごすか、未来をよく考えれば解答が出る。先生もそうなんです。先生も青春時代はいろいろ夢があった。しかし神のためには若い青春時代をみんな犠牲にした。それ以上の価値を見い出したから、神において悲惨な道をたどって来たということを発見したから、そうした。美人の顔の女は、金持ちの男の奥さんになって、一生楽な生活をしたいと考える。しかしそれが幸福じゃありません。君たちは霊界がよくわからない。霊界には先生が行く故郷があるんですね。日本の一番いいとこはどこですか？　それは天国の便所の隅っこの塵《ちり》の下にも入らない。この地上でその責任を果たせば、霊界に行くのが問題じゃない。私は金もいらない。名誉もいらない。何もいらない。いるのは神の前に立って恥ずかしくない、これが私の最高の希望である。

先生の話を聞いてね、間違っていると思えば、神に祈ってください。そうすれば、そういう統一教会の先生の話は信じられるでしょう。今日そういう話を聞いて一つになって、今まで先生の一生涯において個人の道を開拓する時におきまして家庭、あるいは氏族、あるいは統一教会、国家的その基準を立たせるその闘いにおきまして、サタンを我の手でもって屈伏させる。先生は日本の食口《シック》に対して言い切れないほどのことがある。しかしここではそういうことは言いたくない。先生はよく知っております。忍び忍んで行かなければならない。復帰路程というのは死しても行かなければならない。この肉身を持ったこの短い期間におきまして、摂理的時代環境の中心となるその人と関係を持つようになったというのは、それは世界的、歴史的、天宙的幸福なことである。このような環境を立たすには、今まで数多くの歴史的犠牲があったんだから、我自体におきまして、神の本来の理想を実現するために我々は何よりも精誠を尽くし、怨讐《おんしゅう》あらばみんなその愛で凌駕《りょうが》する覚悟で進む他はない。だから一歩進んで乗り越えてだんだん大きくなる。普通、正月一日に、「私は今年の一年にこういうことをやります」と言ったら、年の終わりには、「私の計画はみんな失敗した。来年こそは全うしたい」。それが問題なんです。

第一は伝統が問題である。第二は君たちが一体となって、君たちが統一されて、成約聖徒が日本にあるいかなるものより強きものとなって、他に負けてはならない。また若い者がなくてはならない。その数を持って、全世界を救うようなこの日本が歴史的国になるんです。これだけやったら、日本の国がなくなっても、日本の国土がなくなっても、将来の世界におきまして、日本人が持っておるその思想がなければならないし、この御言を持っていれば、何も持っていない国民でも世界を指導するに違いない。しかし韓国におきましても、あらゆる人種がその真なる理想を欲しがるようになる歩みがなければばならない。今度の二十一世紀における新しい新文明世界におきましては、この理想の基準がなければばならない。その時までに、もし韓国がそういう勝利的基準に立てば、韓国は世界の中心である。日本がその基準に立てば、日本は世界の中心である。これは競争になる。自分の国家より、自分の現世の道よりも、未来の世界に対して立っていく新しい国民である。新しい国家、新しい民族。そういうふうに考えれば、現世はどうでもいい。どうでもいい。未来を掴《つか》んで、現世におきましてぶつかって、そうして未来の世界が、私にとってなくてはならないその因縁を結んだ世界になるという考えで、どうか頑張って最後の勝利者となって、先生と共に、天の御父様が人類の真の親になって、永遠なる世界において数多くの民族の前で誇れる者となれるように、どうか歩んでくれることをお願いします。いいですか？（「はい」）。さあ、祈りましょう。

（祈祷）

知らない時に悩んだ過去を思う時に、親のあることを知ってから、あなたの御旨の前に立って、そうして、行かなければならない命令をする時のあなたの心情と、それから今までの長い間、今まで残して、あるいは保護して、勝利の一点を求めて、忍び忍んでこられたことを考えた時に、ほんとうに申し訳ありません。何でもってお詫《わ》びしていいか、言いようもございません。ただ、ある感情、あるすべてのものの全部を捧げて、神が喜ぶ者になるかどうか、それが問題であります。今日本におるすべての統一の食口《シック》たちを覚えてください。哀れな道に立っている弱き群れであります。彼らの行く前にはあるいは大波が吹き寄せて来るかも知れません。台風が吹き掛けて来るかも知れません。しかし神は、それに対してその場に立たせる子女たちを投げ出しておく神ではありません。そのような神ではないということを歴史を通してわかりました。その先方に立って叫ぶ、使命を持っておる責任者たちに、神が共に力を与えて、どうかこの悪しき地上におきまして、生涯、無私の生活を通して、勝利の基盤が、価値あるその基礎ができるように。神の願いであるその基準を我々の血と涙と汗により建設しなければならない。力を注がなければならない。そうして勇気を注いで、準備をおろそかにする者とならないように、力づけてください。

今日集まりました食口たちのすべての心を覚えてください。誰も知らぬこの茨《いばら》の道を歩むその苦痛は、ある期間だけのものではなく、苦労の道を行く時に同じく涙を流さなければならない。これからも苦労の道を歩かなければなりません。涙ぐましいその道を行く先生の後を慕って、これからも苦労の道を歩かなければなりません。あるいは世界に対して、すべての責任を全うせんがために、そうして人類を神に復帰せんがために叫ぶその悲惨な立場に立つ時にも彼らも共に歩まなければなりません。すべてが一体となって、同じ感情を中心として、事情を中心として活動すれば、我々も動じなければならない。神静すれば、我々も静しなければならない。そうして、神願う目的地に神が呼びかけるそこに向かって、あらゆる障害物を乗り越えて行くことができますように。それには、その身に危険、あるいは死の境地もあるかも知れません。それも神のためであるということを思い、それでも突き進みながら感謝の念でもって神のもとにたどり着くような喜びの道となるように、神よ、どうか力をつけてくださいませ。最後の勝利として神より授けられる永遠の理想が、神御自身の理想として地上に現わさなければならない重大な使命があることを知っております。どうかそこまで我々が必要である。我々をして五パーセントの責任分担を果たさなければならないという基準が残っております。神ひとりでも、この復帰の路程の完遂をすることはできません。真なる我々の力によってこそこれを完遂するということをわかっておりますから、どうか、苦

名古屋教会にて（1965年２月１日）

しい立場に立っても神が共にあって、あるいは疲れ果てておる時も神は彼らに力を加え、そうして力を与え、時に神は慰めの慰労を通して、あるいはまた希望を持って、そうして我は、どうしても行かなければならない子女の関係を持っておるあなたの愛する子女ゆえに、過去において先生を慰めたように彼らを慰めてください。そうして如何なる苦労の中におきましても、神が共にあって歩めるよう導いてくださることを切にお願い申し上げます。

どうか日本におるすべての統一教会、成約聖徒を守ってくださいませ。全世界に広がっているすべての食口《シック》たちをお守りし、韓国ならびにこの日本の地にいる数多くの彼らのすべての祈りを全うしてくださることを切に願い、遠くにおる食口たちもこの日本の地において祈っているということをわかっております。それは、みんな神を愛するからであります。先生自身も神がなくては何もできません。神を中心としたからそうなのであり、神より始め、神により終わらなければならない。そういうような過程におきまして、すべてが神によって行かなければ神とは関係がないということを神は良く知っております。どうか見守って神の救おうとされる全人類と世界のために天宙復帰のためになくてはならないこの日本の食口、そうして日本の民族ゆえに神祝福してくださることを切にお願いします。東洋に対しては、なくてはならない立場に立っておる日本であると同時に、韓国と日本と米国が一体になれば世界復帰は問題ではない。そうして地上におる人類を、サタンの主管するこの地上から解放することができるということはこれは神の希望であり、どうかその道に入って、国境を超えて神を中心とした一家族世界を造り、東洋を中心としては日韓が一つになってこの世界復帰の完全なる基台をつくって、神に勝利をもたらすことができますように我々は歩まなければならない。闘わなければならない。あるいは前進しなければならない。勇気を持って敢然《かんぜん》としてその責任を全うすることを考えなければなりません。今まで苦労の道をたどったとしても、希望を持ちながら明日を開拓しなければなりません。我々を中心として家庭を復帰し、家庭を中心として、あるいは氏族、氏族を中心として民族、全国民をあなたの御旨にかなうような国民につくって我は進んで行かなければならない。それから新たな子孫を自分の分身として残して、天の伝統を残していくというような決意でもって、神に仕える者たちとなるように祝福してくださることを切にお願いします。どうかこのすべての食口たちを御守ってください。今までの御守りを感謝すると共に、永遠なる神の栄光が現われる日が来ることを切に祈りつつ、主の御名を通してお祈りお捧げ致します。アーメン。

八、名古屋教会和動会での御言

一九六五年二月一日　名古屋教会

神に直接指導される体験

何にしましょうか。先生はどうですか？　先生は想像をしていた先生どおりだったか、それとも違ったか。夢の中で先生に会った人はどれくらいいますか？　終末時代におきましてはですね、神直接、指導してくれる。君たちがずっと深い祈りをすれば指導してくれる。それが違うんです。世界いずれの所に行ってもそうなんだ。それから、いろんな人たちが先生といつでも会って、祈りの中で、世界のあらゆる所で先生と会っているというんですね。韓国では、五年前、あるいは十年前に直接霊的に導びかれて食口《シック》になったそういう人たちがたくさんおるんです。だから相当祈りの生活をすればそうなるんですね。本当はあんたたちの信仰が深くなれば、いちいちみんな指導しなくとも、生活の中に直接接して、いわゆる親と生活をする心情の楽しみを体験したいというのが、神の最高の目的である。だから神の前に立つと、神が直接指導しているというんですね。自分の事情を考慮していったら、それはもう神は助けてくれない。しかし、自分以上に御旨を愛し、責任をもっていくというと、神は直接我々と関係を結んでいく。そうすると直接指導していくんですね。信仰生活もあらゆるその生活をしてそういう体験をしなければ、本当に生きている神様がいますということは、あまりピンと来ないんですね。だから信仰生活がまだ短い人にしても、長い信仰をもった人におきましても、自分の持つ力それ以上の精誠を尽くして向かって努力すれば、その恵みでもって神が導いてくれるというんですね。だからそういう関係にさせんがために君たちを働かせ、あるいは重い責任を負わせるんですね。

世界を復帰するにはね、この日本の地におってはいけない。その命《めい》を受けた場合には、君たちはどういうようにするかというんですね。そういう気持ちでもってこの日本の地におきまして、どのようにするか。世界の果てまで行けるその準備をしないといけない。そのためにもっと力をつけてください。すべてのことに、誰よりも、もっともっと神のほうに孝行したい。そうして、そういう気持ちでもって日本でも働きかけたらね、今働くより以上のことを神は命じる。そういう信仰の人がいいんですね。

真理と人格と心情の審判

最後にはですね、終末の審判が来るということを知っているでしょう。そこにおいて真理の審判がある。人格の審判がある。そうして心情の審判がある。何故心情の審判があるか。その神の御言を守らずして堕落した人間だから、御言でもって絶対的基準を立たせなければならない。そうして御言を守れず、アダムはサタンの人格をもった。だからサタンが、サタンにいくら引き付けておこうとしても、神に永遠に立ち帰ろうとする人格を復帰しなければならない。そして堕落したんだから、そういう人になって、その心情の基準が失われた。だから最後には人格完成と共に神の心情を復帰しなければならない。復帰するには、ただではできない。いわゆる言葉も復帰しなければならない。あるいは実体も人格も復帰しなければならない。あるいは心情問題も復帰しなければならない。

ではどういうようにするのか。復帰という問題になれば、最高の真理に接してから復帰の始まりがある。そうして言葉を中心として実行するかどうかという問題から人格が、人格の審判が始まる。そうして人格を中心としての復帰の立場に立ち得るにしたがって心情の問題が生じて来るというんですね。そういうように考えればですね、真理と人格と心情、それにしたがって信仰生活をしたかというんですね。そうするとその三つの要件にかなう復帰の状態を成し得たかどうか。そうなるというと、生死の境を超えていなければならないということになる。その立場は何かというと、君たちが伝道に行く。すると寄って来るでしょう。あらゆるものが原理に対して反発してくる。そして迫害がある。そこにおいて堂々と、あらゆるサタンの力の前において御言を語るというのは、神において真理の審判の基準が始まらなければならない。そうして、その関係において反発する者を神の立場に立って、堂々と愛する立場にたつ基準というのは、サタンに対して闘って勝利する人格を持つ人間である。そうして、彼らの生命に対して自ら犠牲となって救ってやるという心情に触れて神に接し、神に祈り、神による心情の審判が始まっているんですね。そうしてそういう立場で、ある期間を通過して、原理によってあらゆるサタン圏を乗り越えて、いずれにおいても自分が自分を信じるようにならなければならない。そうするというと神が自分を信じるであろうというんですね。そして、その自分が活動したその環境、そこで関係した人たちがいつでも思い出される。そういう所で自分に従う人があれば、その人は兄弟以上の兄弟であるという心情がわくようになる。そうなんでしょう。あなたたちもそうでしょう。その一人になった時、それはもう忘れないでしょう。だから、一遍に三つの要件を備えるのは、サタンの世界に入って、神の身代わりとなって闘うそれ以上はないというんですね。だからそ

名古屋教会にて（1965年２月１日）

こが神の第一線である。神のその摂理に反対して来たあらゆるサタンの前に敢然《かんぜん》と立って、今神を迎えようとして堂々とサタンの世界に立って行動する。そうして彼らの救いのために尽くして復帰していく。それが何よりも一番早く蕩滅条件を通過し得る人たちなんです。

神の心情に接する道

だから、我々統一教会におきましては、真理がわかれば、間違ったことは許さないんですね。楽なことをやったら、なんだかその心が痛みを感じるということになってしまうんですよ。それから自分ながらに生活して来た家族とか氏族たちに対しても昔と違う。その所に帰ってそこにとどまったら蕩滅の道を行かれないというんですね。それは自分においては希望の所だったんだけれども、成約聖徒になれば、そこが自分のとどまる所ではない。「この御旨を果たす立場に立って使命を果たせ、伝道せよ」というその心の責めを受ける。そういう路程を経て強くなる。そういうようになるというと、それが家庭の婦人であるんだけれど、家庭の主人になる。家庭の旦那《だんな》さんよりも、自分の家庭を、日本のためになる家庭にしなければならないとなる。そうすれば、日本を責任もって導かなければならない日本の指針になる。そういうようになっているんですよ。そうすると、日本で働く者よりも世界を中心として働く、あるいは天宙すべての人間を新しい生活の舞台に住まわせる、そういう自信が、その信念が篤《あつ》くなるから、それに比例して心情が育って、あらゆる世界を愛するようなその気持ちになって来る。そうなるというとだんだん人格が完成され、神の心情に接するということを、自分自身がわかるようになって来る。だから、神はどういう神かというと、宇宙すべてを復帰させなければならないというその神である。だから、その復帰歴史が延長されても、自分が意図したあらゆるその人類救済の道を、模索しながら、堕落人間たちは知らなくても、人間たちの不信の陰で、神は黙々と復帰の路程を開拓してきた。だから、そういう神に侍《はべ》っていく我々としては、そういう心持ちでもって、寝ても起きても世界を考えながら、生活舞台におきましては神に世界的心情を繋《つな》げるように祈りつつ、黙々と、誰が見ようが、誰が知ろうが、神に接する道があれば、これ以上の最高の道はない。黙々とその道において、心の命令に従って、そういう人になれば、自然と自分自体の蕩滅すべきものが清算され、そういう人が日本にたくさんひろがっていけば、日本の復帰は早いですね。

真の愛国者

だから、成約聖徒としては、日本を愛する、また世界を愛する。こういうような、日本に対して善なる汗を流し、涙を流し、血を流せという結論になるんだ。それがすべての路程を復帰する何よりも重要な要件である。わかりますか？

最高の善なる神をサタンは打つことができない。それと同じで、最高の位置に立っておる人々には、みんな頭を下げて、ズーッと広げて良くなっていくというんですね。そういうようになっているんです。先生がズーッと歩いて来たその道はそうなんです。世界人類は、いずれ先生が必要になるでしょう。民族の問題じゃない。民族より以上の重要なる問題である。だから我々は世界主義だ。君たちは、「私は日本人だ。韓国の先生に日本人がなぜ従わなければならないのか」と、そういうふうに言うかもしれませんね。しかし先生はこういうことを考える。日本を愛する前に、神は御旨を愛した。この日本は誰が最初に愛したか。日本人が愛する前に、日本を創造された神御自身が日本を愛した。だから神が日本の主人になるべきである。そうなんでしょう。だから、日本国民が日本を愛する以前から日本を愛して来た神の御意《みこころ》に立って、日本を愛し、日本のために尽くすのが本当の日本人であり、真の愛国者だ。先生はアメリカへ行ったらアメリカ人だ。アメリカが独立宣言する以前に、神が未来にこの世界の新しいリーダー国家を造るその希望を持って、摂理のもとでアメリカは造られた。だから神が誰よりも先に愛した。その愛していた神様は誰かというと、我々の父である。愛するそのアメリカを我が父が愛すれば、その子女たるアメリカ国民も愛さなければならない。だから本当にアメリカを愛する人は誰かというと、神の御意に立って愛する人が本当の愛する者である。天宙ということも同じわけなんです。天宙を誰が一番愛するか。神が天宙をもっともっと愛しておった。だから神を愛するその人が天宙復帰の責任者にならざるを得ない。そういうことを考えた時に、それは素晴らしいものだ。

障害や溝を埋める者

ソ連人がモスクワを愛する以上に、誰よりも神はモスクワを愛している。絶対的な最高の位置に立つ中心の愛の持ち主になれば、その人より本当の愛が個人、家庭、社会、国家、世界に広まる。だからそういうように考えると、現実のあらゆる関係間には障害や溝がある。民族関係、国家関係から、あらゆる所に存在するこの溝をいかにして埋めるかというんですね。そういう溝を埋めるのは誰か。それが成約聖徒たちだ。だから日本から成約聖徒がアメリカに行ったら、アメリカのその成約聖徒たちと一緒に行動できる君たちにならなきゃならない。「ああ、これが本当の食口《シック》だ」と、その気持ちに早くなるようにしなければならない。それが問題なんです。それから、生活環境の違い、それに言葉の障壁が残っているでしょう。それを超えていかに一つになれるかが問題なんです。しかし原理というと心情の問題になるから、それを考えたら、東洋を中心とした食口に重大な責任がある。

青年たちの伝道と教育

心情とか人格完成とか原理とかは、机の上よりも実践の場で学ぶ。世界的危機状態という時において、敢然《かんぜん》として立ち行く人間を神は欲しておる。だから、それをわかっておる先生は、君たちに対して伝道に行けという。西川もそう言うでしょう。だから、これからの使命を果たすには、若い者が必要である。だから、統一教会の特色は、三十代以下の人が入って来る。第二次大戦が終わってから生まれた人が統一教会の若者である。それは何故か。原理が理論的ですね。だから若者はズーッと、たくさん入ってくる。食口たちの平均年令が二十三。だから、一番注目されておる。普通の教会なんか、みんな年老いてね。力にならない。そういう中で統一教会は元気溌剌《はつらつ》として、勢いでもって、若

金在任さんが崔元福先生に純白のチマチョゴリを贈呈
（1965年２月１日）

者たちが集まっておる。その国の未来は青年たちにかかっている。若者たちのその精神を如何にして教育するかが重大な問題だ。だから日本がそうなんですよ。日本において、外的には戦後は恵まれておるでしょう。しかし、内的な世界に対しては危うい。直感でわかっておる。青年たちを将来、如何に国策でもって指導できるかという重大な問題をかかえている。だから神を中心として教育しなければならない。血と汗と涙でもってやらなければならない。そして心情、規範教育のためにも、親と同居する立場に立って、師弟関係をもって教える、そういう教育のやり方が本来の教育であります。日本にそういう教育がなければ、いくら知識だけ教えても、日本は滅んでしまう。自分の真心込めて、その愛を投入する教育がない。だから新しいその教育観念を教えて、我々は刺激を与えなければならない。だから、統一教会は同じく食べながら、同じく活動しながら、生活を通して教育する。勉強もし、伝道もし、あるいは研究もする。これが自分の本当の家である。

心情革命

奥さんが統一教会に入れば、その住宅よりも教会にいたいという心が生じて来るんですね。だから百八十度変わってしまう。サタンの方向と神の方向は百八十度違うというんですね。だから、神に近いというんです。日本の食口たちもそうでしょう。韓国もそういうようになっている。どうですか。そういうことを感じたことありますか？　だから、心情革命が可能であるという結論になる。自分のその血統的肉親の兄弟が統一教会に入れば、食口たちはその家族から反対されるというんですね。自分を産んでくれた親たちはね、統一教会に入れば幸福じゃないという。変になっちゃうという。だからそこにおいて心情を中心とした世界的な革命が可能であるんですね。

共産主義問題

韓国はそういうようなこの思想の問題。特に韓国は共産主義と対峙《たいじ》しておるんですからね。だからこれには理念がなければならない。それには統一教会が必要である。ではそういう実力があるか。それに対して今、統一教会としては、それを準備しておる。神のその原理の力でもって感化する。統一教会が勝利を得れば、これはアメリカなどの民主主義は飛んで来るんですね。それによって日本も今後、飛躍的発展をするんじゃないか。

宗教を抹殺するのが共産主義である。宗教の仇《かたき》は何かというと共産主義である。無神論は敵である。だから宗教の怨讐《おんしゅう》は共産主義である。

世界の統一

韓国におきましては既成教会があるでしょう。キリスト教会が伝播《でんぱ》されて百二十年間がたった。それで人口の十分の一はキリスト教の信仰をもっている。そこでちょっと間違って統一教会に行ったとなると、みんな集まってくる。それで基盤ができたから、それによって登録しようとしたら問題になった。先生は一九六〇年にと思ったんだけど、三年間延長したわけなんです。既成教会は反対してきたんですがね。それはもう反対ではいけないと。原理は相当、高等な内容を持っておるんだからね。統一教会の先生といったら顔はわからないんだけど、名前は知っておる。今、基盤ができたんだから、先生は、韓国の食口《シック》たちに任せて世界に出ることができました。韓国、日本、それからアメリカ三カ国が一体になればですね、西洋文明と東洋文明とが一緒になる。韓国は精神文明の責任なんです。日本も東洋におきましては、西洋文明の取り次ぎ者として東洋文明と西洋文明の接点となっている。だから霊的文明の基準と結んで一体となれば、これが内外共に一つになれば世界統一は問題じゃない。共産主義は吹っ飛んでしまう。それで神はこういうように考えておる。

韓国を早く復帰すれば、韓国を中心とした世界の復帰は問題じゃないというんですね。なぜかというと一国が復帰されれば、いくらアメリカが大国だとしてもアメリカの大統領に対して、韓国の大統領は同じだ。イスラエルは神が選民として立てたんです。国は小さいんです。小さいんだから復帰がやさしいというんですね。天国建設の伝統を造るのにやさしいというんですよ。それで選民の伝統を受け継ぐ、あらゆる世界各国の人民は、そういう苦労の道を甘んじて受けなければならない。そういう選民、伝統精神を入れておかなければ、天国建設はやさしいことじゃないというんですね。しかし失敗したんだから、キリスト教が第二イスラエル選民となった。韓国も小さい国である。

世界的伝道をする。十二カ国に約四十名の代表者を送る。日本は世界の何カ国に送るか？　宣教師を送ってから一年後には、韓国の政府を中心として世界を巡回する世界的復興団を造る。

韓国の李《イ》大統領がいたでしょう。その時に本当はその李大統領と先生とその手を繋《つな》ぐようになっていたんですよ。それが二人の牧師が反対したため、韓国は惨《みじ》めな国家になった。韓国動乱が起こってもね、マッカーサーの主張するようにやっていれば六カ月で韓国動乱は終わったんですよ。

民主主義のアメリカが責任を果たせなかったら、ドイツとか日本が祝福される。同じ祝福圏内に入る。そういうようになっているんですね。ドイツの国民性は全体主義的民族性をもっている。突っ込んで火をつければ全体にひろがる。日本もそうだろう。だから、この第二次大戦におきましては、アダムの象徴はドイツであり、エバの象徴は日本なんです。それから天使長の象徴はイタリア。これは行ったり来たりする。それで世界大戦で誰が負けたか、先に打ったものが負けた。善は先に打つものじゃないというんですね。第一次大戦において、打ったものが負けた。だから世界的な再臨の主が現われるというんですね。第二次大戦にも打ったものが負けた。神の方のアダムとエバと天使長、サタンの方のアダムとエバと天使長、これらがぶつかってサタンの方が実体的に屈伏した。第三次大戦もソビエトが、共産主義が打って負ける。

天の方向におきましては、国家的におきましてアダムの実体とエバの実体と天使長の実体が合体《がったい》して、この相対的な勝利した主人公になる。これは原理だ。だから、ドイツは男だからヒトラーはサタン側のイエス様の象徴の立場。だから、死体がわからない。独身生活をしたというんですね。イエス様は四十歳で将来の目的を完結しようとした。ところが三十三歳で死んだから、七年間が残っている。これがキリスト教におきましては七年の大患難《だいかんなん》になっている。イエス様の三十三歳から四十歳までの目的を達しようとすれば、すべての聖徒たちが闘って、四十の峠を越えなければならない。だから、聖徒たちの七年間の大患難になっているんですよ。

キリスト教が世界的に出発したのは、イエス様が四十日復活し、ペンテコステがあって、四百年の期間を過ぎ、四十数勝利の基準を造ってからである。

そうすると神のほうはアベルである。反対のほうはカインであるというんですね。カインのためにアベルは四十年間苦労する。だからカインの日本のもとでアベルの韓国は、四十年間の日韓併合という問題に苦しんだ。四十年間というそれがみんな原理的に意味があることなんだ。それでいつでも、女に支配される男になってはいけないというんですね。それで韓国といえば、統一教会がその天的な中心なんです。それで日本が、統一教会の原理を中心として一体とならなければならないという基準がある。そうして、アメリカは天使長である。復帰路程においてのサタン側のアダムとエバと天使長を打って、神に忠誠を尽くす天のほうに立った天使長になっている。だから、堕落した世界におきまして、サタンがすべてを主管しておった世界に、天のほうに立った天使長たちの立場にアメリカが立っておる。その天的使命に立っておるアメリカを中心とした民主主義が、サタンの世界を代表したアダムとエバ、天使長の国を屈伏させなければならない。そうして勝利すれば、サタンのほうを切ってしまうか。そうじゃない。そうじゃないというんですね。そこで従えば同じくなる。放蕩息子の例えがあるでしょう。

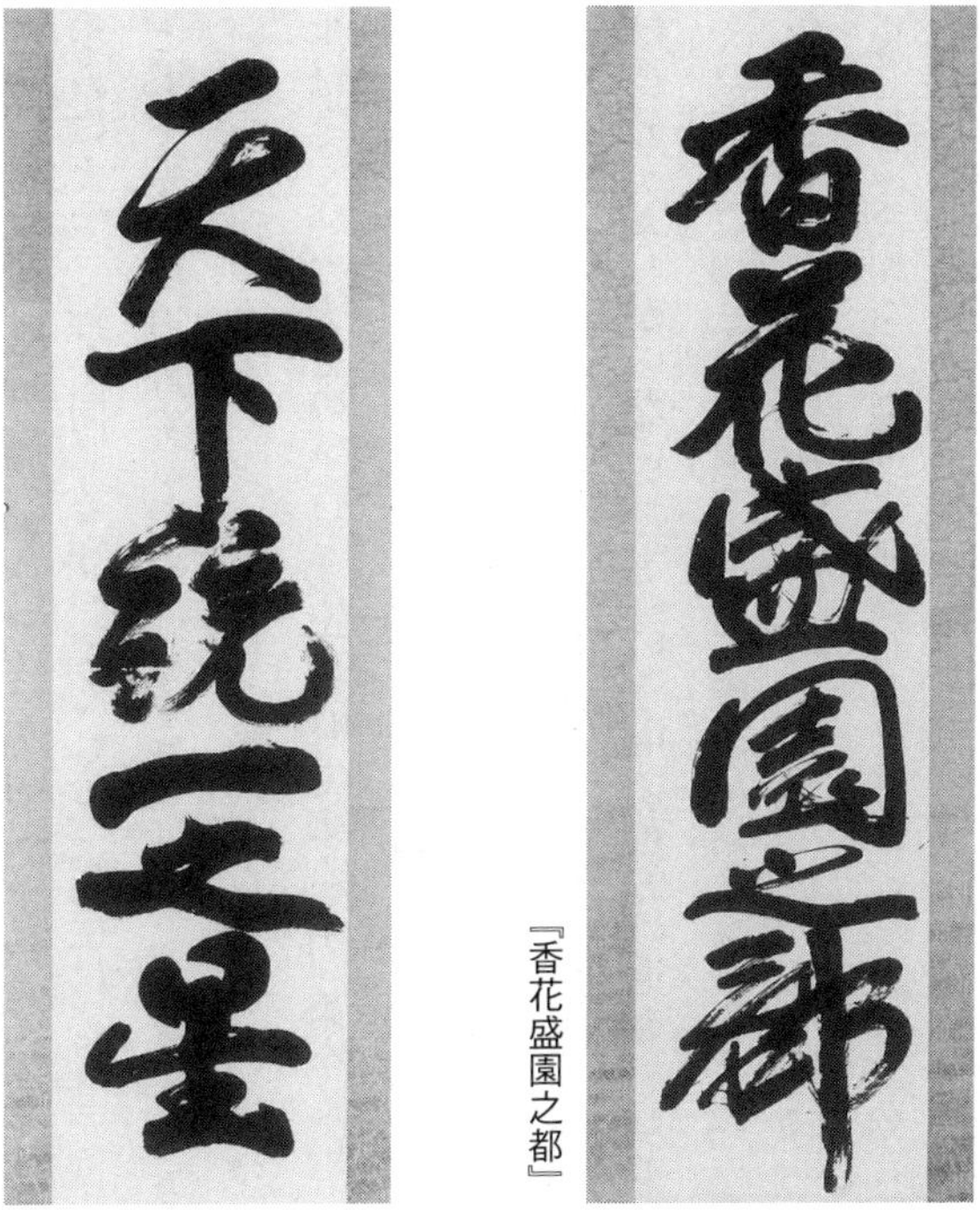

『香花盛園之都』

『天下統一之星』

（揮毫）（1965年２月２日）

東京・名古屋・大阪

それでその名古屋は、古い屋敷だね。一番の有名な古い屋敷は誰の家かというと、堕落したアダムの家である。名古屋はサタンに一番近い。名古屋を救ったら、日本全土が救われるかもしれない。先生はそう考えておる。東京は、名前自体がいいんですよ。東の都。エデンの園をさすというね。エデンの園が堕落して名古屋になった。名古屋から大阪になっていると。大阪は何かというと高い峠を越える。十字架の坂。

御旨の道

統一教会の食口《シック》たちは、先生を非

常に愛するんだけれどもね、先生の一言でもって地獄にも入るし、天国にも入るというんですね。それを感ずるわけなんです。先生がきびしい道に追いやれば、それはもういくら頑張っておった者でも、パアーッと切れてしまう。しかし先生と同じ心情と同じ目的観念でもって君たちが立てば、君たちの歩みによって神が同じく守ってくれる。先生はこういう生涯の道をズーッと通過して来たんですけれども、先生は迫害する者のことを考えない。復讐《ふくしゅう》するとか、思わない。それはわからないからそういう心を持つんであって。それがわからないと、なにやら問題が起こって来るんですよ。だから、先生はそういう過去の気持ちが現われて来ると、歯をくいしばって他のことを考えようとする。しかし、いくら自分の仇《かたき》があって、自分自身で打たなくても、神は、天の法則によって、これをみんな整理していったんですね。そうなんでしょう。だから善の人は打たれても、善の理想をもって生きるその人は栄える。それを持たない者は滅びる。それが天の原則である。御旨に責任を持つ者は、この地上には自分一人しかいない。そういう中で苦労の道を歩むときに、いつも時間空間を超越して神は守ってくれる。このことを考えた時に感謝に耐えないですね。だから何も欲しいものがない。いくら厳しい命令を受けても気持ちが変わらない。だから統一教会はそういうところですね。だから、先生はこの道を歩みながら、何度も試されるんですね。恐ろしいというか、そこで止まる。そうするとその結果がどうなるか。良くないんですね。そういうことが多いんですよ。だから原理の道に、神のほうに対して、生涯を神に捧げて生活する人は、人から見れば寂しくて、可哀想である。しかし現世におきまして、食口たちはそういう立場に立つからといって心配しなくていい。心配するなら、生きる道をいかに生きるか、その最後の峠を如何にして越えるか、それが問題である。だから今、日本におきまして、日本一億のその群れを如何にして導き、越えていきましょうか。それが今の食口たちの問題だ。金やら何やら問題じゃない。それはいくらでもある。

日韓および世界的授受作用

だから日本の食口の中でね、宣教師になりたい人はない？　今度、西川先生が韓国に帰ったでしょう。その時、みんなは、「どうせ、この御旨の道を行かなければならないんだったら、宣教師だね」というんですよ。そうなんですよ。それは西川君が韓国に来られた時に、先生からずいぶん可愛がられたと。今年はね、日本宣教師も韓国に帰り、米国宣教師も、みんな自分が願わなくてもみんな帰らなければならない立場に立った。それが何かというと、授受作用。世界的な授受作用が、始まり出したというんですね。宣教師が行って帰り、先生が世界に行って帰ってくる。行って帰ってきたら、回る。回る時にはだんだん大きくなるというんですね。だから、今後、先生が二カ月に一回、来て、そして帰ったらどう？　二カ月に一回。今度来る時にはね、韓国の地区長を連れて来たいんです。そして日本にも損になることはしないというんですね。本当に損になることは絶対しない。だから、良いことだったら、冒険でもやる。連れて来たら食口《シック》を集めて証をさせる。そうすると、韓国に君たちは関心を持たなければならない。そして授受作用をして、韓国に対する天の蕩減条件が立てられれば日本は早く祝福される。それ、いいことですか、悪いことですか？　（「いいことです」）。今度の先生の路程はマイナスにはならないでしょう。

蕩減思想をもって歩む人

しかし、一つ先生がやって行きたいことは、みんな立たせてバットで一発ぶっていく。先生がなんでそんなことをするか、普通の人はわからない。しかし天的サタンに対して、一発打って、みんなを立たせて恐ろしい何かをするかもしれない。先生は、おとなしくして、そういう行動はとらないだろうと思っていたのに、説明しないでやったらどうするか。だから、先生のことは理解できないというんですね。全日本的に蕩減になり得ることは百パーセントやる。そういう復帰路程において自分が十字架につけられたような、つらいところに追い込まれて、そうして、直接サタンを屈伏させる道を勝利したなら、サタン自身も讒訴《ざんそ》することができないというんですね。そういう原理の間接圏の中で先生は今までズーッとやって来たんです。自分のその蕩減条件のゆえに、何百万、何千万もの人々が復活する。だから、そうなったら、この世界を復帰するには、今後いかなる国を最高の蕩減の位置に立たせようか。そういう問題になる。先生自体におきまして、韓国に基盤を造ったんだけれど、韓国を中心として、四方にある国々に対して、いかなる国を先頭に立たせて開拓しようか。日本を立たせてすべてが復活しなければ自分の国はどうなる？　自分を犠牲にして他の復活の道を歩む蕩減の思想を、自分のものとして、蕩減の道を勝利したその人たちが我々の先祖である。アブラハムもそうでしょう。ノアもそうでしょう。みんなそうです。モーセもそうなんです。イエス様もそうだ。日本は、どう？

そこには人的蕩滅条件と物的蕩滅条件ですね。それをどの国に任せようか。だから、楽しい先生じゃありません。そこには先生において重大な宿題が残る。その宿題を解くにはそれに対して、内的、外的準備をして今後それをいかにするか。わかりますか？（「はい」）。「はい」と思ったんだけれど、足が動かない。腰が動かない。椅子に座れば永遠に立ち上がる力がないと。そういう道を先生は今まで一人で歩んできた。君たちもそういう路程を今まで来たんだけれど、また行かなければならない。

本当の知恵ある人

先生が今、冗談半分で言ったようだけど、君たちは目を真ん丸くして記憶して考えなければならない重大な内容があるんですよ。だから本当に愛する人に最高のものを授ける時には、目を真ん丸くして言うんじゃない。冗談みたいに、この野郎と言ったことがその人に対して、一生に一度の重要なメッセージかもしれない。だから知恵が必要である。わかりますか？（「はい」）。何が必要？（「知恵」）。知恵は何かという問題ですね。知恵はどういうところにあるかというと、普通の人は一人は一回しかやらないのに、その人は二回やる。一つ以上考えることによって知恵がわき、その知恵の結果を得ることができる。たとえば、誰かが三十分に二百以上、話したとすれば、自分は三十分に二百五十の言葉を話すという、そういう気持ちでやれば最高の強い人間になる。すべてを主管し得るには努力を多くし、多く動けばそうなるというんですね。知恵のある人はそういう人である。「ああ、私は知恵がさえているから、足らない者は動け！　見物してからでも追っかけて行く」。うさぎと亀の話があるでしょう。名古屋は知恵の王者。だから、統一教会の目標とするものは何かと。人材を教育する。それにはいかなる訓練をするか。重要な人材が必要である。そういうようになるには、どうすればいいか。その鉄則があるんです。より以上、一つ以上。指導者になるには一つより以上の愛がなければ、一つより以上の知恵がなければならない。それが鉄則なんです。だから、それには見物するんじゃなく、自分と関係をもって、自分と直接関係をもって立ち上がって解決する。

そういう人になれば、統一教会の食口《シック》たちは、いずこに行っても主人になれる。初めて行っても、初めて入っても、一年たてばその人は、そこになくてはならないというんですね。その国におきまして、その環境におきまして、その地域におきまして、なくてはならない人になれば、それは中心の人物にならざるを得ない。統一教会におきまして、先生がなくてはならない存在だったら、永遠にそうだったら、永遠にその中心の存在である。そうなんでしょう。だから、知恵の主になるには、頭がいいからじゃないんですよ。それは頭がいいからではない。頭いい者ばかりだったらみんな天国は頭のいい人が行っている。そうじゃありません。天の知恵は知識の王ではありません。今言ったように、なくてはならない人になるには、多く、やらなければならない。多く、関係を持たなければならない。そうして多く、我によって恵まれた人がなければならない。そこなんですよ。神は天地創造の知恵の主なんですよ。何故神はそういう立場に立ち得るか、そこなんですよ。

平等

どういう性質を持っているか、目をジーッと見ればわかるんですよ。それは手を見ればわかるんです。手を見れば、これは働き得る者かどうか。足を見れば動くかどうか。わかって来ますね。また日本一という女がおりましたらね、その顔はこうだけど、この手を見たら手は不器用の手である。全体をみればね、神は平等である。絶対に平等である。いくら美人といっても、花の部分か、それとも茎の部分か、葉の部分か、根の部分か、そこなんです。花だけが貴いんじゃない。花だけが貴重なものじゃない。花があるには、必ず葉があり根がなければならない。そうなんですよ。

愛の主人

愛は男女に即しておるんだけれど、保たれておるんだけれど、それ自体が主人じゃない。誰が主人か。神様。堕落は何か、自分同士の愛と思って行動したのが堕落である。もしも神の干渉する、神がそこにつかさどってその愛の関係を結んでおれば、堕落じゃないというんでしょう。だから、復帰路程における我々においては、愛を自分自身で結ぶことはできないというんですね。親が、神が、天が先に立たなければ、それは、公《おおやけ》なる価値が認められない。わかりますか？

再堕落

他の罪は何でも許す。しかしその原理をわかって犯している時には許しがない。それはアダムよりも悪い、サタンよりも悪い。何故か。サタンが蘇生、長成のその過程で、未完成過程におきまして堕落した。完成の心情世界を教えられている君たちにおきまして犯したらサタン以上の地獄に行く。これは永遠に。だからサタンも笑う。サタンも。「ああ、私は長成期で神の心情を犯したけれど、君は完成期で神の心情を犯したんだから私より悪い」。サタンまで讒訴《ざんそ》する。わかりますか？　だから自分の純情なるこの心情は、本当に貴い。

男女問題

神様よりも自分の愛するその男が好き、女が好きというようになったらどうする？　そうなったら目玉を出す。わからないよ。統一教会の食口《シック》たちを私は信じたい。そういう原理を詳しくすれば、何時間になるかわからない。だから、原理は本当に複雑なんです。六千年間、堕落世界を造ってしまった、それを新しい世界に帰すというそのことが簡単だと思いますか？　本当に複雑。特に若者たちは、そういう問題を注意しなければなりませんよ。わかりますか？　男と女が一緒に伝道するでしょう。それから仲良くなる。姉さんとかね、あるいは弟とか妹とか。それでもって堕落してしまう。そういうことを特に注意して。わかりますか？

縦的八段階

本当は独身生活を神は今まで命じてきたでしょう。神自身からみれば、創造主の立場に立つような真の親たるものは、まだ現われておりません。そうでしょう。現われていないから、神から祝福された、神が許した愛というのは世界にはないんですね。真の親が現われないのに真の結婚式があり得ない。真の親が現われて、真の子女を産んでそうしてから結婚することはあるんだけど、親がないのに子供があるはずがない。だから、今までのその血統に即しておるすべての人類は、サタンの血統を中心としたものであって、神とは関係のないものである。しかし関係はないんだけど、もともとの創造原理を中心とした御旨があるから、それを永遠に復帰するんだから、養子、我々は父の養子なんですよ。養子は血統が違うんですね。だから、僕《しもべ》中の僕《しもべ》の立場から、僕《しもべ》の僕《しもべ》といったらね、僕《しもべ》といえば主人があるんですよ。堕落の世界においては僕《しもべ》の僕《しもべ》だ。主人がない。僕《しもべ》を主人とするから僕《しもべ》の僕《しもべ》だ。そして僕《しもべ》の立場。僕《しもべ》といえば主人がある。そこの過程を通過して、養子の過程を通過して、そして真の子供の家に移って、そうして真の親まで復帰しなければならないのが人間の一生涯。アダムが堕落した歴史において、六千年間続いて来たその歴史の目的は、真の親一人を復帰しようとすることである。失った真のアダムをずっと探して、真のエバを復帰す

『嵐の風けば香り高く
名高古屋の歌』

る、それが聖書に書かれている小羊の宴《うたげ》ですね。小羊の婚姻。小羊の婚姻として、今まで再臨の主が来られるというその日は何か。小羊の婚姻の日なんです。それが真の父母なんです。堕落しないで神の方に立つべきアダムとエバなんです。それが堕落したその血統にあるものが僕《しもべ》の僕《しもべ》から歩んで、みんな真の父母と一体となって、神の子になったという条件を立たせて、そうして祝福されて、本来の神が求めていた真の親に立たせようというのです。

既成家庭の再祝福までの歩み

そうしようとしたのがイエス様の生涯だった。それを成さずして、真の父母の立場に立たずして、死んでいったんだから、カトリック教会の聖職者は一生独身生活をするようになった。七十年間独身生活したら結婚できますか。もしもイエス様があの時、真の親の立場になっていたら、その時みんな結婚させてやって、祝福してやるべきだったんです。韓国の食口《シック》たちはね、七年間の聖別生活をする。夫婦生活したらもう喀血《かっけつ》する。そういうふうに直接神のほうから押し出す。そうなるというと旦那《だんな》さんはもう、これはたまらない。そういう立場に立つというと、旦那さんが天使長の立場に立つ。その時は女のほうが一段高いんです。母なる立場に立っている。新婦、新郎と言うんでしょう。復帰においては、女が新郎の立場に立って、男を新婦の立場に立てて祝福を与えなければならないというんですよ。女が先に立って男を堕落させたでしょう。だから神の心情基準を復帰するのは女が先なんです。男は三年以上、絶対服従しなければならない。すいません。家庭の主人様にはね。だからそういうその原理を完全にするために、神は先進国家に対しては、女が崇拝される権限を与えた。女が男より強い立場に立つ。男は女を打ったらね、それ引っ掛かるんですよ。だけど、女が男の頬《ほお》を打ったらなんでもない。何故そうなるかというと、地上の親を、母を選抜する。世界を舞台としているから誰を選択するかわからない。女というその存在は、みんなそういう恵沢圏に入っているというんですね。そうでしょう。再臨のメシヤはその使命を果たさなければならない。すべての女が、そういう恵沢圏に入るというんですよ。そうすると男はどういう立場に立つか。この男は堕落前の天使長の立場である。堕落した関係の位置に入るわけなんですね。そういう関係だから、新婦が先に立つんだから、男が天使長の立場なんです。それで神の祝福の日まで、自分の身体を清めて行かなければならない。それが罪を犯すということは、再び堕落する立場に立つから、それはいけない。女性たちは、そういう体験したでしょう。旦那さんが帰って来るというと、心がドカーンとする、そういう気持ちが生じてくる。これは原理からみて、そうなっている。そうなっても不思議じゃないですよ。救われるにはどうしたら良かった？　天使長はエバを誘惑して堕落したんだから、そのエバの話によって天使長の立場の者は服従しなければならない。そうでしょう。だから神の法によって決められたある期間におきましては、その自分の奥さんではなく、姉さんとして行かなければならない。

そういうことを言うのはね、重要だから言うんですよ。先生が日本に来たんだから、日本の食口《シック》たちは時間がないから言っておきます。だから、最初の七年間は、貞操、純潔を守って、自分の身を清め、そうして祝福の日を待たなければならないというんですね。ところが祝福問題について霊界が教えてやるという現象が起こっている。それは問題だ。それは今だからそういうことがわかるんだけどね。勝手にやったら、どういうようになってしまうか、わからないね。先生だけわかる。だから君たちは先生によって再祝福を受けなければならない。再び祝福。だから韓国でそういうことをやっているんですよ。七年間、旦那《だんな》さんも妻も兄姉みたいになって。そうして、堕落する前のアダム、エバの状態に再び戻す。そのためにはエバを中心として、そうやってアダムを再創造して、そうして完成圏内に入って、世界的勝利の基盤の上で完成の基準を決定するわけなんです。一般の既成教会は、信ずれば救われる、天国へ行けるという。そんないい加減なものじゃない。だからこの七年間は、再祝福される前に夫婦生活してはいけないという、そういう問題がある。しかし統一教会の女の人はみんな、旦那さんの話を聞かないという。何故、統一教会へ行ったら、そういうふうにみんな急に変わってしまったのか。これが問題になるでしょう。奥さんたちは、自分がいくら否定しても、それはもう真理だからどうにもこうにも否定することができない。直接みんなぶつかって、体験して来るから、もう否定することができない。それで、そういう闘いを通して、ある者は頭を割られたり、あるいは足を折られたり、ある者は病院に入院したり、そうした奥さんもいた。そういう責任をみんな先生が負っているんですよ。それで必死に祈ったんです。そういう旦那さんの話を聞けばそれはもう、神の願う道を行くことができない。それで、君たちの十字架を負う責任があるから、今まで茨《いばら》の道が生じたわけなんです。

韓国におきまして、一九六〇年の真の父母の聖婚式を中心として、そこから天地を救うその基準ができたから、堕落した家庭の代表たちを、みんな集めて祝福して門を開けたから、その人たちが入る道ができるというんですね。祝福してから、世界すべての人類が神のほうに進み行く道を開いてやる。だから家庭復帰という段階になったんだから、奥さんを中心としては、旦那さんを伝道し、その旦那さんと聖別をしなさい。だから統一教会の人は七カ月以上、あるいは二十一カ月以上は、これは聖別生活しなければならないという結果になっているわけなんですね。君たちは幸福な立場になるわけなんですね。韓国では数多くのあらゆる女性が迫害を受けた。ある旦那さんが刀を首に刺し込もうとして争ったりする。それをみんな先生に突っ込んで来る。

内的アベルによる外的カインの復帰

日本におきましても、祝福しなければならないということなんですね。それから祝福されるには、これから話が長いんだよ。祝福されるにはね、復帰の原則があるんですね。復帰路程におきましては、世界的な神の外の氏族をつくってから世界的な内の氏族をつくる。カインとアベルなんですね。氏族におきまして、外のカインの氏族圏を造ってから、内のほうにはアベルの氏族圏を造るというんですね。カインは何かというと天使長である。アメリカを中心とした民主主義は、天使長主義である。子たるアダムを中心とした主義、それが再臨の主義である。外的天使長圏をつくって、内的アダム主義のアダムの氏族圏を造る。だから、外的天使長世界に内的アダムの基準を立たせようとして来るのが再臨の主である。それは何かと、アダム家庭において、カイン、アベル。イサク家庭においてエサウとヤコブでしょう。それからタマルにおきましてもペレヅとゼラ。そういうようにその復帰家庭において、長男の祝福の権限を復帰しなければならない。今までなぜか、わからなかった。サタンは神の主権を奪ったんだから、復帰しなければならない。だからこの末の時代におきましては、世界を中心して、世界的外的カインを世界的内的アベルが如何にして復帰して来るか。

サタンの愛の力より強い愛の力

サタンは人間から、信仰と、それから心情を奪い取った。だから、神を絶対的に信じていくという信仰と、神を絶対的に愛すべき人格と心情を復帰する。その責任を持った方が再臨の主である。だから、再臨の主は絶対的な理想に対する信仰、そうして絶対的なサタンに勝ち得る人格、サタンの愛の力より強い愛の力でもって、サタン側のすべての人たちを引っ張って来る。だから、統一教会のいう神の愛の心情の力は強い。サタンの世界のあらゆる愛情より強い。そうならざるを得ないでしょう。長成段階において天使長と結ばれたその愛の力が、血統を通じて残っている夫婦関係ですよ。しかし、長成段階から完成段階に上がって、神を中心として結んだ血統の愛の力と、どちらが強いか。だから、神による心情の圏内に入れば、旦那《だんな》さんが問題じゃない。奥さんが問題じゃない。自分の子供が問題じゃない。みんなほっぽらかして、その天による心情のほうに引っ張られていく。そういう力がある。そうならなければならないでしょう。だから、統一教会はそういう力を持っている。先生がその力を天から地の方に引っ張ってきた。その愛の力を持っているわけなんですね。そこにおいて先生の功労

名古屋教会を出られる真の御父様（1965年２月２日）

がある。他にはない。他にはないだろう。そこが違う。だから、そういう基準で出発したんだからね、あらゆることがその相手によって起こってくるんですよね。そうなれば父母から子女、子供から家族、氏族、民族、国家、世界と、すべての人類が神の子女になれる。神の国の国民になる。

だから、復帰路程におきましては、サタンのもとに奪われたものを逆に取り戻して来なければならない。個人やら、家庭やら、氏族、民族、国家、そうして世界圏を、再臨の主が来てそれを救って、この外的世界の権限を復帰する時に、世界は統一世界になる。だからサタンは民主主義、共産主義、あるいは既成教会をもって、統一教会を打つ。しかし打たれるものは勝利する。打つものは負ける。だから統一教会は打たれながら今まで発展し成長して来たんです。打たれたら普通は滅びるんだけどね。打たれる度ごとに、だんだんと発展して来た。だから復帰は逆である。統一教会におきましても統一教会を中心とした氏族がある。統一教会とは何か。統一氏族だ。サタンの世界において血統的アベル家庭を増やし、内的アベルの位置に立って造ったアベル氏族圏である。

イエス様の親族復帰の摂理の失敗

イエス様は何を中心としたか。イエス様はですね、ヨセフの親族を中心として、十二弟子を造って家庭および親族内でその基盤を立てようとした。他の人たちを中心とするんじゃない。自分の親族圏内で、そのダビデの子孫として祝福されたヨセフの家系を中心として、一つになって民族、国家の基盤を造ろうとしたのが神の摂理である。しかし誰もが責任を果たさなかった。ザカリヤの家庭、そしてヨセフ、母親マリヤもそうなんだ。マリヤも、神から天使を通して命じられた時には、天の子と思ったんだけれども、生まれてから、メシヤとして侍《はべ》らなかった。だから親族関係が責任を果たさない。ヨセフにしてみれば、イエス様は自分の子供じゃない。イエス様はマリヤの連れ子だ。連れ子なんですよ。夢の中で、「あなたのいいなずけが孕《はら》んだその子供が聖霊による」といっても、ヨセフにはそれが何かわかる。だから連れ子としてイエス様は自分の弟たちにいじめられたというんです。聖書にはないんですよ。考えてみると、そうならざるを得ない。イエス様はきれいな着物を着た時がない。ボロの服を着て、食べるのも自分の自由自在に、心やすめて食べることができなかった。愛される弟妹を横目で見ながら、悲惨なそういう生活をした。だからイエス様には食べたい、着たい、欲しいものがたくさんあった。考えてみなさい。だからそこには家庭的な責任問題がある。親族の責任問題がある。

だから親族の責任が果たされないから、第二次摂理として出発したのがイエス様の公生涯三年路程である。それで自分の家庭から、そうして社会においても民族から追われ、祭司とか、長老とか、国家的代表とか、みんなから、イエスは追われ追われていく。結局、社会の一番下の底辺層のペテロとかヤコブとかそういう惨《みじ》めな階級の人を選んだ。本来は、神の御意《みこころ》にかなう人々を弟子にして、メシヤとしての使命を全うすべきであった。その国の祭司長とか、国家的代表的人物がイエス様の弟子になるべきだったんです。しかし、みんなから追われ、仕方なく、十二弟子たちを選択したものの、最後はみんなに裏切られ、追われて死んだのがイエスの十字架だった。「ああ、イエス様は私たちの罪のために死んでくださったから、私は十字架の贖《あがな》いによって救われる」。そんなことはない。三人の弟子が、なくてはならない信仰の子供にならなければならない。イエス様の直系の息子の前に、歴史的三代、三つの基準を代表したカインの立場が立たなければならない。その信仰の子供として立つべき者全員が反対した。イエスは、親も親戚もなければ家族もなければ、国もない。だからサタンが自由自在にすることができる。それでやむを得ず十字架につけられた。これは先生の話でわかったわけなんですね。聞けば当然の話なんです。

再臨主によるイエス様の摂理の蕩減復帰

このことは、わかるだけじゃなく、先生が実際にこれを実行しなければならない路程をたどって来たんです。だからあらゆる迫害の中にも、あらゆる牢屋の中にも、共に生き、共に死の境を超える、そういう人たちを三人、信仰の子供として立たせて、それから相対を決めて約婚させて、一九六〇年に式を挙げたのが、真の父母の聖婚式なんです。それが現われないというと自分の直系の子供がサタンに直接奪われてしまう。だから統一教会の原理というのは、先生が行った道であり、その道は君たちが行くべき道である。だから原理なんですよ。わかりますか？　先生がそういう道を行くには十二人の弟子の中で、三人の弟子を立てて、それからその相対を復帰する。イエスの再臨の時には祝福をする。イエス様は人類の本当の親の立場に立てずに死んだから祝福してやることができなかった。それでそのすべての失敗を解くには、地上においてそれを蕩減してやらなければならない。

だから、十二弟子の中から三人の信仰の子供を立たせて、そうして親の基準を決定する基準が一九六〇年。それでその三人の子供を中心として、アダムからノアは十代、それからカインとアベルを合わせて十二代だよ。ノアからアブラハム、イサク、ヤコブまでが十二代でしょう。そして、ヤコブを中心として十二子息を合わせれば、それで十二数を平面的に復帰する条件ができたことになる。それで三十六家庭が祝福されたわけなんです。それが決定された時には、今まで歴史上に縦的先祖たちが失敗したのを、地上におきまして横的完成条件を満たした結果になるから、その勝利の基準を造って地上の復帰目的が出発する。それは歴史的すべての先祖の失敗を現実に再現させて、そうして蕩減復帰した基準を造った。しかし、歴史上において問題になったのはアダムを中心としては二人の子供たちのカインとアベルの問題。ノアを中心としてはセムとハムの問題。この兄弟問題が問題となった。

それでその家庭関係を復帰した基準を立たせるために七十二家庭を祝福しなければならない。そういうことを聞いたことがあるんですか。七十二家庭。七十二家庭は何か。三十六家庭を中心として一体化した二つのカインとアベルの家庭を復帰する、いわゆる家庭完成復帰の条件を満たすがために七十二家庭を立てなきゃならない。そうするというと、サタンが地上に対して、その働きかける道が消えてしまう。

その次の百二十家庭は何かというと、イエス様は百二十人門徒を中心として世界の道を開いた。だから百二十というのは世界を意味する。そうすると末の時期になれば全世界には、イエス様が立てられた百二十の世界代表が地上に現われてきます。それが世界各国の代表者である。だからＵＮを中心として独立国家が百二十になれば完全なる復帰の道が開かれるというんですね。今、百十三になったでしょう。それは偶然じゃない。だから我々の教会において、百二十双の結婚式をやらなければならない。それは何かというと世界的代表を縮小した婚姻である。それがために、世界のその運勢圏がみんな集中して、そこから世界的発展が出発するんですね。だからその時期になるに従って、韓国も米国も日本も、その基準において国家的に公認されるわけなんです。だから祝福して、そういう関係が完結されたというのは、世界的に運勢を動かす中心が決定した。そういうことになるわけなんです。それで、百二十四双の四双は東西南北を象徴し、結婚していた人たちの祝福をなした。なぜかというと、東西南北にはそういう堕落圏内の家庭を持った数多くの人たちの帰る道がなければならない。本当は百二十四双は百二十双なんです。しかし四双を足して、その圏内に入っていない、あらゆるすべての人の救いの道を開かなければならない。それが百二十四双の結婚式だったんです。理解できますか?

三名以上、百二十名までの伝道

そういうように考えれば、君たちはどのようにするか。自分の家族関係、親戚関係を中心にして十二名以上、百二十名を伝道して、イエス様のその望みをかなえ、君たちが蕩滅した立場に立たなければならない。そうしないというと、イエス様に対して、お兄さんとかその妹とか言えない。だから、それらを蕩滅したらイエス様と弟妹関係に初めて立つ。だからイエス様を十字架につけた蕩滅として最低三名以上、百二十名まで伝道しなければならない。それを決定してから、自分たちが祝福を受け、三人の信仰の子供たちを祝福させて解放し、そのカインから祝福を相続して、初めて自分の直系を通して創造理想の本然の道に立ち得るというんです。それを理解できますか? だから君たちは伝道しなければならない。我々統一教会のモットーになっているでしょう。親の心情を持って、僕《しもべ》の身体を持って、涙は全人類のために、汗は地のために、血は天のために捧げる。今まで六千年の歴史はですね、先生が来る前にそういう人を立たせようとする復帰の歴史であった。そしてそういう復帰路程の道を、神御自身がそういうふうにやって来たんだから、先生もそういうようにやって来た。そして君たちもそういう道を行かなきゃならない。だからこれが公式だ。原理というのは変えることができない。アブラハムがその祭壇にイサクを捧げようとしたその三日間の路程を歩んで、サタンを中心とし

名古屋の東山公園内に聖地を決定される（1965年２月２日）

た子女を分別する。イエス様もそうでしょう。神様に立ち得る子女を見つけるための三年間。だから君たちも、自分の信仰の息子、娘を求めて結婚し得る相対になるような基準が立たせられたら自分たちが祝福を受ける。これが原理だ。理解できますか？　だから、イエスの三年路程は何の期間か。子供を選ぶ期間。子供を選択する期間。わかりますか？　信仰の子供だ。そこには汗と涙と血を持って僕《しもべ》の道を開拓して子供を育てる期間だ。

じゃあ、聞きましょう。伝道が必要ですか、必要じゃないですか？　必要。サタンの方から復帰して来なければならない。どういうふうにして？　真理の言葉でもって。真理の言葉でもって復帰して来たら、サタンも反対することができない。サタンが嘘《うそ》を言って奪っていったんだから、神のほうに復帰しなければならない。だから、三人を復帰するには十二人。十二人を決定するには、七十二人以上が必要。七十二人を決定するには百二十人が必要。だから我々は四十年間を中心として、七十、百二十人を伝道して結婚させてあげなければならない。わかりますか？　イエス様は四十歳になったら、この人々を結婚させて、そうして祝福して自分の親戚、イエスの氏族をつくる目的だった。それが、イエス様自体がその立場に立てないから、先生が四十三年間、それらをみんな決定して勝利の基準を立てたわけなんですね。だから君たちが、もしも信仰の子供を立たせる前に自分の子供を愛したら引っ掛かるんですよ。自分の子女を良い学校に行かせられなくても、信仰の子供を行かせる。そうすればその信仰の子女たちは、「サタン世界の我々の親以上に、あなたを信仰の親として永遠におともします。そうして我々のすべてをあなたに捧げます」という。そしてカインの世界に主管された万物が自分の直系の子孫のところに結ばれなければならない。だから、「先生の命令を受けて我は伝道する」、そういう考えを持ってはいけない。自分のためにやらなければならない。世の中のすべてのものを犠牲にしても、これだけは勝利しなければならない。財産が問題じゃない。

最後の勝利を決定する人間の責任分担

だから、今まで現われたイエス様までの救援摂理を中心として、その歴史的内容をはっきり明確に原理に現わして、万民に紹介した。これは統一教会の功労だ。ああ、なるほど、なるほど。そういうようになっている。

女がお嫁に行ったら旦那《だんな》さんのところに行って何をしますか。入籍。天国への入籍問題は、君たちはわからないでしょう。その価値が如何なるものかわからない。先生はよくわかっている。先生がそういう恩恵を授ければ、首が飛び、十遍飛んでも、「飛ぶんだ」という気持ちだ。しかし、皆さんはどうでしょうかね。そういう覚悟になっておりますか？　本当に？　（「はい」）。この道は行かなければならないという道だということを知っておるんですか？　それは知っているでしょう。しかし、いついかなる命令、いかなる試練があっても行くという覚悟になっているんですか？　（「はい」）。本当ですか？　（「はい」）。そういう基準があるという人たちはね、これ両手を挙げて。どうか君たちは、御旨の道において勝利者となって、全世界における理想的善男、善女となるように願って、これで終わりにします。二時、三時近くになっておるから。いいでしょう。

（「今ひとつわかりません」）。

じゃあ、個人復帰問題。家庭復帰問題。あるいは氏族復帰問題。民族復帰問題。国家復帰問題。世界復帰問題、天宙復帰問題を如何にするか。先生が行く道はまだまだ遠い。忙しい伝道の道を残している。だから君たちは自分の環境においては死んでも行く。一遍も死んだことのない人はわからない。だからそういう答えをせざるを得ないわけなんです。いいですか？　先生はここまでたどってくるには、悲惨なその環境が多かった。もう食べるのが問題じゃない。眠るのが問題じゃない。成功するのが問題。勝利するのが問題。その勝利とその成功を如何にするかという問題を考えるのが、眠るよりもあるいは食べるよりも重大なことなんです。それを考えれば、あんたたちは幸福なんです。先生は今まで一人で開拓してきた。神は全部前に立って教えてくれない。先生の偉大なところは神が教えないところで、隠されておった真理を発見した。それはサタンも、どうにもこうにもできないんですね。もしも神が教えたら、人間の責任分担の五パーセントがなくなってしまう。そこが先生の偉大なところ。先生に感謝すべきところはそこなんです。だから如何に深刻な悲惨なその道をたどったか。一回でできなかったら、十回でもやる。あるいは百回、千回を行ったり来たりしながら、言葉に言い尽くせない惨《みじ》めな悲惨な可哀想な路程をたどって来たわけなんです。それをみんな、こうしてあんたたちに授けてやる。この原理は先生のものじゃない。勝利は決定している。後は、君たちがやるかやらないかが問題になっておる。そういう決心をして、そうして日本を早く復帰するようにがんばってくれることをお願い申します。では、終わりにしましょうね。

九、名古屋教会出発前の御言

一九六五年二月二日　名古屋教会

みんな先生に会って質問がありますか?

仏教徒の伝道

(「この日本は仏教が非常に根づいた国であり、伝道において色々と苦悶するわけなんですけれども、そういう点について御指導願いたい」)。

仏教のお坊さんなんかもね、相当深く祈った人たちはなんとなく通じるんです。将来世界を動かすのは仏教じゃないということはわかっているんです。それで仏教を信じているある人たちが、神を中心としたらキリスト教に寄与しなければならないということを、証を通して言ったんですよ。そういう段階に入るんですね。だから、仏教を唱えながら統一教会の伝道をしているお坊さんがいる。だから通ずるその人たちは、仏教の中でも最高の位置にあるんだから、そういう人たちを集めて、彼らを中心に原理を勉強させて、彼らの仏教の教義に立つような、原理を中心としたものを造らざるを得ない。

仏教にも多くの宗派があるでしょう。それらが争っているのも、根本の課題に対して明確にしていないことが問題なんですよ。天と人間の関係。神と人間の関係。原理はその関係がはっきりしておる。しかし仏教は説明していない。それから他の宗教ではですね、神と人間の歴史における関係、それが解かれていない。それから現実が問題。生活の中に入り込んで、そして現実の問題を解決する宗教の力が必要なんですね。しかし、現実を離れた立場に立たないというと、そういう信仰の基準を保てないという。しかし現実が問題である。現実の問題の中に、神が入らなきゃならない。歴史の中で、いわゆる現実を中心として神は関係を持ってきているという、そういう立場に立っておるから地上天国を造ることができるという結果になるんですね。彼らは、そういうことが説明できないというんですね。だから、彼らに対して、原理を如何に活用するか。自分たちに応用する力があるかという問題なんですね。

高校生の使命

（「今後、高校生は如何なる使命感を持って、それを如何に勝利して行ったらいいかということについて」）。

高校生の使命は、それは大きいな。一番先頭に立たなければならない。だから、学校に行っても、家庭に帰ってもそうです。そうして、彼らによる言葉と彼らの行動によって、悪いから耐えられないではなく、良い環境に変えなければならないという立場で、先頭に立つ。何でも開拓する。率先して、悪い環境に対しては責任を持って、これをやってしまうという、そういう気持ちがいいんですよ。だから、我々の原理を行動から環境に導入する。そういうことが必要なんです。十八、十九、二十、二十一、二十二、二十三、二十四、この七年間は人間にとって一番貴重な期間ですよ。この期間において自分は将来どういう人間になるか、それを決定して、はっきりした道をたどらないといけない。そしてあらゆる若者に対して、先頭的な立場に立って組織を通じて、あるいはいろんなその関係を動かして、頭を使って動き出す。それが必要である。学校に行っても、青少年の非行化が非常に問題になっておる。それで頭を痛めているときに、その反対の運動がでてきたら、希望の人たちが現われたと、みんな関心を持ってね、それはもう自然と動くようになるんですよ。

そうやって公的活動をして、ある基準を造るんですね。そしてそれがズーッと社会浄化運動になっていく。だから、そういう方面で先頭に立ってやらなければならない。君たちはみんな、そういう善の運動を起こしていけば、今から君たちが社会においてなくてはならない人間になっていく。

大学三年、四年になったらね、これはもう自分の就職問題とか、結婚の問題とか、色々な悩みが引っ掛かってくる。一番いいのは、高校生の時が一番いい。原理を聞いて、原理がいうような立場に立てるというと、社会的においても、家庭的においてもあらゆる分野に絶対必要な人間になる。だから、高校生の期間が重要であるということはこれはいうまでもない。だから、十八、十九、二十、二十四、この七年間におきましては、自分の生きる目的をはっきり決めなければ、これはもう一生において行ったり来たりして、あってもなくてもいいような人間になっちゃうんですね。必要じゃないというふうになっちゃう。だから高校時代が一番と考えてね。

世界宣教

西川もそうでしょう。日本に来たあの時はね、迫害が絶頂に達した時なんです。それで先生が地方の部落にちょっと行っておった時に、西川がやって来た。それで、「日本の伝道に行きたいか?」。

「はい、行きたいです」。「それでは死を覚悟して超えて行く自信があるか？」。当時は、日本に正式には入れないんです。統一教会の宣教師として入るということは、どうにもすることができない。しかし天の時期がある。今、日本に対してある基盤を造らなければ、神の摂理上、多大な損害を来たすということをわかっている。そういう時だからね。それで、「日本に行け」となった。何も知らない土地に行って開拓するということは、言い切れないほどそのつらさがあるんですよ。そして一人、二人と今、日本にある基盤が造られたんですね。日本をほったらかしにしておいたら、日本はアジアはどうなってしまうかわからない。日本の歴史におきまして、あるいは統一教会の御旨を中心とした日本の歴史におきましては、西川というその存在は、永遠に生きておるというんですね。彼が働いて残した、そうしてその歩んだその道というのは歴史的に残っておる。

聖地決定の時に使用された聖塩と容器

　世界各国において世界宣教師を派遣する。これは非常な貢献だね。子供たちがそういう使命を果たすというと、親が祝福されるというんですね。アベルによってアダムが救われるというんですよ。だから子供によって親が救われる。そうなるというとね、反対になっちゃうんです。子供が親で、親が子供になるというんですね。天地開闢《てんちかいびゃく》の歴史が始まる。子供が先祖になる。人間始祖が堕落したでしょう。だから復帰によって逆になる。新しい先祖になっていくんですね。

堕落の原因の世界的結果

アメリカで公園なんかでね、これはもう青少年たちがみんな堕落行為をやっておる。公然と堕落するようになった。人類始祖の堕落の原因が、世界的結果として現われる時代に入ったということをそれが証明する時期になっている。だから、いかにしてでも伝道して、その創造理想の青春の基準を復帰する。それは統一教会でなければならない。我々の堕落論を知らなければ解決できない。最近出てきたツイスト。身体をねじって踊る。あれは堕落した蛇の踊りだ。あれでもって青少年たちが、ずいぶん堕落したというんですね。我々統一教会は、そういう踊りをやってはいけないよ。

運勢と平等

君たちは考えるでしょう。「僕《ぼく》は不幸だ。何故かというと金もなければ、親もなければ、住まいもなければ何もない」。だから、そういう不幸を悲観して、「ああ、悔しい。死んでしまえば良かったのに」。そういう気持ちを引きずりながら、生きているかもしれない。それはね、そう思ったらいけない。これはすべてのその運勢からズーッと来るんですよ。君たちは一代というものだけを見つめておるから、それが問題なんです。神はそうじゃない。それは何千代を一つの周期として、見なければいけないというんですね。だから宗教的にはみんな平等であるというんです。「自分は不幸を持って生まれたから、だめなんだ」。そうじゃない。谷のどん底に入ってから、そうしてその基準を通過して上がる努力をしてから、そういうその栄光の期間が現われて来るんですね。それは何千年もの波でもってやって来る。この波が大きければ大きいほど、谷が深いし、高いし、そしてその血統から世界的人物が現われてくるんですね。

ユダヤ民族

そうなるとね、ユダヤ民族は二千年を一つの周期として新しい時期を迎えることになるでしょう。その民族は優秀なんだ。だから今世界の経済界においてユダヤ民族は財力を持っておる。それから世界的科学者もいる。最高の国はないんだけれど、最高の位置に自然とあがってきている。だから新しい再臨の思想を受け入れれば世界の統一は問題じゃないというんですね。先生は、ユダヤ民族に対して非常に考えているんですよ。それを如何にして伝道するか。彼らはメシヤ待望の思想を持っている。「メシヤがいつか来る。自分たちが殺したイエスはメシヤじゃない」。そう思ってメシヤを待っておるんですね。それが世界に拡がっている。ユダヤ民族を中心として世界が救われる、そういう信仰はまだ持っておるんですよ。旧約聖書はイエスが来るまでの内容だ。しかし、原理は創造原理から堕落論から復帰原理まで、再臨の時代までの歴史すべてが入っておるんです。だから、ユダヤ教も包括する内容を持っておる。ユダヤ民族にとって、自分たちのメシヤ理想が達成するということになると、彼らは先頭に立つ。ユダヤ人の基盤は大きいんですよ。アインシュタインから始まって、ソビエトでも重要人物はユダヤ人である。そうなっているんですよ。それはもう不思議なことじゃない。神がおるからそうならざるを得ない。しかし彼らが一つの国を認められない。国土も認められない。第二次大戦終了後におきまして、イスラエル民族は国を持ったんですね。それは、地上に新しい天国が現われる時期になったからそうなんです。メシヤが再臨する時代になったんだから、そういうイスラエルの建国、独立が認められていったんですね。日本はエバの国を代表する。だから、日本が負けたから天的アダムの国は出発する。だから統一教会は韓国から出発している。今から二十年前に始まった。今年八月が来れば二十年ですね。だから、これはみんな意味がある期間ですね。創造の目的は四位基台でもって完成する。そうでしょう。だからそれを失ったその基準を世界的に復帰して四位基台基準を造れば、神は真ん中に立つ。そうなんだ。

（聖歌『園の歌』真の御父様が韓国語で讃美。その後、全員で讃美）

いよいよ時間になって来ました。それで、会えばその次に来るのは相対関係でもって別れるというその自然現象なんですよ。しかし別れても永遠に別れてはいけない。何かしら授受作用を続ければ、それは共におるということなんですね。身体は離れても、情はいつも先生と君たちの間で授受作用を続けるでしょう。別れて、悲しく思うのはいいんですよ。その悲しいというのがなければ嬉しいという本当の嬉しさができないというんですよ。もしも堕落しなかったら、悲しいというのはないと思いますか。それはあるんですよ。その悲しみを喜びの一片として味わい、感謝し得るその人たちがその勝利者である。別れるといって涙をポロポロと流してはいけませんよ。いけないですね。君たちをつらくさせれば、先生は呵責《かしゃく》を感じる。しかし寂しい時に、その寂しさ以上に感謝していけば、それで神はまた慰めてくれる。わかりますか？　だから最後の別れとして、歌を歌いましょう。本当は先生はね、口を開けない決意を持ってきたんですよ。しかし、先生が贈り物として歌を歌います。いいですか？

（真の御父様が愛唱された歌）

（『洛東江《ナクトンガン》』『勘太郎月夜唄』他、日本の歌一曲）
（『心の自由天地』）
（『新アリラン』）
（『大韓八《テハンパル》景《ギョン》』）
（『中原天《チュンウォンチョン》地《ヂ》』）（巻末・付録参照）

（祈祷）

天の御父様、あなたの創造本来の家族たちを集め、そうして永遠の国においてその主権を称《たた》え、その理想にかなう一つの国民として、神直接の愛の世界に抱かれて、住むことができますように。我々を中心として、今まで復帰の路程をたどって来られた神に対して感謝致します。昨日から今日にかけて名古屋の食口《シック》たちとお会いして、色々なことを語り、あるいは、歌い、あるいは感じる時間を下さいましたことを切に感謝申し上げます。神の御意《みこころ》に従うところにおきまして、また会う時のその喜びとともに、別れるその心を抱いて、日本の全地にまた出発しなければならないその間際《まぎわ》に立っております。どうかここに集まっているその家族たちの心を慰めたまえ。会って色々語り合う時間も、いよいよ後わずかな時間になっております。どうか、神御自身、慰めの中心となって各自を慰め、そうして新しい天の因縁を、深くこの機会を通して造ってくださることを切に申し上げます。日本のすべてのこの地におきまして、我々の負った使命が如何に大きいかということを知っております。すべてを捧げて、この地をあなたの前の捧げ物として捧げても足らない。如何なる犠牲も感謝し、そうして先に立って天の勇士となるように導き給え。今日の後のこの期間におきましても、神共にいまし、そうして励まし、各自、各個人の心の決意を神の決意の身代わりとして、この地上のすべての人々の前に立たせて生きる、将来の新しき先祖として、神が讃え得る、そうしてこの民族が讃え得る神の子女と

名古屋の東山公園内聖地での真の御父様一行（1965年２月２日）

なるように、力をつけてくださることを切にお願い申し上げます。どうか今後の期間、あなたの子女として、心と心を繋《つな》ぎ、一つに結んで、この成約聖徒を通して日本一億すべての課題を、天を中心として解決する責任を果たし得るような各自となるよう御導き、あるいは育ててくださることを切にお祈りしつつ、また許された時間の終わりの時を待ちながら、発つ時間であります。どうか悲しみの心を慰め、また残された我々の責任に対してそれを果たす決意に切り替えて、もう一度勇気を持って、全人類を救う心情になるように切にお願いしつつ、主の御名を通してお祈りを捧げます。アーメン。

今後、御旨の道を君たちが一つになって

神が信じ得る天の子女となるように心から願い、そういうように責任をもってくださることを頼みます。よろしいですか？　よろしゅうございますか？（「はい」）。じゃあ、先生は名古屋に来て安心して帰ります。どうか、元気でいらっしゃることをお願いします。もし、世界を回って帰る時はまた日本に寄るかも知れません。その時にまた会うことにして、今日は別れることにしましょう。ありがとうございました。

9．名古屋教会出発前の御言

資料一、揮《き》毫《ごう》

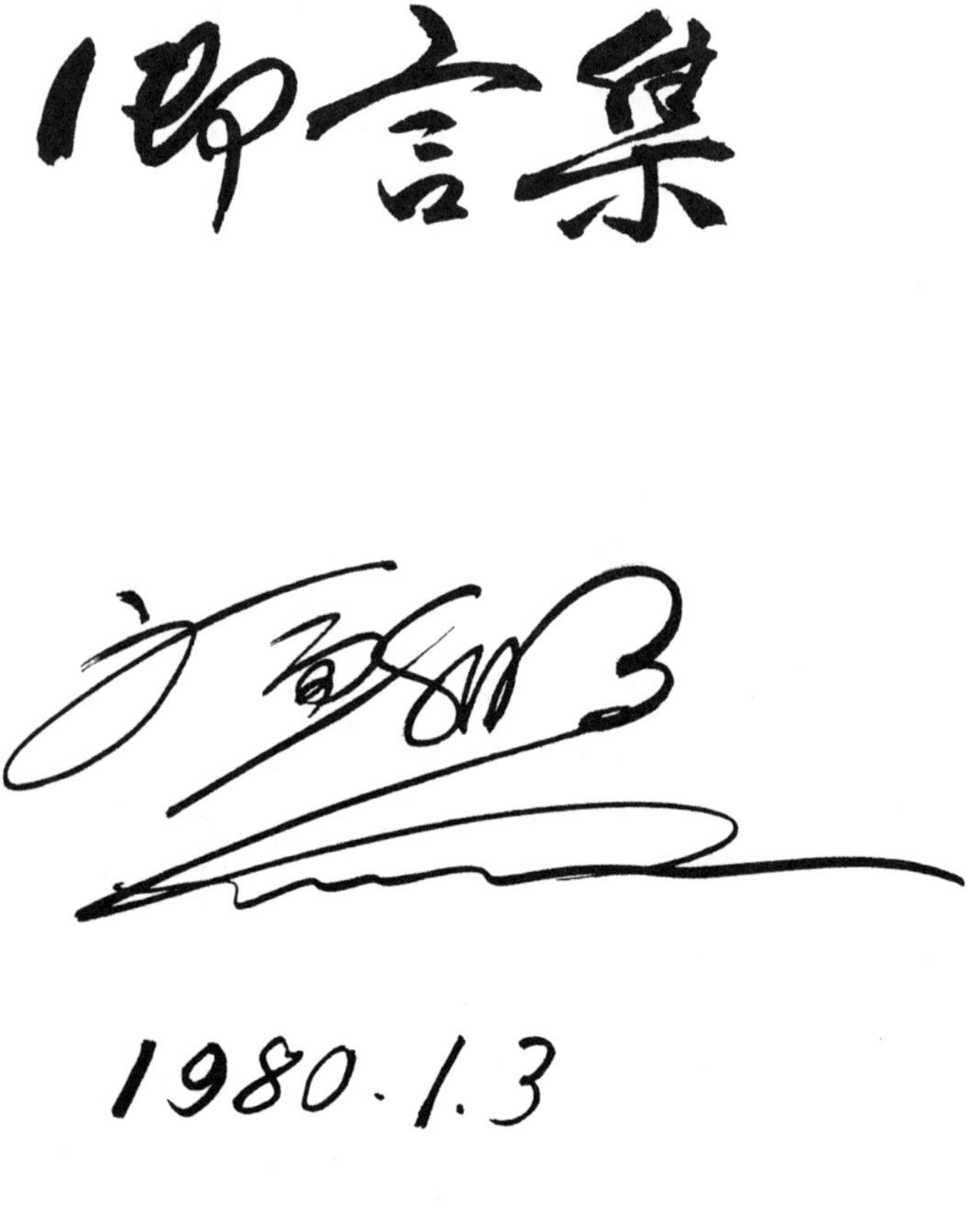

資料二、日本における聖地決定の巡回日程と地図

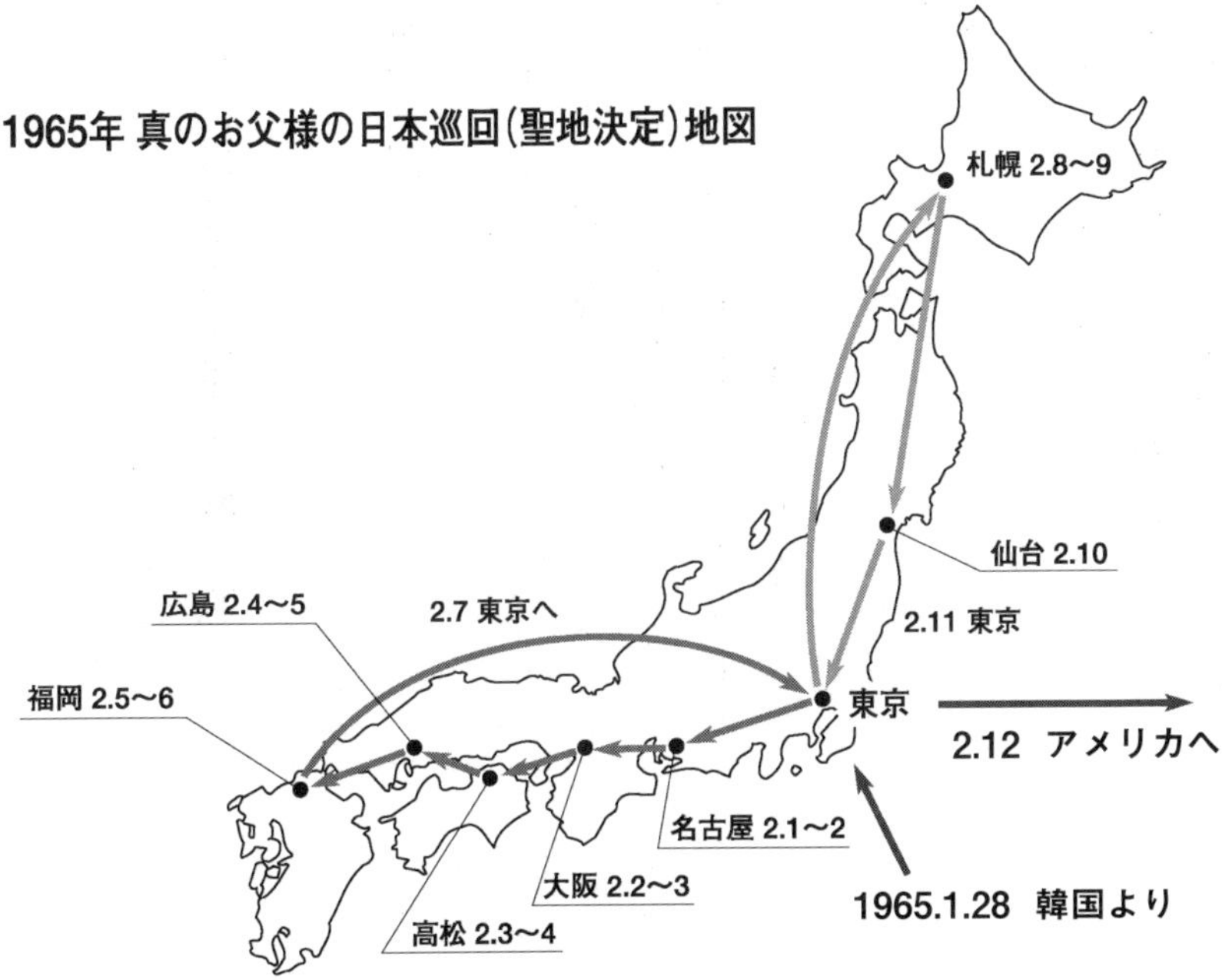

1月　1965

日	月	火	水	木	金	土
					1	2
3	4	5	6	7	8	9
10	11	12	13	14	15	16
17	18	19	20	21	22	23
24	25	26	27	28	29	30
31						

2月　1965

日	月	火	水	木	金	土
	1	2	3	4	5	6
7	8	9	10	11	12	13
14	15	16	17	18	19	20
21	22	23	24	25	26	27
28						

付録、真の御父様が愛唱された歌

「心の自由天地」

白金《はっきん》に宝石を飾った王冠をあげるといわれても
土の匂い　汗にぬれた綿の上着に勝る物はないよ
純情の泉が湧く　私の若き胸の奥に
私の思ったままに　柳の枝を折って笛を吹けば
私の歌の調べについて　すずめも鳴くよ

「洛東江《ナクトンガン》」

ア～　新羅《シルラ》　伽倻《カヤ》　光輝く歴史
流れるように　座っている　長い河の水
忘れるな　ここで育った男たちよ！
この河の水　私の血管の血となる

ア〜　洛東江《ナクトンガン》
ア〜　洛東江《ナクトンガン》
悠々《ゆうゆう》と流れ行く　洛東江《ナクトンガン》

「新アリラン」

1. アリラン　アリラン　アラリ〜ヨ〜
アリラン峠を越えていく

萩《はぎ》の門　開けながら待っているのか
雁《かり》は月夜を並んで飛んでいくよ
牡丹《ぼたん》の花咲くころに　睦《むつ》まじく出会い
この野菊　萎《しお》れるように萎《しお》れても来ないね
西の山には月も沈んで　一人でもどかしいのに
胸に絡《から》みつく情《なさけ》を解いて見る術《すべ》がないよ
（くりかえし）

2. （くりかえし）

草葺《くさぶき》の家三間《いえさんげん》をあの山の下に建てて
流れる小川のように暮らしてみようか
（くりかえし）

「勘太郎月夜唄《うた》」

1. 影か柳か　勘太郎さんか
伊那《いな》は七谷《ななたに》　糸ひく煙り
棄《す》てて別れた　故郷の月に
偲《しの》ぶ今宵《こよい》の　ほととぎす

2. 形《かた》はやくざに　やつれていても
月よ見てくれ　心の錦《にしき》
生まれ変わって　天龍《てんりゅう》の水に
うつす男の　晴れ姿

3. 菊は栄える　葵《あおい》は枯れる

桑《くわ》を摘《つ》む頃　逢《あ》おうじゃないか
霧に消え行く　一本刀《がたな》
泣いて見送る　紅《べに》つつじ

「風は海から」

1. 風は海から　吹いてくる
沖のジャンクの　帆《ほ》を吹く風よ
情《なさけ》あるなら　教えておくれ
わたしの姉さん　どこで待つ

2. 青い南の　空見たさ
姉と妹で　幾山越えた
花の広東《カントン》　夕日の街で
悲しく別れて　泣こうとは

3. 姉をたずねて　ゆく街《まち》は
みんな知らない　広東言葉《カントンことば》

心細さに　波止場のかげで
故郷想《おも》えば　雨が降る

4．
風は海から　吹いてくる
暮れる港の　柳の枝で
鳴《な》いているのは　目の無い鳥か
わたしも目の無い　旅の鳥

「波止場気質《はとばかたぎ》」

1．
別れ惜《お》しむな　ドラの音《ね》に
沖は希望の　朝ぼらけ
啼《な》くなかもめよ　あの娘《こ》には
晴れの出船《でふね》の　黒煙り

2．
熱い泪《なみだ》が　あればこそ
可愛《かわい》いあの娘《こ》の　楯《たて》となり
守り通して　来た俺だ

波止場気質《かたぎ》を　知らないか

3．船を見送る　この俺が
流す泪《なみだ》は　伊達《だて》じゃない
ほんにあの娘《こ》の　幸せを
嬉《うれ》し泪《なみだ》で　祈るのさ

「旅の朝霧」

1．朝霧わけて　旅路は楽しや
鈴の音《ね》かろく　驢馬《ろば》は行く
峠の小径《こみち》　野菊はゆれて
若き日の胸に　微笑《ほほえ》むよ

2．朝霧晴れて　旅路は嬉《うれ》しや
月に笛高く　空に鳴り
連なる峰は　朝日に映《は》えて
若き日の胸に　微笑《ほほえ》むよ

3.
恋しき宿は　彼方《かなた》に隔《へだ》たり
名残《なご》りを惜《お》しみ　見返れば
乙女《おとめ》の色に　紅葉《もみじ》は映《は》えて
若き日の胸に　微笑《ほほえ》むよ

「支那《しな》の夜」

1.
支那の夜　支那の夜よ
港のあかり　むらさきの夜に
のぼるジャンクの　夢の船
あゝあゝ忘られぬ　胡弓《こきゅう》の音《ね》
支那の夜　夢の夜

2.
支那の夜　支那の夜よ
柳の窓に　ランタン揺れて
赤い鳥籠《とりかご》　支那娘《しなむすめ》
あゝあゝやるせない　愛の唄《うた》

支那の夜　夢の夜

3. 支那の夜　支那の夜よ
君待つ宵《よい》は　欄干《らんかん》の雨に
花も散る散る　紅《べに》も散る
あゝあゝ別れても　忘らりょか
支那の夜　夢の夜

「大韓八景《テハンパルギョン》」

1. エ～　金剛山《クムガンサン》　一万二千の峰毎《みねごと》に奇岩《きがん》である
ハルラ山は、ほんとに高い　浮世《うきよ》離れしているなあ
エヘラ　良きに良しだ　チファジャ　良きに良しだ
名勝のこの山河よ　誇り高いなあ

2. エ～　石窟庵《ソックルアン》　朝の景は見ることができなければ恨みになる
海運臺《ヘウンデ》　夕方の月は見るほどに情けがあるよ
（くりかえし）

3. エ～　白頭山《ベクトゥサン》　天地淵《チョンヂヨン》には仙女《せんにょ》の夢が濃く

鴨緑江《アンノッカン》　浅瀬には筏《いかだ》が景である
（くりかえし）

4. エ～　キャンプの赴戦高原《プヂョンコウォン》　夏の楽園である
平壌《ピョンヤン》は錦水江山《クムスガンサン》　幸福の楽園である
（くりかえし）

「中原《チュンウォン》　天地《チョンチ》」

1. 中原天地　広大な地に私の行く所は何処か
御父様も行かれた　御母様も行かれた
焚《た》き火に燃えた愛も行ったよ
月も行く　雲について私もまた行く

2. この世の天地　九万里の道　私の行く道は何処か
一軒の親戚もいません　国ひとつありません
美しい牡丹《ぼたん》の花　咲くこともないまま
月も行く　歳月について私もまた行く

文鮮明先生の日本語による **御言集 1**

2002年10月２日　初版発行　　　　　　　定価（本体1,500円＋税）
2015年２月12日　第２刷発行

編 集 者　日本歴史編纂委員会

発 行 所　株式会社 光　　言　　社
東京都渋谷区宇田川町37－18　トツネビル３Ｆ

印 刷 所　株式会社　ユニバーサル企画

ISBN978-4-87656-979-3 C0014 ¥1500E